Mejor dicho

Carmen García
University of Virginia

Emily Spinelli
University of Michigan—Dearborn

D. C. Heath and Company
Lexington, Massachusetts Toronto

Address editorial correspondence to:

D. C. Heath and Company
125 Spring Street
Lexington, MA 02173

Acquisitions Editor:	Denise St. Jean
Developmental Editor:	Hispanex
Production Editor:	Julie Lane
Designer:	Kenneth Hollman
Photo Researcher:	Judy Mason
Art Editor:	Diane B. Grossman
Illustrator:	Michael Lenn
Production Coordinator:	Lisa Merrill

Cover: PandaMonium Designs/Raymond Yu

For permission to use copyrighted materials, grateful acknowledgment is made to the copyright holders listed on page 303, which is hereby considered an extension of this copyright page.

Published simultaneously in Canada.

Printed in the United States of America.

International Standard Book Number: 0–669–28906–X

Library of Congress Catalog Number: 94–76259

10 9 8 7 6 5 4 3 2

Preface

Mejor dicho's functionally-based approach facilitates the development of advanced-level oral discourse skills in third- or fourth-year courses. Pedagogically innovative, the text links cultural behaviors to language and expands students' linguistic knowledge of regional variants. Following the principles of proficiency-oriented instruction, *Mejor dicho* presents language learning in terms of linguistic functions that are practiced in real-life situations. The Student Cassette contains recordings, supported by cultural information, that help students to build listening skills. The *Estructuras* section at the end of each chapter addresses the need for improving grammatical accuracy and practicing writing skills at this level.

Written entirely in Spanish, the following features distinguish *Mejor dicho* from other conversation texts:

- *Mejor dicho* is student-centered; all activities emphasize skill-building, meaningful communication, and active class participation.
- The listening passages on the Student Cassette reflect authentic language and provide the same type of materials native speakers hear.
- The development of listening skills serves as a foundation for building proficiency in speaking and writing.
- High-frequency expressions used to perform specific language functions are provided to help students develop advanced-level proficiency. The numerous communicative exercises and interactive roleplays reinforce these conversational gambits in contexts students are likely to encounter in a Spanish-speaking environment.
- Cultural and linguistic information help students understand the Hispanic world and how to function in it.
- Grammatical structures are correlated to each chapter's linguistic functions so that students develop a sense of the interrelationship between language and grammar.

Text Organization

Mejor dicho contains a preliminary chapter and twelve regular chapters. Each regular chapter focuses on a specific country or region in the Spanish-speaking world and is divided into four parts: *Asimilación cultural, Primera situación, Segunda situación,* and *Estructuras*.

Asimilación cultural

At the beginning of each chapter, this section offers a brief geographical and cultural orientation to the country or region under study. A short comprehension activity verifies students' understanding of basic facts. To expand students' linguistic awareness, the *Información lingüística* section describes dialectical variations commonly used in the speech patterns of the targeted country or region. *Los regionalismos* subsections feature examples of regional expressions; a brief comprehension activity follows.

Primera situación and *Segunda situación*

The nucleus of each chapter, the two *Situaciones* focus on basic language functions and different levels of discourse. The *Primera situación* concentrates on informal, conversational exchanges, and the *Segunda situación* emphasizes formal interactions. Both *Situaciones* employ a parallel instructional design to achieve their goals, and each contains the following sections:

- ***Así se dice:*** Organized by linguistic function, this section lists conversational gambits that are directly related to the speech acts being studied. Here students learn high-frequency expressions for important functions such as reporting, describing, narrating, comparing, apologizing, persuading, and hypothesizing. The *Dichos y refranes* subsections enhance students' linguistic knowledge of common saying and proverbs. A progression of structured, communicative activities and situational roleplays (*Práctica y conversación*) allows students to practice these useful phrases in meaningful contexts. To reinforce this material, the *Práctica y conversación* at the end of every *Situación* offers additional opportunities for students to interact in open-ended, realistic scenarios.
- ***Técnica de comprensión, Antes de escuchar,* and *Ahora, escuche y responda:*** Correlated to the twenty-five listening passages on the Student Cassette, these sections are pedagogically designed to promote the development of active listening skills. The *Técnica de comprensión* section in the *Primera situación* teaches practical listening strategies. The *Antes de escuchar* exercises prepare students to listen by activating their background knowledge and focusing their attention on the main topic of conversation. Illustrations provide visual cues to the recording's context and setting, and the *Ahora, escuche y responda* activities verify students' comprehension and apply listening techniques.
- ***Para su información:*** Illustrated with photos, these readings explore Hispanic cultural values, institutions, and mores. In a unique feature,

Práctica activities emphasize the interrelationship between language and culture as students reexamine each listening passage for specific cultural elements described in the reading.

Estructuras

This section provides a succinct review of key grammar structures related to each chapter's language functions. For immediate reinforcement, *Práctica de estructuras* activities encourage students to use the structures orally in realistic contexts. *A escribir* sections, signaled by a writing icon, supply topics for developing creative and practical writing skills.

Reference Materials

- **Maps:** Maps of Mexico, Central America, South America, and Spain precede the *Capítulo preliminar* for quick reference.
- **Appendixes:** To provide greater authenticity, students may consult the list of common weights and measures (*Apéndice A*) when performing specific roleplays and the introduction to business correspondence in Spanish (*Apéndice B*) when completing writing activities.

Student Cassette

This 120-minute cassette contains the twenty-five listening passages correlated to the *Situaciones* in the textbook. Based on actual conversations, interviews, news reports, announcements and other types of authentic input, these recordings expose students to extended discourse with a wide range of accents, language registers, and cultural contexts. The two listening passages for each chapter link the development of aural skills to sociolinguistic factors, juxtaposing the informal conversational exchanges in the *Primera situación* and the formal interchanges in the *Segunda situación*. A cassette icon designates the task-based, listening activities in the textbook.

Supplementary Materials for the Instructor

Instructor's Edition with Student Cassette

An important teaching resource, the *Instructor's Edition* provides a detailed description of each textbook section, accompanied by specific suggestions for its use, and course syllabi. It also includes valuable information on testing procedures and skill assessment, a sample exam, and a model oral evaluation form.

Tapescript

A complete, printed transcript of the recordings on the Student Cassette is available.

Acknowledgments

The publication of a book could not be accomplished without the loving support of our families. We are grateful to our husbands, Al Peden and Donald C. Spinelli, and our children, Gustavo Aray and Lisa Spinelli.

We would also like to thank the many people at D. C. Heath who have made the publication of this book possible. Specifically, we acknowledge Vincent Duggan and Denise St. Jean for recognizing the book's potential, Sharon Alexander for her editorial suggestions, Julie Lane and Lisa Merrill for overseeing the production of the book, and Ken Hollman for his text design.

In addition, we would also like to acknowledge the work of the many reviewers who provided us with insightful comments and constructive criticism for improving our text:

Renée Andrade, Mt. San Antonio College
Eduardo Gargurevich, Auburn University at Montgomery
George D. Greenia, College of William and Mary
Virginia P. Huber, Southern University at New Orleans
Ann St. Clair Lesman, Northern Virginia Community College
Edward Malinak, Nazareth College of Rochester
Keith Mason, University of Virginia
Corina Mathieu, University of Nevada—Las Vegas
Frank H. Pérez, Palm Beach Community College
Dr. Ramón-Lagunas, Florida State University
Janice W. Randle, St. Edward's University
Edward A. Roberts, Central Michigan University
Susan Marie Trapasso, State University of New York at Stony Brook

Carmen García
Emily Spinelli

Indice

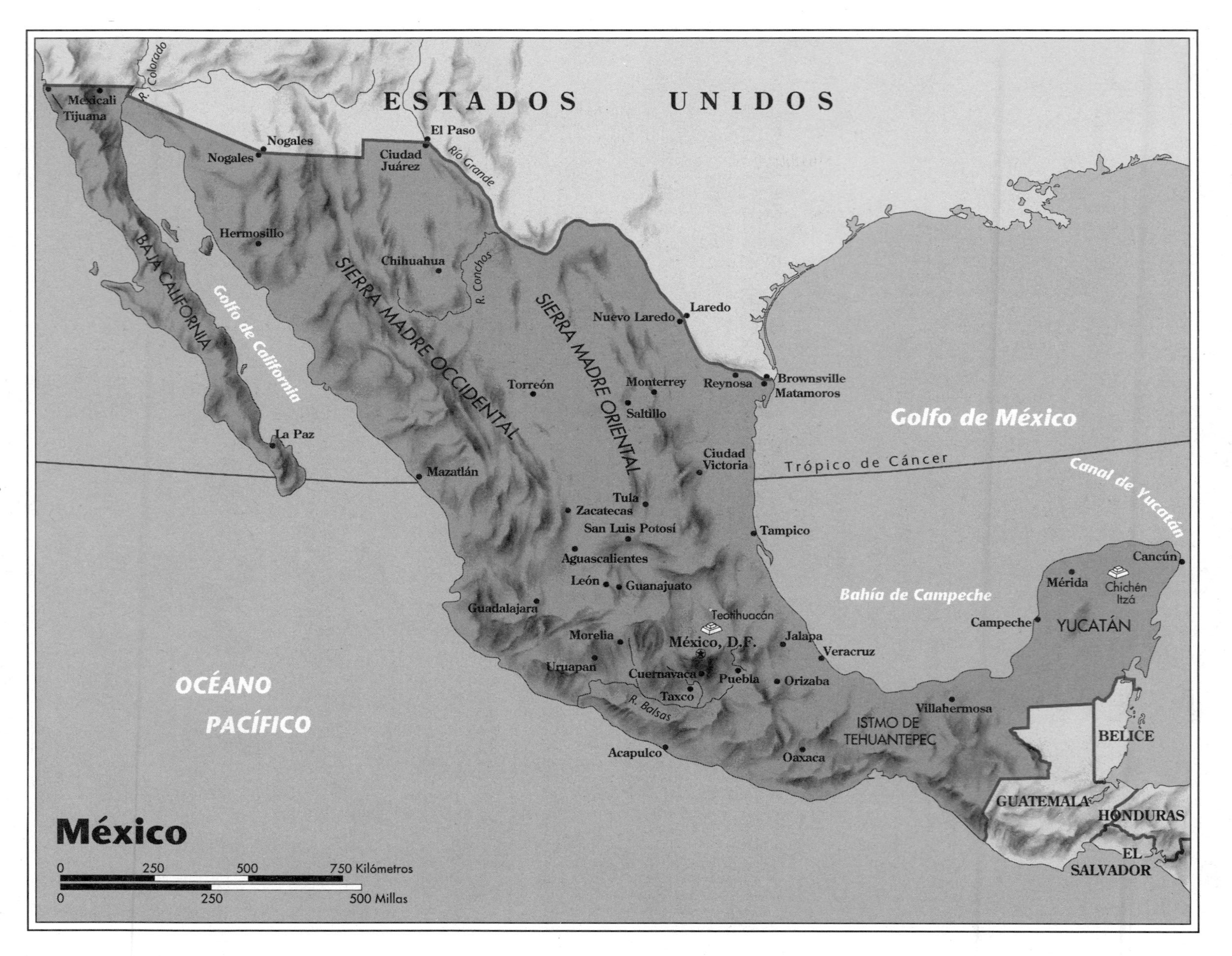
México
ESTADOS UNIDOS
Golfo de México
Canal de Yucatán
Trópico de Cáncer
Bahía de Campeche
OCÉANO PACÍFICO
Golfo de California
BAJA CALIFORNIA
SIERRA MADRE OCCIDENTAL
SIERRA MADRE ORIENTAL
ISTMO DE TEHUANTEPEC
YUCATÁN
BELICE
GUATEMALA
HONDURAS
EL SALVADOR
R. Colorado
Río Grande
R. Conchos
R. Balsas
Mexicali
Tijuana
Nogales
Nogales
Hermosillo
La Paz
El Paso
Ciudad Juárez
Chihuahua
Mazatlán
Torreón
Nuevo Laredo
Laredo
Monterrey
Saltillo
Reynosa
Brownsville
Matamoros
Ciudad Victoria
Tampico
Tula
Zacatecas
San Luis Potosí
Aguascalientes
León
Guanajuato
Guadalajara
Morelia
Uruapan
Teotihuacán
México, D.F.
Cuernavaca
Taxco
Puebla
Jalapa
Veracruz
Orizaba
Oaxaca
Acapulco
Villahermosa
Campeche
Mérida
Chichén Itzá
Cancún
0 250 500 750 Kilómetros
0 250 500 Millas

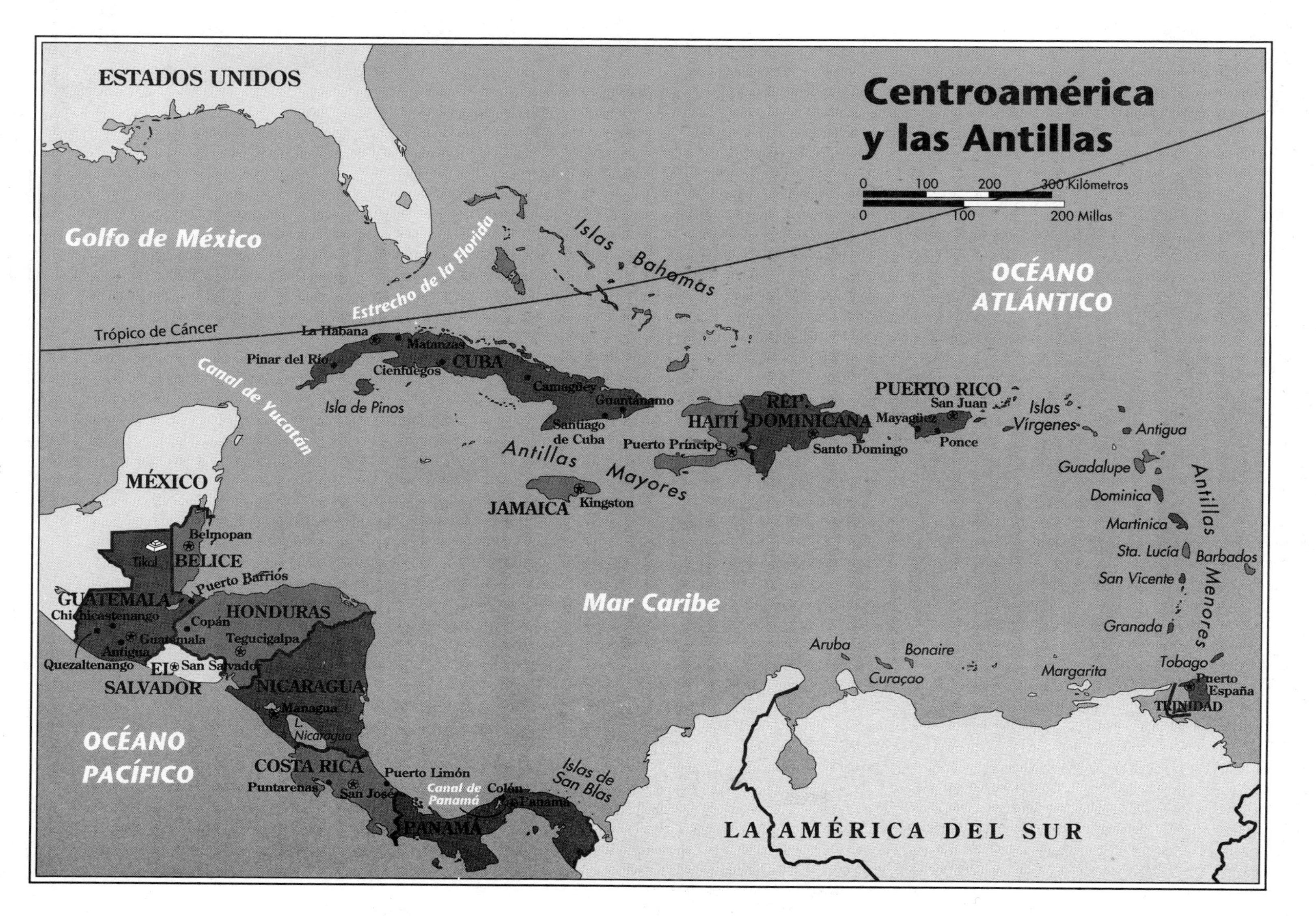
Centroamérica
y las Antillas
0 100 200 300 Kilómetros
0 100 200 Millas
ESTADOS UNIDOS
Golfo de México
Estrecho de la Florida
Islas Bahamas
OCÉANO ATLÁNTICO
Trópico de Cáncer
La Habana
Matanzas
Pinar del Río
Cienfuegos
CUBA
Canal de Yucatán
Isla de Pinos
Camagüey
Guantánamo
Santiago de Cuba
PUERTO RICO
San Juan
Mayagüez
Ponce
Islas Vírgenes
Antigua
HAITÍ
REP. DOMINICANA
Puerto Príncipe
Santo Domingo
Antillas Mayores
JAMAICA
Kingston
MÉXICO
Guadalupe
Dominica
Martinica
Sta. Lucía
Barbados
San Vicente
Granada
Antillas Menores
Belmopan
Tikal
BELICE
Puerto Barrios
GUATEMALA
Chichicastenango
Copán
HONDURAS
Guatemala
Tegucigalpa
Antigua
Quezaltenango
EL SALVADOR
San Salvador
Mar Caribe
NICARAGUA
Managua
L. Nicaragua
Aruba
Bonaire
Curaçao
Margarita
Tobago
Puerto España
TRINIDAD
OCÉANO PACÍFICO
COSTA RICA
Puntarenas
San José
Puerto Limón
Canal de Panamá
Colón
Panamá
PANAMÁ
Islas de San Blas
LA AMÉRICA DEL SUR

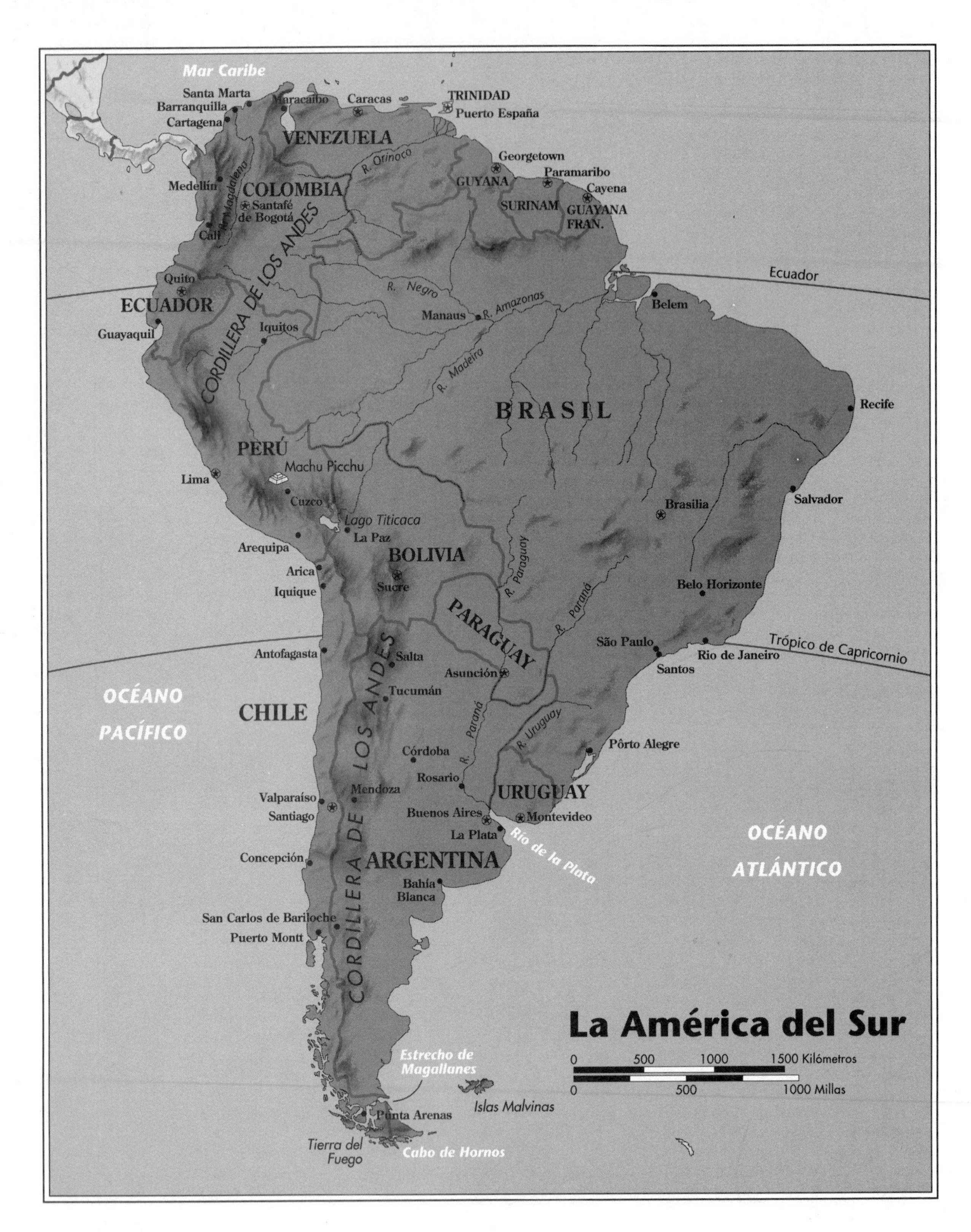
La América del Sur
Mar Caribe
Santa Marta
Barranquilla
Cartagena
Maracaibo
Caracas
TRINIDAD
Puerto España
VENEZUELA
R. Orinoco
Georgetown
Paramaribo
Cayena
GUYANA
SURINAM
GUAYANA FRAN.
Medellín
COLOMBIA
R. Magdalena
Santafé de Bogotá
Cali
CORDILLERA DE LOS ANDES
Quito
ECUADOR
Guayaquil
Iquitos
R. Negro
Manaus
R. Amazonas
Ecuador
Belem
R. Madeira
BRASIL
Recife
PERÚ
Machu Picchu
Lima
Cuzco
Lago Titicaca
La Paz
Arequipa
BOLIVIA
Arica
Iquique
Sucre
Salvador
Brasilia
R. Paraguay
R. Paraná
Belo Horizonte
PARAGUAY
São Paulo
Rio de Janeiro
Santos
Trópico de Capricornio
Antofagasta
Salta
Asunción
Tucumán
OCÉANO PACÍFICO
CHILE
CORDILLERA DE LOS ANDES
R. Uruguay
Pôrto Alegre
Córdoba
Rosario
Mendoza
URUGUAY
Valparaíso
Santiago
Buenos Aires
Montevideo
La Plata
Río de la Plata
OCÉANO ATLÁNTICO
Concepción
ARGENTINA
Bahía Blanca
San Carlos de Bariloche
Puerto Montt
Estrecho de Magallanes
Islas Malvinas
Punta Arenas
Tierra del Fuego
Cabo de Hornos
0 500 1000 1500 Kilómetros
0 500 1000 Millas

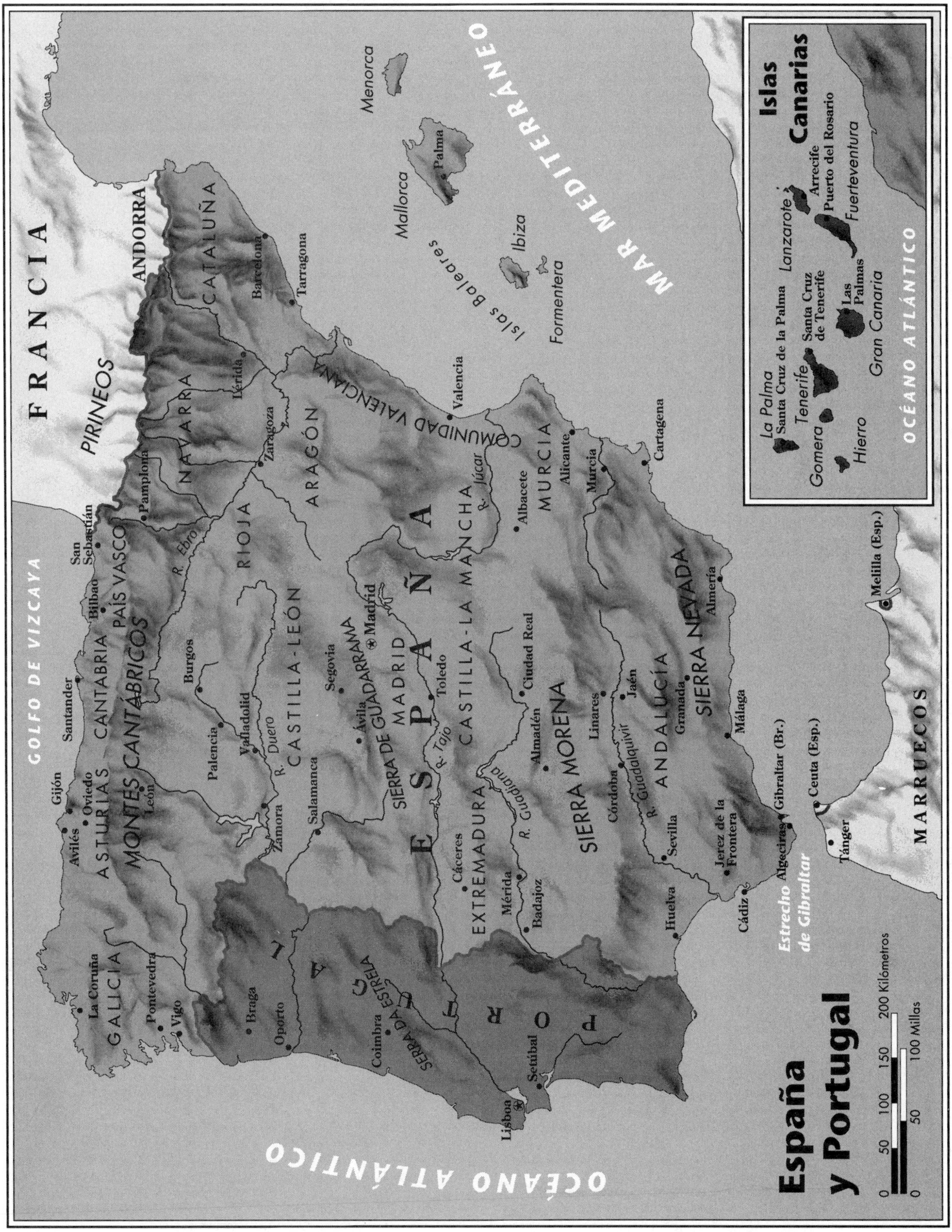
España y Portugal
0 50 100 150 200 Kilómetros
0 50 100 Millas
OCÉANO ATLÁNTICO
GOLFO DE VIZCAYA
FRANCIA
PIRINEOS
ANDORRA
MAR MEDITERRÁNEO
MARRUECOS
ESPAÑA
PORTUGAL
GALICIA
ASTURIAS
CANTABRIA
PAÍS VASCO
NAVARRA
CATALUÑA
ARAGÓN
RIOJA
CASTILLA-LEÓN
MADRID
CASTILLA-LA MANCHA
COMUNIDAD VALENCIANA
MURCIA
EXTREMADURA
ANDALUCÍA
MONTES CANTÁBRICOS
SIERRA DE GUADARRAMA
SIERRA MORENA
SIERRA NEVADA
SERRA DA ESTRELA
La Coruña
Pontevedra
Vigo
Avilés
Gijón
Oviedo
León
Santander
Bilbao
San Sebastián
Pamplona
Burgos
Palencia
Valladolid
Zamora
Salamanca
Segovia
Ávila
Madrid
Toledo
Zaragoza
Lérida
Barcelona
Tarragona
Valencia
Albacete
Alicante
Murcia
Cartagena
Almería
Ciudad Real
Almadén
Linares
Jaén
Granada
Málaga
Córdoba
Sevilla
Huelva
Cádiz
Jerez de la Frontera
Algeciras
Gibraltar (Br.)
Ceuta (Esp.)
Melilla (Esp.)
Tánger
Estrecho de Gibraltar
Cáceres
Mérida
Badajoz
Braga
Oporto
Coimbra
Lisboa
Setúbal
R. Ebro
R. Duero
R. Tajo
R. Guadiana
R. Guadalquivir
R. Júcar
Islas Baleares
Mallorca
Palma
Menorca
Ibiza
Formentera
Islas Canarias
La Palma
Santa Cruz de la Palma
Tenerife
Santa Cruz de Tenerife
Gomera
Hierro
Gran Canaria
Las Palmas
Lanzarote
Arrecife
Fuerteventura
Puerto del Rosario

Capítulo preliminar

Los saludos, las presentaciones y las despedidas

La Fuente de la Cibeles

Asimilación cultural — *El mundo hispano*

Situación geográfica

El mundo hispano comprende un total de veintiún países distribuidos en América del Norte, América del Sur, Africa, Asia y Europa.

Ciudades importantes

Muchas son las ciudades importantes de los países hispanos. Cabe destacar México D.F., Lima en el Perú, Bogotá en Colombia, y Quito en el Ecuador por su riqueza histórica. Ciudades como Buenos Aires en la Argentina, Montevideo en el Uruguay y San José en Costa Rica se destacan por su extensa y variada vida cultural. Caracas en Venezuela y Madrid y Barcelona en España podrían mencionarse por su modernismo y auge económico.

Moneda

La moneda varía de país a país así como también la tasa de cambio con respecto al dólar. Esta depende de la economía de cada país. A manera de ilustración se mencionará aquí solamente algunas monedas: el dólar, usado en los Estados Unidos y en gran medida en Panamá; el peso mexicano, colombiano, chileno, uruguayo o salvadoreño; el austral argentino; el nuevo sol peruano; y la peseta española.

Comidas típicas

Las comidas típicas varían de país a país y aun de región a región dentro de un mismo país. Aunque en cualquier ciudad hispana grande es fácil encontrar restaurantes chinos, franceses, italianos o alemanes, no es tan fácil encontrar restaurantes que sirvan comida de otros países hispanos. Es por esto que no sería extraño que un argentino que visita Nicaragua no estuviera familiarizado ni pudiera reconocer las comidas en un menú, ni que un guatemalteco que visita Paraguay no estuviera familiarizado con las comidas paraguayas.

Bebidas típicas

De la misma manera que no hay una homogeneidad de comidas típicas en el mundo hispano, tampoco existen bebidas típicas que se encuentran a través de todo el mundo hispano.

Personalidades famosas

Muchos hispanos se han destacado a lo largo de los años en diferentes aspectos de la vida política y cultural. Aquí sólo se puede mencionar algunos.

- En política: Pérez de Cuéllar del Perú, ex presidente de las Naciones Unidas; Oscar Arias Sánchez de Costa Rica y Rigoberta Menchú de Guatemala, ganadores del Premio Nobel de la Paz.
- En literatura: Gabriel García Márquez de Colombia, Camilo José Cela de España, Octavio Paz de México, Pablo Neruda de Chile, Miguel Angel Asturias de Guatemala, ganadores del Premio Nobel de Literatura.
- En arte: Fernando Botero de Colombia, Jesús Rafael Soto de Venezuela y Pablo Picasso de España.
- En cinematografía: Luis Buñuel de España, Raúl Ruiz de Chile y Raúl de la Torre de la Argentina.
- En deportes: Fernando Valenzuela de México, Gabriela Sabatini de la Argentina, Severiano Ballesteros de España.

Práctica y conversación

Usando la información presentada, haga el siguiente ejercicio.

1. ¿Cuántos países forman el mundo hispano y en qué continentes se encuentran repartidos?
2. Mencione tres ciudades hispanas importantes y diga por qué son importantes.
3. ¿Cuáles son algunas monedas nacionales?
4. ¿Se puede hablar de comidas y bebidas típicas del mundo hispano? Explique.
5. Mencione tres personalidades hispanas y diga en qué campo se han destacado.
6. ¿Conoce alguna otra personalidad hispana que no ha sido nombrada?

Información lingüística

Los dialectos hispanos

A pesar de que el mundo hispano está unido por una lengua común, el español, existen algunas variaciones en el español hablado en los diferentes países o regiones. Estas variaciones pueden manifestarse en la pronunciación de algunos sonidos o en el uso de diferentes palabras para referirse a un mismo objeto. Sin embargo, todos los hispanohablantes pueden comunicarse entre sí de la misma manera que un anglohablante de los Estados Unidos puede comunicarse con un anglohablante de Inglaterra, de Australia o de Africa del Sur a pesar de las diferencias en pronunciación o vocabulario.

Tal como se ha mencionado, las variaciones incluyen diferencias fonéticas. Por ejemplo, en algunos países en la zona del Caribe se aspira la **s** al final de las palabras, mientras que en otros países se pronuncia fuertemente; en España se distingue entre el sonido /**s**/ y el sonido /**θ**/ y esta distinción no se hace en los otros países hispanos.

También hay diferencias léxicas. Por ejemplo, el **autobús** recibe diferentes nombres: **guagua** en Puerto Rico, **camión** en México y **ómnibus** en el Perú.

Estas diferencias se verán en detalle en los siguientes capítulos.

Regionalismos hispanos

El habla hispana cambia de región a región y por este motivo hay frases que se usan en un país pero no en otro. Algunos ejemplos de esto son: en México, cuando alguien quiere expresar que algo está muy bien, puede decir: «¡Está padre!». En Colombia y Venezuela se diría: «¡Qué chévere!», mientras que en el Perú y en la Argentina se dice: «¡Macanudo!». Estos son sólo algunos ejemplos. Los capítulos a continuación presentarán más información acerca de frases típicas usadas en los diferentes países hispanos.

Práctica y conversación

Usando la información presentada, haga el siguiente ejercicio.

1. ¿Es el español que se habla en los diferentes países uniforme o existen variaciones? Explique.
2. ¿Pueden todos los hispanohablantes comunicarse entre sí? Explique.
3. ¿En qué aspectos del idioma se manifiestan las variaciones? Ilustre.
4. Mencione algunos regionalismos que haya aprendido.

Situación

Así se dice *Cómo se saluda, se presenta y se despide*

Cómo se pide información

Dígame / Dime, por favor...	*Please tell me . . .*
Disculpe / Disculpa, pero me puede(s) decir si...	*Excuse me, but could you tell me if . . .*
¿En qué puedo ayudarlo(la) / servirle?	*May I help you?*
Molestaba su atención porque...	*The reason I wanted your attention was . . .*
Quiero preguntarle si...	*I want to ask you if . . .*
Quiere(s) / Quisiera decirme(nos), por favor...	*Would you tell me / us, please . . .*
Quisiera saber...	*I would like to know . . .*
Una pregunta.	*I have a question.*

Cómo se saluda a una persona en una situación informal

¡Benditos los ojos que te ven!	*What a thrill to see you!*
¿Cómo andan las cosas?	*How are things?*
¿Cómo estás?	*How are you?*
¿Cómo están por tu casa?	*How is everyone at home?*
¿Cómo te va?	*How are things?*
¡Encantado(a) de verte!	*How nice to see you!*
¡Me vienes como caído(a) del cielo!	*You're heaven sent!*
¡Qué / Cuánto gusto verte!	*How nice to see you!*
¿Qué (me) cuentas? ¿Qué hay de nuevo?	*What's new?*
¡Qué milagro!	*What a surprise!*
¡Tanto tiempo sin verte!	*Long time no see!*

Cómo se saluda a una persona en una situación formal

Adelante.	*Come in.*
Buenos(as) días / tardes / noches, señor(a) / señorita.	*Good morning / afternoon / evening, sir / madam / miss.*
Muchas gracias por recibirme.	*Thank you for seeing me.*
Muchas gracias por venir.	*Thank you for coming.*
Pase adelante, por favor. Pase Ud., por favor. Tenga la bondad de pasar.	*Please, come in.*
Tome asiento, por favor.	*Please, sit down.*

Cómo se responde a una atención

Gracias por su gentileza / amabilidad.	*Thank you for your kindness.*
Muchas gracias. Muy amable.	*Thank you very much. You're very kind.*
Muchas gracias por su atención / ayuda.	*Thank you very much for your kindness / help.*
Se lo agradezco infinitamente.	*I am very grateful.*
Ud. es / ha sido muy amable.	*You are / have been very kind.*

Cómo se responde a una expresión de gratitud

A la orden. De nada. No hay de qué. Para servirle. Siempre a su orden.	*You are welcome.*
No se preocupe.	*Don't worry about it.*

Cómo se presenta a una persona o a sí mismo

Julio, ésta es Mariela de quien tanto te he hablado.	*Julio, this is Mariela, about whom I've told you so much.*
Julio, quiero que conozcas a Mariela.	*Julio, I want you to meet Mariela.*
Julio, te presento a Mariela.	*Julio, this is Mariela.*
Permítame / Permíteme que me presente. Yo soy Josefa Castañeda.	*Let me introduce myself. I'm Josefa Castañeda.*
Sr. Sánchez, le presento al Sr. Samaniego.	*Mr. Sánchez, this is Mr. Samaniego.*

Cómo se responde a una presentación

Encantado(a) [+ de conocerlo(a)].	*Very nice meeting you.*
El gusto es mío.	*It's my pleasure.*
Mucho / Cuánto gusto.	*Nice meeting you.*
(Es) Un placer.	*It's a pleasure.*

Cómo se despide

Chau.	*See ya. / Bye.*
Cuídese / Cuídate.	*Take care.*
Fue / Ha sido un placer.	*It was / has been a pleasure.*
Hasta luego / pronto. Hasta la vista.	*Good-bye.*

Lo(a) / Te llamo.	*I'll call you.*
Muchas gracias por todo.	*Thank you for everything.*
Nos vemos.	*See you soon.*
Nos hablamos.	*We'll talk.*
Nos llamamos.	*We'll call each other.*
Nos pondremos en contacto con Ud. / con Uds.	*We'll get in touch with you.*
Que le / te vaya bien.	*Have a nice day.*
Saludos a todos por su / tu casa.	*Say hello to your family.*

Dichos y refranes

Donde fueres haz lo que vieres.	*When in Rome, do as the Romans do.*
Y con esto y un bizcocho, hasta mañana a las ocho.	*Now, it's all said and done.*

Práctica y conversación

¡OJO! La revisión de los puntos gramaticales y ejercicios presentados al final de este capítulo le puede ser útil para hacer los siguientes ejercicios.

A. **Busque las correspondencias.** Trabajo individual.
¿Qué frases o expresiones de la columna B corresponden a las situaciones descritas en la columna A?

A	B
1. Ud. llega a un edificio desconocido para una entrevista y no sabe adónde ir.	a. ¡Qué milagro!
2. Ud. conoce a su futuro jefe.	b. Tenga la bondad de pasar.
3. Su futuro jefe le presenta al jefe de personal.	c. Muchas gracias por haberme recibido.
4. Su futuro jefe lo(a) lleva a su oficina.	d. El gusto es mío.
5. Ud. se despide al final de la entrevista.	e. Disculpe, ¿pero me puede decir dónde queda...?
6. Su futuro jefe le promete llamarlo(a).	f. Que le vaya bien.
	g. Mucho gusto.
	h. Nos pondremos en contacto con Ud.
	i. Permítame presentarle al jefe de personal.

B. **¿Cómo diría Ud.?** Trabajo individual.
¿Cuál de las expresiones o refranes mencionados usaría Ud. en las siguientes situaciones?

1. Ud. ha organizado una fiesta y está recibiendo a sus invitados.

   Ud. dice: ______________________________

2. Ud. está en una fiesta y no conoce a nadie. Decide presentarse a la persona que está parada a su lado.

   Ud. dice: ______________________________

3. Un amigo le presenta a dos personas: Haydée Ramal y Elsa Ontaneda.

   El dice: ______________________________

   Ud. dice: ______________________________

4. Ud. se encuentra con una persona a quien no había visto en mucho tiempo.

   Ud. dice: ______________________________

5. Ya es hora que Ud. se retire de la fiesta. Se despide de sus anfitriones.

   Ud. dice: ______________________________

6. Ud. ha completado un trabajo que tenía. Se despide de sus compañeros(as) hasta el día siguiente.

   Ud. dice: ______________________________

C. **Una visita a la profesora.** Trabajo en parejas.
¿Qué expresiones usaría en la siguiente situación?

Profesora Vásquez	**Ayudante**
1. Ud. va a la oficina del (de la) profesor(a) Brito pero él (ella) no está. Ud. se presenta a su ayudante. Ud. dice: ______________	2. Ud. saluda a la persona que ha entrado a la oficina y le responde. Ud. dice: ______________
3. Ud. necesita hablar con el (la) profesor(a) Brito. Ud. dice: ______________	4. El (La) profesor(a) está en una reunión. Regresa en quince minutos. Ud. dice: ______________
5. Ud. decide esperar / no esperar. Ud. dice: ______________	6. Ud. dice: ______________

Buenas noches, pasen adelante

Técnica de comprensión

Cuando Ud. escucha una conversación es importante que comprenda quiénes son los participantes, cuál es la relación que existe entre ellos (si son amigos o desconocidos, si uno es el jefe y otro es el empleado), y el tono de la conversación (si es una conversación amistosa o por lo contrario es una discusión o pelea). Parte de esta información se llega a conocer por el tono de voz usado por los hablantes pero también por el uso de algunas palabras como títulos (Sr., Profesor, Dra.), apodos (Pepe, Paquita), términos afectivos (querida, mi amor). Además de esto, en español también es posible conocer algo acerca de la relación entre las personas escuchando si usan el pronombre **tú** o el pronombre **Ud.**

Antes de escuchar

La conversación que Ud. va a escuchar se lleva a cabo en una reunión social en la casa de los Gamarra. Antes de escuchar, haga una lista de las frases de cortesía que Ud. espera oír.

____

____

Ahora, escuche y responda

A. **La idea general.** Escuche la conversación y diga cuál es la idea general.

B. **Palabras y expresiones.** Escuche nuevamente la conversación. Tome los apuntes que considere necesarios en una hoja de papel y conteste las siguientes preguntas.

1. ¿Qué frases usan los dueños de casa para saludar a sus invitados?
2. ¿Cómo trata el Sr. Gamarra al Sr. Ortiz, de tú o de Ud.? ¿Por qué?
3. Y el Sr. Ortiz, ¿cómo trata al Sr. Gamarra? ¿Por qué?
4. ¿Qué frase usa la Sra. Gamarra para presentar a sus amistades?
5. ¿Qué frases usan la Sra. Gamarra y la Sra. Ortiz cuando son presentadas?
6. ¿Cómo se tratan la Sra. Gamarra y Maribel Prieto, de tú o de Ud.? ¿Por qué?
7. ¿Qué frases usan los Sres. Gamarra para despedirse de sus anfitriones?

Para su información

Los saludos, las presentaciones y las despedidas

Dos amigas se saludan

En la cultura hispana las personas se saludan con más contacto físico que los estadounidenses de habla inglesa. Los hombres se saludan con un apretón de manos, un abrazo firme o unas palmadas en la espalda o los brazos. Las mujeres suelen abrazarse o besarse en las mejillas. Entre hombres y mujeres se saludan con un abrazo, un beso o un apretón de manos, dependiendo del tipo de relación que exista entre ellos.

Al presentarse por vez primera los hispanos se dan la mano sin la fuerza o el movimiento que es normal en la cultura estadounidense. La expresión inglesa *to shake one's hand* es distinta del concepto español «dar la mano» (*to give one's hand*).

Al llegar y al salir de una situación social hispana es normal saludar a todas las otras personas presentes.

Práctica

A. Escuche de nuevo el diálogo prestando atención a los saludos, despedidas y presentaciones. Después decida qué ademanes usan los personajes del diálogo en las siguientes situaciones.

1. la Sra. Gamarra al saludar a la Sra. Ortiz
2. el Sr. Gamarra al saludar a la Sra. Ortiz
3. la Sra. Gamarra al conocer al Sr. Ortiz
4. la Sra. Gamarra al conocer a Federico y a Juliana Castro
5. el Sr. Gamarra al conocer a Federico y a Juliana Castro
6. la Sra. Gamarra al conocer a Maribel Prieto
7. los Gamarra al despedirse de los Ortiz

B. En los ejercicios y actividades de este capítulo preliminar utilice los ademanes apropiados con los saludos, despedidas y presentaciones.

Práctica y conversación

A. **En la clase de conversación.** Trabajo de la clase entera.
Situación: Es el inicio del año escolar y es necesario que todos los estudiantes de la clase se conozcan. Circulen por el salón, preséntense a sí mismos y respondan a las preguntas personales que les hacen sus compañeros.

B. **Presentando a una estudiante extranjera.** Trabajo en grupos de cinco.
Situación: Mirta González es una muchacha española que acaba de llegar a los Estados Unidos y no conoce a nadie. Ud. hace una fiesta en su casa e invita a tres de sus mejores amigos(as). Presénteles a Mirta. Ellos(as) le preguntarán acerca de la vida en su país, sus actividades favoritas, su familia, etc. Mirta también mostrará interés en saber algo acerca de ellos(as).

C. **Buscando a Cupido.** Trabajo en grupos de cinco.
Situación: Ud. es el (la) maestro(a) de ceremonias de un programa de televisión a cargo de poner en contacto a personas en busca de su compañero(a) ideal. Presente al (a la) candidato(a) y a sus tres

posibles parejas. Ellos(as) proporcionarán interesante información personal y a su vez harán preguntas al (a la) candidato(a).

D. **En directo.** Trabajo en parejas.
Situación: Ud. es el (la) anfitrión(ona) de *En directo,* un programa de entrevistas en la televisión. Un(a) compañero(a) de clase es una personalidad famosa que es el (la) invitado(a) del programa de hoy. Uds. dos se presentan y Ud. le hace preguntas sobre su vida personal y profesional y su compañero(a) las contesta.

 Estructuras

Cómo se hace preguntas

La estructura básica de cualquier conversación consiste en preguntas seguidas por respuestas. Así para comunicarse efectivamente es necesario saber formar una gran variedad de preguntas.

Preguntas que esperan una respuesta de sí o no

A. Si se espera el asentimiento del oyente se usa **¿no?**, **¿verdad?**, **¿no es verdad?** o **¿verdad que sí?** al final de una oración.

Blanca es tu esposa, **¿verdad?**	*Blanca is your wife, isn't she?*
Maribel trabaja en la universidad, **¿no?**	*Maribel works at the university, doesn't she?*

B. Para hacer la pregunta más elemental simplemente se eleva la voz al final de una oración.

¿Blanca es tu esposa?	*Blanca is your wife?*
¿Maribel trabaja en la universidad?	*Maribel works at the university?*

C. La forma más común de hacer una pregunta es usar la inversión, eso es colocar el sujeto después del verbo.

VERBO + SUJETO
¿Trabaja Maribel?

Cuando la pregunta consiste en más de un sujeto y un verbo, el orden de las palabras es el siguiente.

VERBO	**+ RESTO +**	**SUJETO**
¿Trabaja	aquí	Maribel?

Pero cuando el resto de la pregunta es más largo que el sujeto, el orden puede ser el siguiente.

VERBO	**+ SUJETO +**	**RESTO**
¿Trabaja	Maribel	en la Universidad de México?

Preguntas que piden información

Las preguntas que piden información emplean una expresión interrogativa como las de la siguiente lista.

Expresión interrogativa		El uso	Ejemplos
¿cómo?	*how?*	manera o modo	¿Cómo viajaron Uds.? En avión.
		condición (con **estar**)	¿Cómo estás? Muy bien, gracias.
		esencia (con **ser**)	¿Cómo es Raúl? Es alto y moreno.
¿cuál(es)?	*which?*	selección	¿Cuál es tu deporte preferido? El tenis.
¿cuándo?	*when?*	fecha, hora o tiempo	¿Cuándo es la fiesta? El viernes a las ocho.
¿cuánto(a)?	*how much?*	cantidad	¿Cuánto tiempo pasaste en México? Cinco días.
¿cuántos(as)?	*how many?*	cantidad	¿Cuántos hermanos tienes? Dos.
¿dónde?	*where?*	lugar	¿Dónde viven los Ortiz? En las afueras de Taxco.
¿qué?	*what?*	definición o identificación	¿Qué estudias este semestre? Química.
¿quién(es)?	*who?*	identidad	¿Quién es esta mujer? Es la esposa del Sr. Gamarra.
¿por qué?	*why?*	motivo	¿Por qué das una fiesta? Para celebrar el cumpleaños de Adela.

¡OJO! Las palabras interrogativas siempre llevan acento escrito.

A. La mayoría de las preguntas que piden información se forman utilizando inversión. Generalmente el adverbio o pronombre interrogativo es la primera palabra de la pregunta.

¿Dónde conoció Ud. al Sr. Ortiz?	*Where did you meet Mr. Ortiz?*

B. 1. Se usa **¿adónde?** con **ir, viajar** y otros verbos de movimiento.

¿Adónde vas esta noche?	*Where are you going this evening?*

2. Se usa **¿de dónde?** para expresar el origen.

—**¿De dónde** son sus abuelos?	*Where are your grandparents from?*
—Son de Chile.	*They're from Chile.*

C. 1. **¿Por qué?** implica la causa de una acción. Si se usa **¿por qué?** en la pregunta es frecuente emplear **porque** (*because*) en la respuesta.

—**¿Por qué** van Uds. a la casa de los Ortiz?	*Why are you going to the Ortiz's house?*
—**Porque** dan una fiesta para celebrar su aniversario.	*Because they're giving a party to celebrate their anniversary.*

2. **¿Para qué?** implica el propósito de una acción. En la respuesta se emplea **para.**

—**¿Para qué** van Uds. a la casa de los Ortiz?	*Why (For what purpose) are you going to the Ortiz's house?*
—**Para** celebrar su aniversario.	*To celebrate their anniversary.*

D. **¿Cuál?** y **¿quién?** tienen formas de plural.

¿Cuál / Quién es la esposa del Sr. Gamarra?	*Which one / Who is Mr. Gamarra's wife?*
¿Cuáles / Quiénes son los padres de Federico?	*Which ones / who are Federico's parents?*

E. Se usa **¿de quién(es)?** (*whose*) para formar preguntas sobre la posesión.

—**¿De quién** es ese coche?	*Whose car is that?*
—Es de Miguel.	*It's Miguel's.*

F. **¿Cuánto?** tiene cuatro formas y concuerda con el sustantivo que sigue.

1. **¿cuánto(a)?** + sustantivo = *how much? + noun*

¿Cuánta comida compró la Sra. Ortiz para la fiesta?	*How much food did Mrs. Ortiz buy for the party?*

2. **¿cuántos(as)?** + sustantivo = *how many? + noun*

¿Cuántos invitados vinieron a la fiesta de los Ortiz?	*How many guests came to the Ortiz's party?*

G. 1. **¿Qué?** es un pronombre interrogativo y significa *which?* o *what?*.

¿Qué casa es la de los Ortiz?	*Which house is the Ortiz's?*

2. Se usa **¿qué es?** / **¿qué son?** cuando se espera una definición o una descripción como respuesta.

¿Qué es el Derecho Mercantil?	*What is Commercial Law?*
¿Qué son las Letras?	*What are Letters?*

3. **¿Cuál(es)?** es un pronombre que sustituye a un sustantivo; significa *which?* o *which one(s)?*.

—La mujer de azul es la Sra. Gamarra.	*The lady in blue is Mrs. Gamarra.*
—**¿Cuál** es la esposa del Sr. Ortiz?	*Which one is Mr. Ortiz's wife?*

4. Se usa **¿cuál es?** / **¿cuáles son?** cuando la respuesta esperada será seleccionada entre una serie de posibilidades.

¿Cuál es la capital del Perú?	*What is the capital of Peru?*
¿Cuáles son tus diversiones preferidas?	*What are your favorite hobbies?*

H. Se puede usar **¿qué tal?** para preguntas que piden una evaluación.

—**¿Qué tal** la fiesta de los Ortiz?	*How was the Ortiz's party?*
—Fue estupenda.	*It was great.*

Práctica de estructuras

A. **Un(a) compañero(a) de clase.** Para conocer mejor a un(a) compañero(a) de clase pregúntele sobre su familia, sus amigos, sus estudios de este semestre, su especialización, su trabajo, su tiempo libre.

B. **Un(a) periodista.** Ud. es un(a) periodista famoso(a) y tiene que entrevistar al presidente de los EE.UU. Prepare una serie de ocho a diez preguntas que quiere preguntarle al presidente.

C. **Su profesor(a) de español.** Hágale preguntas a su profesor(a) de español para conocerlo(a) mejor. Infórmese sobre su educación, su familia, su trabajo y su tiempo libre.

A escribir

A. **Buzón romántico.** Lea los siguientes avisos del Buzón romántico. Escoja a una de las personas a quien quiera conocer mejor y escríbale una carta. Preséntese, déle información personal y pídale información adicional.

CARTAS HOMBRES

Soy hispano tengo 28 años mido 1,66 profesión soy operador dê computadora, actualmente estoy curzando estudios de universidad me encanta la naturaleza y la vida normal. Deseo conocer dama de 18 a 23 años que sea honesta, comprensiva y muy inteligente para afrontar la vida hacia el futuro. Fort Worth, Tx. Aviso #593

Soy colombiano y tengo 23 años pues el sentimiento del amor no sabe de tiempo ni edades, a venido de aquel afecto mas profundo que vive en nuestros corazones, no es obstáculo que la interesada sea de cualquier parte del mundo, la persona interesada puede estar segura que mi fidelidad, sencillez, talento y personalidad que me han caracterizado podrán ser la mejor garantia de su felicidad. Por favor mándame foto reciente Fort Worth, Tx. Aviso #569

Hola soy un muchacho sincero y cariñoso, cuento con 24 años mido 5'8, peso 145 libras, mexicano soy honesto y trabajador sin vicios, me gustan las diversiones sanas y quisiera conocer muchachas de 17 a 27 años no importa si sean divorciadas, que tengan 1 o 2 niños, nada más que me quieran a mi no importa nacionalidad que tenga buenos sentimientos, soltero 100% Dallas, Tx. Aviso #542

CARTAS MUJERES

Latina de Sudamérica, delgada, simpática e inteligente con buenos modales, educada, divorciada de 21 años, sincera cariñosa, honesta, hogareña, que le gusta el arte, la música, el baile, viajar, el deporte. Desea conocer caballero preferible americano profesional, solvente, educado, serio, responsable cariñoso, sin vicios y compromisos. Exijo seriedad. Arlington, Tx. Aviso #515

Soy latina, de 24 años, divorciada hace 2 años y medio. Me gusta el baile, escuchar música y viajar mucho. Me gustaría conocer personas de otros países. Soy romántica, trigueña clara. Deseo conocer caballero, honesto y sincero entre 30-40 años. Mandar foto si es posible. Dallas, Tx. Aviso #534

Hola soy mexicana 18 años de edad 100 libras. Deseo conocer muchachos de 20 a 30 años que sean sinceros y que quieran tener una bonita amistad quisiera saber lo que significa la palabra felicidad, estoy muy sola no mal parecida por favor mandar foto. Arlington, Tx. Aviso #596

B. **Un(a) estudiante de intercambio.** Ud. va a estudiar en un país hispánico el semestre que viene. Ud. quiere información sobre la universidad, los cursos, la residencia, su compañero(a) de cuarto y la vida estudiantil. Escríbale una carta a su consejero, el Sr. Julio Vásquez, preguntándole sobre las cosas mencionadas anteriormente.

Capítulo 1

Las descripciones y las emociones

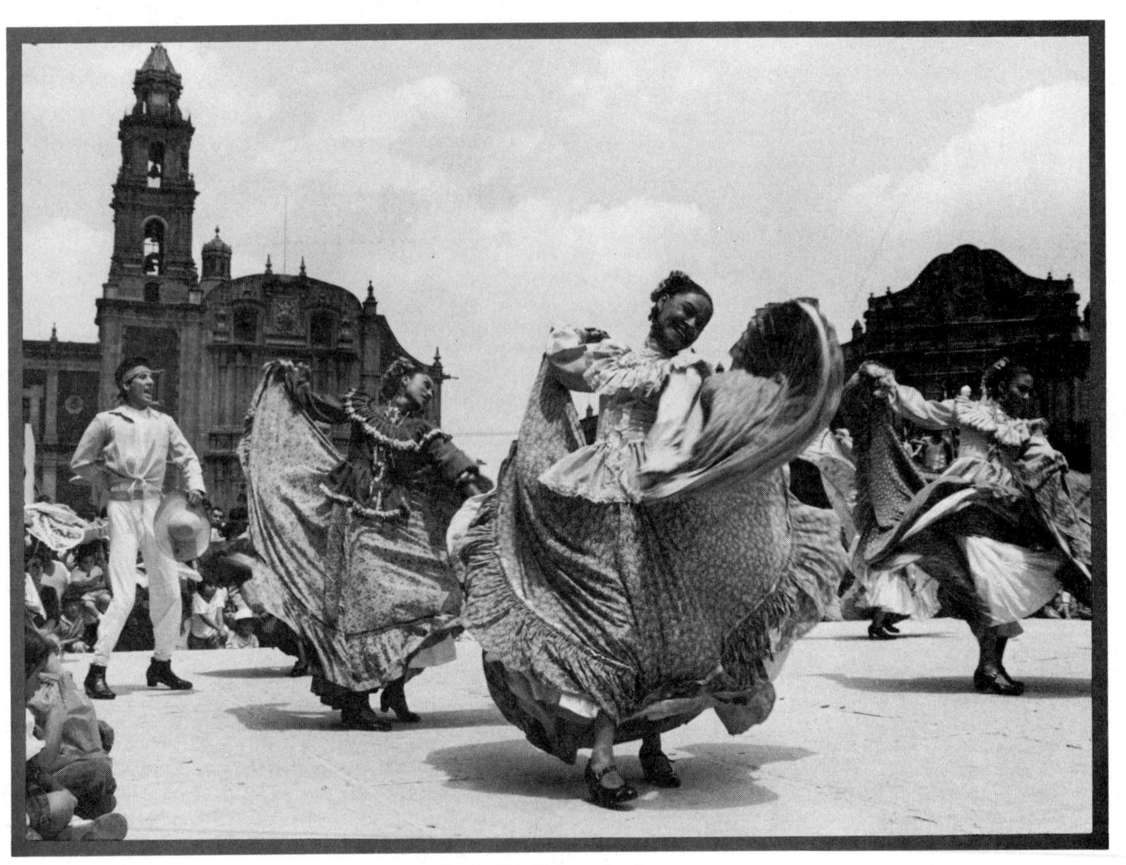

Un baile típico mexicano

Asimilación cultural — *México*

Situación geográfica

México es el tercer país más grande de América Latina. Limita al norte con los Estados Unidos, al sur con Belice y Guatemala, al este con el golfo de México y al oeste con el océano Pacífico.

Ciudades importantes

Entre las ciudades importantes cabe mencionar las siguientes.

- Ciudad de México (Distrito Federal o D.F.), la capital, situada en la parte central del país y considerada como el centro urbano más grande del mundo con veintitrés millones de habitantes. Algunos lugares de interés en el Distrito Federal son El Parque de Chapultepec, el Museo Nacional de Antropología, el Palacio de Bellas Artes (que cuenta con hermosos murales y es la sede del Ballet Folklórico de México), la Plaza de Tres Culturas.
- Guadalajara, Puebla, Monterrey, Cuernavaca, Acapulco y Taxco.

Moneda

El peso mexicano.

Comidas típicas

Algunas comidas típicas mexicanas son tortillas (masa redonda de maíz o trigo cocinada a la plancha); quesadilla (tortilla de harina rellena con queso); burritos (combinación de frijoles, queso, carne y pollo condimentada con salsa y envuelta en una tortilla).

Bebidas típicas

Algunas bebidas en México son tequila y cerveza mexicana.

Personalidades famosas

Octavio Paz, ganador del Premio Nobel de Literatura en 1990; David Siqueiros y Diego Rivera, famosos muralistas; Cantinflas, cómico mexicano.

Práctica y conversación

Usando la información presentada, haga el siguiente ejercicio.

1. ¿Dónde está situado México y cuáles son algunas ciudades importantes?
2. ¿Por qué se dice que el Distrito Federal es el centro urbano más grande del mundo?
3. ¿Dónde se puede ir para ver danzas típicas mexicanas?
4. Si se quiere saber algo del pasado de México, ¿adónde se puede ir?
5. Nombre algunas personalidades mexicanas. ¿Conoce otras personalidades que no han sido nombradas?
6. Si Ud. fuera a México, ¿qué pediría para comer y beber?

Información lingüística

El dialecto mexicano

Se dice que hay una gran similitud entre el español hablado en México y el español hablado en Castilla, España. Una de las similitudes más resaltantes es en el aspecto fonético y es la fuerte pronunciación del sonido /s/. En otras regiones del mundo hispano este sonido se aspira en algunas posiciones.

Algunas características propias del español mexicano son las siguientes. La preferencia por el uso de frases verbales en vez de verbos simples: «¿Qué andas haciendo?» (*What are you up to?*) en vez de «¿Qué haces?»; «Me ando mudando» (*I am getting ready to move*) en vez de «Me preparo para mudarme». Otras frases mexicanas comunes incluyen el uso de «con todo y» con el significado de *although,* por ejemplo: «Se fue a la fiesta con todo y estar enfermo» (*He went to the party although he was sick*). Numerosas palabras usadas en el español mexicano vienen del náhuatl (una lengua indígena). Entre ellas podemos mencionar las siguientes: atole (*drink made from cooked corn meal*), guajolote (*turkey*), guarache (*type of sandal*), papalote (*kite*), petaca (*suitcase*), petate (*straw mat*).

Regionalismos

Afloja la lana.	*Don't be stingy.*
¡Está padre!	*It's cool!*
Meter las cuatro	*To put one's foot in one's mouth*
No se apure para que dure.	*Don't worry and you'll live longer.*
Pa' luego es tarde.[1]	*The sooner the better.*

[1] Pa' luego es tarde = Para luego es tarde.

Práctica y conversación

Usando la información presentada, haga el siguiente ejercicio.

1. ¿En qué se parece la pronunciación mexicana a la pronunciación española? Dé ejemplos.
2. Dé dos ejemplos de frases verbales preferidas por los mexicanos.
3. ¿Cuál es una frase del dialecto mexicano que se usa para pedir dinero a alguien que no quiere prestarlo?
4. ¿Qué diría Ud. si alguien revela un secreto sin darse cuenta?
5. ¿Qué diría Ud. si ve un carro que le gusta mucho?
6. ¿De qué lengua vienen las palabras **atole** y **guajolote**?

 Primera situación

Así se dice *Cómo se describe a las personas, los lugares y las cosas*

Cómo se describe el aspecto físico de las personas

Es alto(a) / bajo(a) / pequeño(a). — *He / She is tall / short / small.*

Es blanco(a) / moreno(a) / rubio(a) / pelirrojo(a) / pecoso(a). — *He / She is white / dark complected or brunette / blond / red-haired / freckled.*

Es feo(a) / horrible / guapo(a) / buen(a) mozo(a) / saludable / enfermizo(a). — *He / She is ugly / horrible / good-looking / handsome / healthy / sickly.*

Es gordo(a) / grueso(a) / regordete / delgado(a) / flaco(a). — *He / She is fat / husky / chubby / thin / skinny.*

Está enfermo(a) / cansado(a) / aburrido(a) / triste / deprimido(a) / feliz / harto(a). — *He / She is sick / tired / bored / sad / depressed / happy / fed up.*

Cómo se describe la personalidad de una persona

Es agradable / simpático(a) / alegre / aburrido(a) / interesante / dinámico(a) / maduro(a). — *He / She is pleasant / nice / happy / boring / interesting / dynamic / mature.*

Es atlético(a). — *He / She is athletic.*

Es celoso(a). — *He / She is jealous.*

Es (des)organizado(a) / estudioso(a). — *He / She is (un)organized / studious.*

Es educado(a) / mal educado(a) / vulgar / grosero(a). — *He / She is polite / impolite / vulgar / rude.*

Es limpio(a) / pulcro(a) / sucio(a) / descuidado(a). — *He / She is clean / neat / dirty / untidy.*

Es flojo(a) / trabajador(a) / activo(a) / cuidadoso(a).	*He / She is lazy / hard-working / active / careful.*
Es dormilón(ona).	*He / She is a sleepyhead.*
Es hablador(a) / callado(a) / extrovertido(a) / amigable / introvertido(a).	*He / She is talkative / quiet / extrovert / friendly / introvert.*
Es inteligente / brillante / lento(a) / estúpido(a) / torpe / incapaz / fastidioso(a).	*He / She is intelligent / brilliant / slow / stupid / clumsy / incompetent / difficult.*
Es optimista / pesimista.	*He / She is optimistic / pessimistic.*
Está loco(a) de atar / chiflado(a). Le falta un tornillo.	*He / She is as crazy as a loon.*
Tiene buen carácter.	*He / She is easy to get along with.*
Tiene un corazón de oro.	*He / She has a good heart.*

Cómo se describe las acciones de una persona

Cuenta chistes.	*He / She tells jokes.*
Dibuja / Pinta / Baila / Toca la guitarra perfectamente / divinamente.	*He / She draws / paints / dances / plays the guitar perfectly / beautifully.*
Escribe cuidadosamente / claramente.	*He / She writes carefully / clearly.*
Se expresa / habla muy bien / con gracia.	*He / She expresses himself / herself very well / gracefully.*
Se porta de una manera peculiar / extraña.	*He / She behaves in a strange way.*

Cómo se describe los lugares y las cosas

Es como...	*It is like . . .*
Es una casa / ciudad / universidad grande / pequeña.	*It is a big / small house / city / university.*
Es una pintura / escultura / película complicada / difícil.	*It is a complicated / difficult painting / sculpture / film.*
Es un objeto / una cosa rectangular / cuadrado(a) redondo(a) / triangular.	*It is a rectangular / square / round / triangular object / thing.*
Se parece a...	*It looks like . . .*

Dichos y refranes

Bebe como una tuba.	*He / She drinks like a fish.*
Come como preso político.	*He / She eats a lot.*
Es el vivo retrato de su padre / madre.	*He / She looks exactly like his / her father / mother.*
No es ni carne ni pescado / ni chicha ni limonada.	*That's neither fish nor fowl.*
No está en la flor de la juventud.	*He / She is no spring chicken.*

Práctica y conversación

¡OJO! La revisión de los puntos gramaticales y ejercicios presentados al final de este capítulo le puede ser útil para hacer los siguientes ejercicios.

A. **Busque las correspondencias.** Trabajo individual.
¿Qué frases o expresiones de la columna B corresponden a las situaciones descritas en la columna A?

A

1. Josefina quiere ir a la boda de su sobrina vestida igual que ella.
2. Su hermano de dieciséis años acaba de llegar de la escuela y se prepara para comer su merienda: tres sándwiches triples y dos pedazos de pastel de manzana.
3. Mario practica fútbol y básquetbol. Además es el mejor estudiante de su clase. Sin embargo, no tiene muchos amigos.
4. María tiene la gripe y está en casa sola. No tiene nada que hacer.
5. Ud. tiene que estudiar para su examen de física pero no quiere hacerlo.
6. Ud. acaba de conocer a un joven; no es ni guapo ni feo, ni divertido ni aburrido.

B

a. Soy muy flojo(a).
b. No es ni chicha ni limonada.
c. Le falta un tornillo.
d. Come como preso político.
e. Bebe como una tuba.
f. Se porta de una manera peculiar.
g. Está enferma y aburrida.
h. Es una persona muy organizada pero introvertida.
i. Está deprimida.

B. **¿Cómo diría Ud.?** Trabajo individual.
¿Cuál de las expresiones o refranes mencionados usaría Ud. en las siguientes situaciones?

1. Su compañero(a) de oficina nunca comprende nada y además no sabe hacer su trabajo bien.

   Ud. dice: ______________________________

2. Su vecino pesa 110 kilos, habla muchísimo y no se baña nunca.

   Ud. dice: ______________________________

3. Su madre trabaja mucho y mantiene a la familia.

   Ud. dice: ______________________________

4. Su compañero(a) de cuarto hace unos dibujos muy hermosos, toca música clásica en su guitarra, pero no habla mucho.

   Ud. dice: ______________________________

5. Su amigo come y bebe muchísimo.

   Ud. dice: ______________________________

C. **Mi mejor amigo(a).** Trabajo en parejas.
Ud. le habla a su nuevo(a) compañero(a) de cuarto acerca de su mejor amigo(a).

Ud.	**Su compañero(a) de cuarto**
1. Ud. describe físicamente a una persona que le gusta mucho. Ud. dice: ____________	2. Ud. quiere saber acerca de la personalidad de la persona descrita por su compañero(a). Ud. dice: ____________
3. Ud. describe la personalidad de esta persona. Ud. dice: ____________	4. Ud. quiere saber cuáles son las actividades favoritas de esa persona. Ud. dice: ____________
5. Ud. contesta. Ud. dice: ____________	6. Ud. dice que (no) quiere conocer a esa persona. Ud. dice: ____________

D. **Es un sitio fabuloso.** Trabajo en parejas.
Situación: Ud. y su amigo(a) acaban de regresar de sus vacaciones. Ud. fue a la playa y él (ella) al campo. Cada uno de Uds. describe el lugar donde se quedó, la gente que conoció, etc. Pídanse más detalles cuando quieran más información.

¿Cómo es tu familia?

Técnica de comprensión

Para comprender lo que alguien dice, Ud. puede usar ayudas audiovisuales. Estas ayudas pueden ser objetos concretos que Ud. ve alrededor suyo o imágenes mentales que han sido formadas por experiencias previas. Cuando Ud. escucha a alguien hablar de cierta persona u objeto, Ud. se forma una imagen mental de tal persona u objeto. Si su amiga, por ejemplo, le describe a su novio, Ud. inmediatamente se forma una imagen mental de esa persona a medida que se la describe. En este capítulo Ud. va a usar ayudas audiovisuales para ayudarlo(a) a comprender lo que escucha.

Antes de escuchar

La conversación que Ud. va a escuchar es entre dos personas que tienen una relación romántica. La chica quiere saber más acerca de la familia de su novio. Antes de escuchar, haga una lista de las preguntas que Ud. cree que ella va a hacer.

____

____

____

____

____

____

____

____

Ahora, escuche y responda

A. **La idea general.** Escuche la conversación y diga cuál es la idea general.

B. **Imágenes mentales.** Escuche nuevamente la conversación entre una pareja de novios. Tome los apuntes que considere necesarios en una hoja de papel e identifique a las personas de las que hablan en los gráficos en la página siguiente. Luego, escriba la información que se da acerca de cada persona en los espacios en blanco.

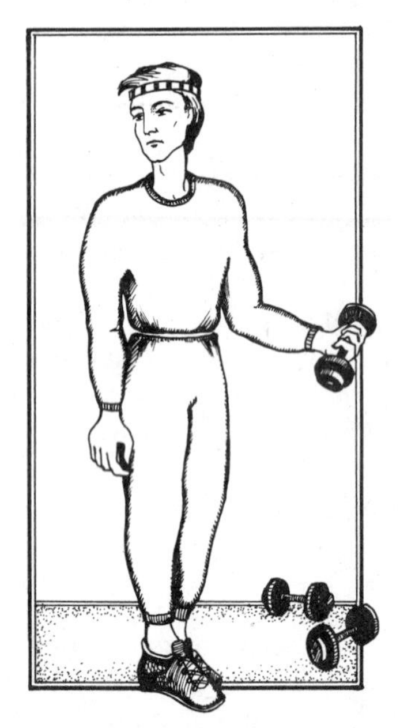

Identificación: ______________
Descripción física: __________
____
Personalidad: ________________
Actividad favorita: __________

Identificación: ______________
Descripción física: __________
____
Personalidad: ________________
Actividad favorita: __________

Identificación: ______________
Descripción física: __________
____
Personalidad: ________________
Actividad favorita: __________

Para su información

La familia hispana tradicional y contemporánea

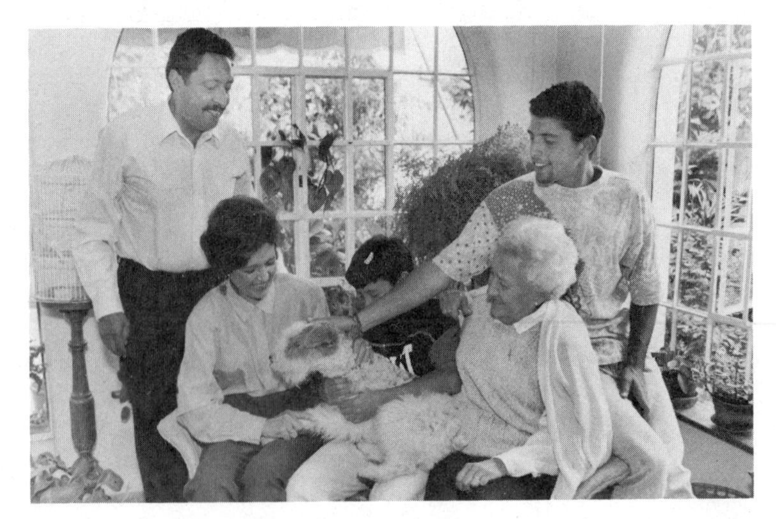

Una familia hispana

En el mundo hispano la institución básica es la familia. La familia siempre ha tenido más importancia que el trabajo, el pueblo o cualquier otra institución social. La mayoría de las diversiones, ferias y festivales son ocasiones familiares para los hispanos.

Dentro de la familia tradicional el padre tiene un papel dominante; el padre es el que trabaja fuera de casa para ganarse la vida y mantener a su familia. La madre tiene el papel de cuidar a la familia; así que ella trabaja dentro de la casa.

Estos papeles tradicionales están cambiando, especialmente en las grandes ciudades. Hay familias en las cuales el padre y también la madre trabajan fuera de casa. Aunque no es tan común como en los EE.UU., en algunas familias los hombres comparten los quehaceres domésticos.

Práctica

Escuche de nuevo el diálogo de esta situación y busque información sobre la familia de Leopoldo. ¿Es tradicional su familia? ¿Van a tener una familia tradicional Leopoldo y Marcela? Explique usando información del diálogo.

Práctica y conversación

A. **En mi nueva residencia.** Trabajo en parejas.
Situación: Ud. acaba de mudarse a una nueva residencia estudiantil y no sabe mucho acerca de su compañero(a). Pídale que le describa a los miembros de su familia, su ciudad y sus clases. El (Ella) hará lo mismo.

B. **En una ciudad desconocida.** Trabajo en parejas.
Situación: Ud. está de visita en México con su familia. De repente, mientras está en el Museo de Arqueología, se da cuenta que su hermana menor se ha perdido. Ud. va a las oficinas del museo y reporta la desaparición de su hermana. El (La) empleado(a) le pide una descripción de su hermana.

C. **Un personaje inolvidable.** Trabajo en parejas.
Situación: Ud. y su compañero(a) de clase practicaban deportes cuando eran pequeños(as) y admiraban mucho a sus entrenadores(as). Descríbanlos(as) físicamente y mencionen algunas características de su personalidad que Ud. admiraba.

D. **Los personajes famosos.** Trabajo en parejas.
Situación: Descríbale a su compañero(a) dos personas famosas de su preferencia (políticos, artistas, escritores, etc.). Descríbalos(as) físicamente y mencione algunas características de su personalidad que Ud. admira.

Segunda situación

Así se dice Cómo se felicita y se da el pésame

Cómo se felicita a una persona

¡Buen trabajo!	*Good job!*
Cuánto me alegro (por Ud. / ti).	*I'm very happy (for you).*
¡Enhorabuena! ¡Felicidades! ¡Felicitaciones!	*Congratulations!*
¡Hay que celebrarlo!	*We have to celebrate!*
Lo logró / lograste.	*You made it.*
¡Que lo disfrute(s)!	*Enjoy it!*
Se / Te lo merece(s).	*You deserve it.*
Se / Te lo ganó / ganaste.	*You earned it.*
Lo(a) / Te felicito.	*Congratulations (to you).*

Cómo se da el pésame y apoyo moral

Cuánto lo siento.	*I'm so sorry.*
Lo siento mucho.	*I'm very sorry.*
Le / Te acompaño en el sentimiento.	*I sympathize with you.*
Mi sentido pésame.	*My deepest sympathy.*
¡Pobre / Pobrecito(a)!	*Poor thing!*
¡Qué pena!	*How sad!*
¡Qué lástima!	*What a pity!*
Le / Te acompaño en su / tu dolor.	*I share your pain.*

Cómo se da ánimo

¡Anímate!	*Cheer up!*
Cuenta conmigo.	*Count on me.*
¡Echa pa'lante![1]	*Hang in there!*
¡Estoy a tu disposición!	*I'm at your service!*
¡No te desanimes! ¡No te amilanes!	*Don't be discouraged!*
¡No te des por vencido(a)!	*Don't give up!*
¡Vas a salir adelante!	*You're going to make it!*

[1] Echa pa'lante = Echa para adelante.

Dichos y refranes

A mal tiempo buena cara.	*Grin and bear it.*
Cuando Dios cierra una puerta, abre una ventana.	*Every cloud has a silver lining.*
Mañana será otro día.	*Tomorrow's another day.*
Naciste de pie.	*You were born lucky.*
No hay mal que dure cien años ni cuerpo que lo resista.	*There's no evil that lasts forever.*
Te saliste con la tuya.	*You had your own way.*

Práctica y conversación

¡OJO! La revisión de los puntos gramaticales y ejercicios presentados al final de este capítulo le puede ser útil para hacer los siguientes ejercicios.

A. **Busque las correspondencias.** Trabajo individual.
¿Qué frases o expresiones de la columna B usaría Ud. para responder a las situaciones descritas en la columna A?

A	B
1. Su compañero ha tenido problemas personales y se siente muy solo.	a. Estoy a su disposición.
2. Su hermana tuvo un bebé.	b. Te felicito.
3. Sus sobrinas trabajaron duro y recibieron un premio.	c. ¡Buen trabajo!
4. Sus tíos se mudaron a una nueva casa.	d. ¡Se lo merecen!
5. El padre de su amigo ha muerto.	e. ¡Cuánto lo siento!
6. Dos amigos suyos pelearon con sus novias.	f. ¡Echa pa'lante!
	g. ¡Cuánto me alegro!
	h. Están de malas.
	i. Mi sentido pésame.
	j. Naciste de pie.

B. **¿Cómo diría Ud.?** Trabajo individual.
¿Cuál de las expresiones o refranes mencionados usaría Ud. en las siguientes situaciones?

1. Ud. va a un funeral y se acerca a la viuda.

   Ud. dice: ______________________________

2. Su amigo(a) ha tenido muchos problemas personales y Ud. quiere animarlo(a).

   Ud. dice: ______________________________

3. Su compañero(a) va a presentar un examen muy difícil.

   Ud. dice: ______________________________

4. Ud. les ofrece su ayuda a sus amigos.

   Ud. dice: Estoy a tu disposición
5. El hermano menor de su amiga obtuvo una beca para estudiar en el extranjero.

   Ud. dice: ______
6. Su compañero(a) no recibió la oferta de trabajo que tanto esperaba y ahora está muy pesimista.

   Ud. dice: Mañana será otro día

C. **Con un(a) amigo(a).** Trabajo en parejas.
¿Cuál de las expresiones mencionadas usaría en la siguiente situación?

Su amigo(a)	**Ud.**
1. Ud. está muy disgustado(a) porque perdió su trabajo. Ud. dice: ______	2. Ud. lo(a) compadece. Ud. dice: ______
3. Ud. está desorientado(a) y desanimado(a). No sabe qué hacer. Ud. dice: ______	4. Ud. lo(a) anima para que busque un nuevo empleo. Ud. dice: ______
5. Una semana después, Ud. le cuenta a su amigo(a) que solicitó empleo en una importante empresa y lo consiguió. Ud. dice: ______	6. Ud. felicita a su amigo(a). Ud. dice: ______

D. **Un(a) amigo(a) muy afortunado(a).** Trabajo en parejas.
Situación: Ud. se encuentra con un(a) amigo(a) que está muy contento(a) debido a que ganó la lotería y ahora mismo va a recoger el premio. Escuche lo que él (ella) le dice, felicítelo(a) y comparta su alegría.

Anuncios radiales

Antes de escuchar

Recuerde y use la técnica de usar ayudas audiovisuales o imágenes mentales cuando escuche los siguientes avisos.

La serie de avisos radiales que Ud. va a escuchar anuncia servicios religiosos a celebrarse por el fallecimiento de diversas personas. Antes de escuchar los avisos, escriba qué información espera Ud. escuchar.

____

____

____

____

____

Ahora, escuche y responda

A. **La idea general.** Escuche la conversación y diga cuál es la idea general.

B. **Imágenes mentales.** Escuche nuevamente los anuncios radiales. Tome los apuntes que considere necesarios en una hoja de papel e identifique a las personas cuyos velorios se anuncian en los siguientes gráficos. Escriba la información que se da acerca de cada persona en los espacios en blanco. ¡OJO! No todos los anuncios proporcionan toda la información.

Nombre y apellido:
____
Fecha de la misa o velorio: ______
Lugar donde se celebrará el velorio:
____

Nombre y apellido:
____
Fecha de la misa o velorio: ______
Lugar donde se celebrará el velorio:
____

Nombre y apellido:
____
Fecha de la misa o velorio: ______
Lugar donde se celebrará el velorio:
____

Nombre y apellido:
____
Fecha de la misa o velorio: ______
Lugar donde se celebrará el velorio:
____

Para su información

El concepto hispánico de la muerte y las prácticas funerarias

Cada cultura tiene su propia explicación o concepto de la muerte. En la cultura hispana la muerte parece tener mucha importancia y es casi una preocupación constante. Se puede ver esta preocupación en varias costumbres que practican los hispanos.

El velorio es una práctica para consolar a la familia del difunto. Tiene lugar uno o dos días después del fallecimiento en la casa del difunto o en una funeraria. Como es una ocasión social, en México y otros países hispanos, generalmente sirven comida y bebidas mientras los familiares y amigos recuerdan al difunto.

Las esquelas de defunción son anuncios que aparecen en la radio o en los periódicos. Estos anuncios dan los nombres del difunto y su familia, la fecha del fallecimiento e información sobre el velorio. Son pagadas por la familia.

Misa de resurrección

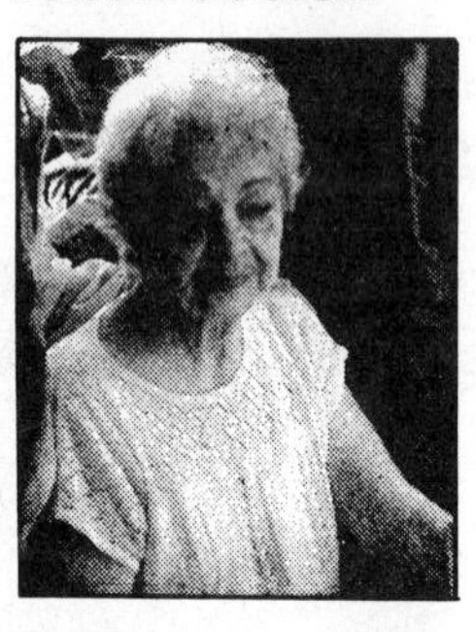

La familia de la recordada y estimada señora Angela García Estrada viuda de Gaitán, quien falleció el pasado 16 de febrero, agradece las muestras de solidaridad recibidas, y al mismo tiempo invita a la misa por cumplirse nueve días de su encuentro con el Creador, que se realizará hoy miércoles 24 de febrero, a las 18:00 horas, en la iglesia Nuestra Señora de Los Angeles, 35 calle 21-40 zona 12, colonia Santa Elisa.

La señora Angela García Estrada viuda de Gaitán, esposa del recordado y destacado futbolista Alfredo "Conejo" Gaitán, fue miembro activo de Fraternidad Escuintla y del Consejo de Bienestar Social. Expresamos nuestras muestras de pesar a sus familiares, en especial a sus hijos Arturo, Aura América, Jorge y Belinda. Descanse en paz, Angela García Estrada viuda de Gaitán.

La familia de la Licenciada

CONCHITA SOLIS DE BARRETT

Quien falleció en la ciudad de Miami, Florida el día 26 de enero de 1993.

Agradece profundamente todas las muestras de condolencia recibidas, e invita a la misa de Resurrección que por cumplir un mes de su sensible fallecimiento se oficiará en la iglesia de San Ignacio de Loyola, zona 10, el viernes 26 de febrero a las 19:00 horas.

Por su asistencia, eternamente agradecidos.

Guatemala, febrero de 1993.

"Considera al íntegro, y mira al justo; porque hay un final dichoso para el hombre de paz". Salmo 37:37.

Agradecemos de todo corazón su apoyo y muestras de solidaridad durante el reciente fallecimiento de nuestro adorado esposo e incomparable padre, Licenciado:

JUAN JOSE RODAS

Enriqueta y Sigfrido Rodas.

Guatemala, Febrero 1993.

El señor

GUSTAVO ADOLFO LOPEZ

Falleció en la ciudad de San Salvador, el día 4 de febrero 1993.

Por el eterno descanso de su alma se oficiará una misa el miércoles 24 de febrero a las 17:00 horas en la Iglesia Nuestra Señora de las Misericordias (Ciudad Vieja zona 10). Por su asistencia eternamente agradecidos.

Misa por intención del señor Julio César Peralta M.

Hoy a las 17 horas será oficiada una misa en la iglesia de Capuchinas, 10a. calle y 10a. avenida zona 1, por intención del señor Julio César Peralta M., quien falleció el 16 de febrero de este año. Invitan para asistir, sus apesarados deudos.

Los hispanos suelen conmemorar a los difuntos con misas especiales en los aniversarios del fallecimiento. En los anuncios en los periódicos o en la radio invitan a los familiares, amigos y colegas a asistir a esta misa especial.

El Día de los Muertos, el primero de noviembre, es un festejo popular en México y otros países hispanos. Es una creencia común entre algunos hispanos que en ese día los muertos vienen desde el más allá a hablar con los vivos. Por eso los días anteriores al primero de noviembre los parientes de los muertos preparan alimentos y ofrendas que llevan al cementerio. En México, también adornan los sepulcros con flores y papel picado; el primero de noviembre todos van al cementerio donde comen, beben, bailan y celebran con los muertos.

Escena en un cementerio el Día de los Muertos

Escuche de nuevo el diálogo de esta situación. ¿Qué prácticas y costumbres funerarias son evidentes en los anuncios radiales?

Práctica y conversación

A. **¡Ay, amisté con mi novio(a)!** Trabajo en parejas.
Situación: Su compañero(a) está feliz porque se reconcilió con su novio(a) y ahora piensan casarse pronto. El (Ella) le cuenta por qué se pelearon, cómo y dónde se reconciliaron. Escúchelo(a), hágale preguntas y felicítelo(a).

B. **Conseguí el trabajo.** Trabajo en parejas.
Situación: Su compañero(a) de cuarto consiguió el trabajo que quería y está muy contento(a). El (Ella) le describe cómo será su nueva oficina y cómo son su jefe y sus compañeros de trabajo. Escúchelo(a), demuestre interés y felicítelo(a).

C. **Se murió mi amigo(a).** Trabajo en parejas.
Situación: Ud. se encuentra con un(a) amigo(a) quien le cuenta acerca de la muerte de uno(a) de sus amigos(as) en un accidente automovilístico y de los problemas y pesares que esto ha ocasionado en la familia. Ud. ofrece apoyo y le cuenta una situación similar en la que Ud. se vio.

D. **Mi hermano está muy enfermo.** Trabajo en parejas.
Situación: Su compañero(a) está muy preocupado(a) porque su hermano mayor está muy enfermo. El (Ella) le describe a su hermano y le cuenta detalles de la enfermedad y de todos los problemas y complicaciones que han surgido en su vida familiar. Ud. escucha y le cuenta de una situación similar en su familia. Los (Las) dos se ofrecen ayuda y apoyo.

Cómo se describe

Los adjetivos descriptivos y calificativos

Los adjetivos descriptivos y calificativos modifican los sustantivos y concuerdan con el sustantivo en género y en número.

Las formas de los adjetivos

A. Los adjetivos que terminan en **-o** tienen cuatro formas.

Masculino singular	Mi padre es **alto** y **rubio.**
Femenino singular	Mi madre es **alta** y **rubia**.

Masculino plural	Mis hermanos son **altos** y **rubios.**
Femenino plural	Mis hermanas son **altas** y **rubias**.

B. Los adjetivos de nacionalidad que no terminan en **-e** u **-o** y otros adjetivos que terminan en **-dor, -ón, -án, -ín, -ol, -uz, -ote** tienen cuatro formas.

Masculino singular	Mi padre es **español** / **francés** / **trabajador**.
Femenino singular	Mi madre es **española** / **francesa** / **trabajadora**.
Masculino plural	Mis abuelos son **españoles** / **franceses** / **trabajadores**.
Femenino plural	Mis abuelas son **españolas** / **francesas** / **trabajadoras.**

¡OJO! El acento escrito en **-án, -és, -ín,** y **-ón** se usa solamente en la forma singular y masculina.

alem**án,** alemana, alemanes, alemanas
dormil**ón,** dormilona, dormilones, dormilonas

C. Los adjetivos que terminan en **-e** tienen dos formas.

Masculino singular	Mi hermano es **grande** y **fuerte**.
Femenino singular	Mi tía es **grande** y **fuerte**.
Masculino plural	Mis primos son **grandes** y **fuertes**.
Femenino plural	Mis hermanas son **grandes** y **fuertes**.

D. Todos los otros adjetivos que terminan en consonantes tienen dos formas.

Masculino singular	Mi hermano **mayor** es **difícil**.
Femenino singular	Mi hermana **mayor** es **difícil**.
Masculino plural	Mis hermanos **mayores** son **difíciles**.
Femenino plural	Mis hermanas **mayores** son **difíciles**.

¡OJO! La letra **z** cambia a **c** antes de **e:** feliz → felices.

La posición de los adjetivos

A. Aunque no hay reglas fijas para la colocación del adjetivo descriptivo, se puede decir que la posición normal del adjetivo descriptivo es después del sustantivo.

Mi madre es una persona **buena**.

B. Los adjetivos descriptivos pueden colocarse delante del sustantivo en los siguientes casos.

1. El adjetivo explica una cualidad inherente del sustantivo.

   Me gusta mirar la **blanca** nieve de las montañas.

2. El adjetivo es de uso muy común y no tiene valor diferenciador: **bueno, mala, joven**.

   Teresa es una **buena** chica.

3. El adjetivo se usa poéticamente.

   Caminábamos en el bosque cuando oímos la **dulce** música del viento.

C. Cuando hay más de un adjetivo descriptivo usado con un solo sustantivo, se usan las siguientes normas.

1. Los adjetivos van después del sustantivo y están unidos por **y**.

   Mi madre es una persona **buena y amable.**

2. Un adjetivo puede ir delante y el otro adjetivo después del sustantivo.

   Acabo de comprar un **buen** coche **rojo.**

D. Ciertos adjetivos cambian de significado y/o forma según su posición.

Forma masculina del adjetivo	**Delante del sustantivo**	**Después del sustantivo**
bueno	un buen hombre (*good*)	un hombre bueno (*good*)
malo	un mal hombre (*bad*)	un hombre malo (*bad*)
grande	una gran mujer (*great*)	una mujer grande (*large*)
antiguo	un antiguo palacio (*former*)	un palacio antiguo (*ancient*)
cierto	un cierto lugar (*certain*)	un lugar cierto (*definite*)
diferente	diferentes ideas (*various*)	ideas diferentes (*other*)
mismo	la misma mujer (*same*)	la mujer misma (*herself*)
nuevo	un nuevo coche (*new to owner, different*)	un coche nuevo (*brand new*)
pobre	la pobre niña (*unfortunate*)	la niña pobre (*poor, indigent*)
puro	la pura verdad (*absolute*)	la lana pura (*pure, clean*)
único	la única casa (*only*)	la casa única (*unique*)
viejo	un viejo amigo (*long-standing*)	un amigo viejo (*old, elderly*)

Los adverbios

Un adverbio describe o modifica un verbo, un adjetivo u otro adverbio.

Verbo	Mi madre no *cocina* **frecuentemente.**
Adjetivo	Mi madre es **bastante** *alta.*
Adverbio	Mi madre toca el piano **muy** *bien.*

A. Para formar los adverbios descriptivos que terminan en **-mente,** se usa la forma femenina del adjetivo + **-mente.**

ADJETIVO MASCULINO →	ADJETIVO FEMENINO →	ADVERBIO
rápido	rápida	rápidamente
triste	triste	tristemente
final	final	finalmente

B. Cuando dos o más adverbios que terminan en **-mente** modifican el mismo verbo, sólo el último adverbio termina con el sufijo **-mente.**

Ramón terminó su trabajo eficaz y **rápidamente.**	*Ramón finished his work efficiently and rapidly.*

C. A veces se usa la preposición **con** + sustantivo en vez de un adverbio largo.

cuidadosamente	=	**con cuidado**
frecuentemente	=	**con frecuencia**
pacientemente	=	**con paciencia**

En algunos casos se usa la preposición **por** en una expresión fija.

generalmente	=	**por lo general**
finalmente	=	**por fin**

Descripciones con ser, estar, tener, haber y hacer

Los usos de *ser*

A. Para describir características esenciales.

—¿Cómo es tu mamá?	*What's your mother like?*
—Es morena pero no es ni alta ni baja.	*She's brunette but she isn't tall or short.*

B. Para expresar la nacionalidad, la religión y la política.

Catalina es mexicana.	*Catalina is Mexican.*
Soy católico.	*I'm Catholic.*
Mis abuelos son republicanos.	*My grandparents are Republican.*

C. Con **de** para expresar el origen.

—¿De dónde es Manuel?	*Where is Manuel from?*
—Es de Guadalajara.	*He's from Guadalajara.*

D. Con **de** para expresar la posesión.

—¿De quién es ese coche rojo?	*Whose red car is that?*
—Es de Marianela.	*It's Marianela's.*

E. Con **de** para expresar el material.

—¿De qué es ese suéter?	*What's that sweater made of?*
—Es de lana pura.	*It's made of pure wool.*

F. Con sustantivos para identificar quién o qué es una persona o cosa.

—¿Quién es ese señor?	*Who is that man?*
—Es el padre de Leopoldo. Es abogado.	*It's Leopoldo's father. He's a lawyer.*
—¿Qué es esto?	*What's this?*
—Es una computadora.	*It's a computer.*

G. Para expresar la hora, la fecha y la estación.

Son las seis y media.	*It's six thirty.*
Es el sábado, 28 de marzo.	*It's Saturday, March 28.*
Era otoño.	*It was autumn.*

H. Para expresar la hora y el local de un acontecimiento.

—¿Dónde será la fiesta?	*Where will the party be?*
—Será el sábado a las siete en casa de Julio.	*It will be Saturday at seven at Julio's house.*

I. Con el participio pasado para expresar la voz pasiva.

La Catedral Metropolitana fue construida por los españoles en los siglos XVI y XVII.	*The Metropolitan Cathedral was constructed by the Spaniards in the sixteenth and seventeenth centuries.*

Los usos de *estar*

A. Para describir estados o condiciones.

Marcela está nerviosa porque tiene que conocer a la familia de Leopoldo.	*Marcela is nervous because she has to meet Leopoldo's family.*

B. Para expresar el lugar o la situación de una persona o cosa.

¿Dónde está Enrique?	*Where is Enrique?*
Puebla está al sur de la capital.	*Puebla is to the south of the capital.*
Mis padres están en Acapulco.	*My parents are in Acapulco.*

C. Con el participio presente para expresar una acción progresiva.

Marcela está preparándose para la reunión con la familia de Leopoldo.	*Marcela is preparing for the meeting with Leopoldo's family.*

D. Con **de** en ciertas expresiones fijas.

estar de	acuerdo	*to be*	*in agreement*
	buen/mal humor		*in a good/bad mood*
	huelga		*on strike*
	moda		*in style*
	pie		*standing*
	regreso		*back (home)*
	vacaciones		*on vacation*
	+ una profesión		*working as a + profession*

Algunos adjetivos tienen distintos significados según su uso con **ser** o **estar.** Con **ser** se describen propiedades inherentes, y con **estar** se describen estados o condiciones.

Adjetivo	Ser	Estar
aburrido	*boring*	*bored*
bueno	*good*	*in good health*
listo	*clever, smart*	*ready*
malo	*bad, evil*	*in bad health, sick*
nuevo	*brand new*	*unused*
verde	*green (color)*	*green (unripe)*
vivo	*lively, alert*	*alive*

Los usos de *tener*

Hay algunas expresiones que emplean **tener** para describir ciertos estados físicos o emocionales de las personas o los animales. En inglés se expresan estas frases con *to be* + adjetivo o frase adverbial.

tener	... años	*to be*	*. . . years old*
	calor		*hot*
	celos		*jealous*
	cuidado		*careful*
	frío		*cold*
	hambre		*hungry*
	miedo		*afraid*
	prisa		*in a hurry*
	razón		*right*
	sed		*thirsty*
	sueño		*sleepy*
	vergüenza (de)		*ashamed (of)*

Los usos de *haber*

La forma impersonal de **haber** (por ejemplo, hay / había / hubo) expresa la existencia de personas o cosas. Para casi todos los tiempos, la forma impersonal se conjuga como la tercera persona del singular.

Hay muchas personas en la familia de Leopoldo.	*There are a lot of people in Leopoldo's family.*
Había muchos clientes en el banco cuando llegué.	*There were a lot of customers in the bank when I arrived.*

Se utiliza una forma de **haber** antes de un sustantivo plural o antes del artículo indefinido, un número o un adjetivo que expresa una cantidad como **mucho(s), poco(s), otro(s)** o **varios**.

Hay muchos estudiantes que estudian en la UNAM.	*There are many students who study at the University of Mexico.*

Los usos de *hacer*

Se usa **hacer** en forma impersonal (por ejemplo, **hace** / **hacía**) para describir el tiempo.

¿Qué tiempo hace / hacía?		*What is / was the weather like?*	
Hace	buen tiempo.	*It's*	*nice out / good weather.*
	calor.		*hot.*
	fresco.		*cool.*
	frío.		*cold.*
	mal tiempo.		*bad weather.*
	sol.		*sunny.*
	viento.		*windy.*

¡OJO! Para expresar los estados del tiempo se emplea **estar**.

Está	despejado.	*It's*	*clear.*
	húmedo.		*humid.*
	nublado.		*cloudy.*

Práctica de estructuras

A. **Una familia mexicana.** Describa a la familia de la foto en la página 26. Incluya descripciones de la familia en general, de los individuos y del lugar donde están.

B. **Adivinanza.** Un(a) compañero(a) de clase va a pensar en un miembro de su clase de español sin decirle a Ud. quién es. Ud. tiene que preguntarle a su compañero(a) sobre las características de la persona hasta adivinar quién es. Su compañero(a) sólo puede contestar con **SI** o **NO.**

MODELO ¿Es pelirrojo?
Sí, lo es.
No, no es pelirrojo.

C. **Unas vacaciones ideales.** Este año Ud. y un(a) compañero(a) de clase van a pasar unas vacaciones juntos(as) pero no saben adónde viajar. Cada persona va a describir un sitio ideal incluyendo una descripción de la ciudad o del pueblo, el hotel, el clima y las diversiones. Escoja un lugar para las vacaciones y explíquele a la clase adónde piensan ir.

A escribir

A. **Una personalidad famosa.** Ud. estudia en México y los otros estudiantes tienen mucho interés en la cultura estadounidense. Unos compañeros le piden que escriba un artículo para el periódico estudiantil sobre una personalidad famosa de su país, estado o ciudad. Puede ser una personalidad de la política, de la radio, de la televisión, del cine o de los deportes. Incluya detalles interesantes.

B. **Un folleto.** Muchos de sus compañeros en México quieren estudiar en los EE.UU. pero no saben adónde ir. Escriba un folleto describiendo su propia universidad. Incluya descripciones de los cursos, los profesores, las residencias, la ciudad / el pueblo donde se encuentra, el clima durante las diversas estaciones y otras cosas de interés.

Capítulo 2

Las narraciones

Un mercado al aire libre

Asimilación cultural *Centroamérica*

Situación geográfica

Centroamérica comprende siete países: Guatemala, Honduras, El Salvador, Nicaragua, Costa Rica, la República de Panamá y Belice. De estos siete países sólo Belice no es un país hispano y por lo tanto no se tratará aquí.

Ciudades importantes

Entre las ciudades importantes cabe mencionar las ciudades capitales.

- La Ciudad de Guatemala está situada a 1.500 metros sobre el nivel del mar en una mesa en la Sierra Madre. Algunos lugares de interés en la Ciudad de Guatemala son el Museo Nacional de Arqueología y Etnología donde se encuentran objetos representativos de la cultura maya y el Museo de Arqueología Popol Vuh que tiene una extensa colección de arte y artefactos precolombinos.
- Tegucigalpa, que quiere decir «colina de plata» en una lengua indígena, está construida en una cuenca entre montañas a 975 metros sobre el nivel del mar. Algunos lugares de interés en o cerca de Tegucigalpa son La Tigra (bosque tropical) y las aldeas de San Luis, San José del Potrero, Victoria y la Montaña de la Flor. Esta última es habitada por la tribu de los Xicaques.
- San Salvador está situada en la parte central del país en un valle al pie de un volcán. Algunos lugares de interés en San Salvador son los balnearios Los Chorros e Izalco, el lago Ilopango y las ruinas del Tazumal.
- Managua está situada en la costa sur del lago Managua. La ciudad ha sido destruida varias veces por terremotos (1931, 1972) e incendios (1936). Algunos lugares de interés en Managua son la laguna de Xiloa, la laguna de Apoyo y

las Huellas de Acahualinca, lugar de interés arqueológico.

- San José está situada en la parte central de Costa Rica. Es una ciudad muy adelantada, de clima templado. A diferencia de otras ciudades latinoamericanas, San José no tiene edificios representativos de la cultura indígena ni de la época colonial. Algunos lugares de interés en San José son el Museo de Oro, los volcanes Irazú y Poas, muy cercanos a San José y el Museo de Jade, situado en el último piso del Instituto Nacional de Seguros. Este tiene una colección de artefactos indígenas hechos de jade.
- La Ciudad de Panamá es una ciudad moderna y de intensa vida comercial y actividad bancaria. Algunos lugares de interés en la Ciudad de Panamá o sitios cercanos son Panamá Viejo, lugar donde en la época colonial se guardaba el oro proveniente del Perú antes de embarcarlo a España y el canal de Panamá, la única vía de comunicación entre el océano Pacífico y el océano Atlántico.

Monedas

Guatemala: el quetzal; Honduras: el lempira; El Salvador y Costa Rica: el colón; Nicaragua: el nuevo córdova; Panamá: el balboa.

Comidas típicas

Hay una gran variedad de comidas típicas en los países centroamericanos. Por ejemplo:

- En Honduras se encuentra las tajadas (plátano frito con col rallada y carne); baleadas (tortillas de harina rellenas con frijoles y una combinación de mantequilla, queso y col); pupusas (gruesas tortillas de maíz rellenas con chicharrón o queso).

- En El Salvador se sirve las tortillas y quesadillas (pan dulce con queso).
- En Costa Rica se come tamales (masa harina con especies, rellena con pollo, cochino, vegetales, papas, zanahorias, aceitunas, arroz).
- En Panamá se sirve carimanola (cochino frito y aderezado envuelto en una mezcla de yuca cocida) y ropa vieja (tiras de carne con cebollas fritas, ajo, tomate y pimentones verdes). Se sirve con arroz, plátano al horno o yuca frita.

Bebidas típicas

Algunas bebidas típicas en Centroamérica son:

- En El Salvador, atol de lote (bebida caliente hecha de maíz).
- En Costa Rica, horchata (bebida hecha con harina de arroz y canela); coyol (bebida alcohólica hecha de jugo fermentado de coyol, que es un tipo de palmera).
- En Honduras, licuados (jugos de fruta con leche) y horchata.

Personalidades famosas

- De El Salvador: Juan José Cañas, poeta romántico y autor de la letra del himno nacional; Claudia Lars, famosa poeta autora de «Estrellas en el pozo», «Donde llegan los pasos».
- De Costa Rica: Oscar Arias Sánchez, premio Nobel de la Paz; Carlos Luis Fallas, novelista, autor de *Mamita Yunai;* Yolanda Oriamuna, novelista, autora de *La ruta de mi evasión*.

Práctica y conversación

Usando la información presentada, haga el siguiente ejercicio.

1. ¿Cuáles son las países hispanos de Centroamérica y cuáles son sus capitales?
2. En su opinión, ¿cuál sería uno de los sitios más interesantes para visitar en Guatemala?

3. ¿Qué quiere decir «Tegucigalpa»?
4. ¿Qué lugares de interés se pueden visitar en San José?
5. ¿Qué lugares de recreación y de valor histórico se encuentran en San Salvador?
6. ¿Qué tragedias ha sufrido Managua?
7. Nombre la moneda nacional de Costa Rica, Guatemala y Nicaragua.
8. Nombre algunas personalidades importantes de Centroamérica.
9. Si Ud. fuera a algún país de Centroamérica, ¿qué pediría para comer y beber?
10. ¿Sabe Ud. algo de Centroamérica que no ha sido mencionado aquí?

Información lingüística

El dialecto centroamericano

No se puede hablar de un dialecto centroamericano uniforme. Sin embargo, algunas características del dialecto centroamericano en la zona Caribe y las tierras bajas son: la pérdida del sonido /**d**/ en posición intervocálica (**nio** vs. *nido,* **dua** vs. *duda*); la aspiración del sonido /**s**/ a final de sílaba (**niño** vs. *niños*); confusión de /**r**/ y /**l**/ (**puelto** vs. *puerto*).

Otras características son: el uso del pronombre «vos» para hablar con personas con quienes se tiene una relación de amistad o intimidad. Los verbos usados con el pronombre **vos** tienen una terminación diferente. Por ejemplo, los verbos que terminan en **-ar** (cantar, hablar), llevan la terminación **-ás** (vos cant**ás**, vos habl**ás**). Los verbos que terminan en **-er** (beber, poner) llevan la terminación **-és** (vos beb**és**, vos pon**és**). Los verbos que terminan en **-ir** (vivir, reír) llevan la terminación **-ís** (vos viv**ís**, vos re**ís**).

También hay cambios en las formas imperativas que corresponden a **vos,** por ejemplo: **cantá** vs. *canta,* **hablá** vs. *habla,* **bebé** vs. *bebe,* **poné** vs. *pon,* **viví** vs. *vive,* **reí** vs. *ríe.*

Regionalismos

En El Salvador:

estar en buena onda	*to be up to date / to be getting along*
cipote	*child*
hijo(a) del sol	*albino*
mi chero	*my good friend*
¡Ojo al tigre!	*Be careful!*

En Costa Rica:

chinear	*to care for, caress, spoil someone*
chunche	*thing, instrument*
¡Qué poder!	*What a beautiful woman!*
¡Qué relajo!	*What a mess!*
tener jupa	*to be smart*
¡Upe!	*Greeting used when coming to someone's house so they know you're there.*
vacilar	*to have fun*

En Honduras:

coger a uno de ojo de gallo	*to have ill will towards someone*
cumiche	*the youngest member of the family*
estar jalado(a)	*to be drunk*
hacerse el zunte	*to keep quiet / to feign ignorance or innocence*
leer tupidito	*to read very carefully without missing anything*
pedir cacao	*to ask for forgiveness*
¡Qué sabe el (la) chancho(a) de freno!	*What does he / she know!*

Práctica y conversación

Usando la información presentada, haga el siguiente ejercicio.

1. ¿Se puede hablar de un dialecto centroamericano uniforme? Explique.
2. Mencione dos características fonéticas del español hablado en Centroamérica.
3. ¿En qué consiste el voseo de los países centroamericanos? Dé ejemplos.
4. Dé ejemplos de la forma imperativa de los verbos tal como se usa en algunos países centroamericanos.
5. ¿Cómo se dice en El Salvador que una persona es honesta?
6. ¿Cómo se le dice en Costa Rica a una persona que es muy inteligente?
7. ¿Cuál es una expresión de saludo usada en Costa Rica?
8. ¿Cómo se le dice en Honduras a la persona más joven de una familia?
9. ¿Qué se le dice en Honduras a una persona que se hace el inocente?
10. ¿Qué expresión se usa en Honduras para pedir perdón?

Primera situación

Así se dice *Cómo se expresa frecuencia y secuencia*

Cómo se expresa frecuencia

a cada momento / rato	*all the time*
a cada paso	*at every turn*
algunas / pocas / muchas veces	*some / a few / many times*
a menudo	*often*
cada vez	*every time*
de vez en cuando / de cuando en cuando	*from time to time*
mucho / muchísimo	*a lot / a whole lot*
(muy) seguido / frecuentemente	*frequently*
no muy seguido	*not very frequently*
nunca	*never*
poco	*a little*
sólo / solamente	*only*
todas las mañanas / tardes / noches	*every morning / afternoon / night*
todos los días / años / meses / fines de semana / domingos	*every day / year / month / week-end / Sunday*

Cómo se expresa secuencia

a la mitad del verano / invierno	*halfway through the summer / winter*
a más tardar	*at the very latest*
a partir de (+ fecha)	*as of / starting (+ date)*
a principios / mediados / fines de	*about the beginning / middle / end of*
al año / verano / día siguiente	*the following year / summer / day*
al empezar / terminar el verano / invierno	*at the beginning / end of the summer / winter*
al final del verano / invierno / año	*at the end of the summer / winter / year*
al mismo tiempo	*at the same time*
antes de (que) (+ cláusula)	*before (+ clause)*
aún no	*not yet*
cada año / verano / mañana / tarde / noche	*every year / summer / morning / afternoon / evening*
de ahí en adelante	*from then on*
de ahora en adelante	*from now on*
después	*later / afterwards*
después de	*after*

después de que (+ claúsula)	*after (+ clause)*
durante	*during*
entonces	*then*
el lunes / mes / año pasado	*last Monday / month / year*
en aquel / ese entonces en esa época	*in those times*
en el mes de	*in the month of*
en los años ochenta / noventa	*in the eighties / nineties*
entre tanto	*meanwhile*
hace mucho tiempo / un rato / unos minutos / un minuto	*it's been a long time / a while / a few minutes / a minute*
luego	*then / afterwards / later*
mientras / mientras tanto	*while / in the meantime*
tan pronto como / en cuanto	*as soon as*
todos los años / veranos / inviernos	*every year / summer / winter*

Dichos y refranes

A la muerte de un obispo.	*Once in a blue moon.*
A quien madruga, Dios le ayuda.	*The early bird catches the worm.*
Aún no ha salido del cascarón, y ya tiene presunción.	*He's still very young, but he's already arrogant.*
En menos de lo que canta un gallo.	*Quick as the wind.*
Más vale tarde que nunca.	*Better late than never.*
No deje(s) para mañana lo que puede(s) hacer hoy.	*Don't put off for tomorrow what you can do today.*
No gaste(s) su (tu) dinero antes de haberlo ganado.	*Don't count your chickens before they've hatched.*

Práctica y conversación

¡OJO! La revisión de los puntos gramaticales y ejercicios presentados al final de este capítulo le puede ser útil para hacer los siguientes ejercicios.

A. **Mi rutina diaria.** Trabajo en parejas.
Usando las frases para expresar frecuencia y secuencia cuéntele a su compañero(a) con qué frecuencia hacía las siguientes actividades el año pasado.

1. Me levantaba...
2. Tenía clase de español...
3. Estudiaba...
4. Iba a la biblioteca...
5. Salía con mis amigos...
6. Iba a visitar a mi familia...

B. **Busque las correspondencias.** Trabajo individual.
¿Qué frases o expresiones de la columna B corresponden a las situaciones descritas en la columna A?

A

1. A Ud. no le gustan los exámenes y le dice a su profesor con qué frecuencia quisiera tenerlos.
2. Ud. le dice a su amigo con qué frecuencia quisiera ir al campo.
3. Ud. se queja de que su hermanita lo(a) interrumpe cada vez que habla.
4. Son las 8:30 de la noche. Sus padres llegaron a las 8:27.
5. Ud. empieza a contarle a una amiga una actividad que hacía cuando era niño(a).
6. Cuando llegó de clase se acostó y no hizo la tarea. Sólo empezó a hacerla a medianoche.

B

a. De ahí en adelante.
b. A cada paso.
c. Los fines de semana.
d. En ese entonces...
e. A quien madruga, Dios le ayuda.
f. Hace unos minutos.
g. Todos los días.
h. Más vale tarde que nunca.
i. De vez en cuando.
j. Todos los veranos...

C. **¿Cómo diría Ud.?** Trabajo individual.
¿Cuál de los refranes mencionados usaría Ud. en las siguientes situaciones?

1. Su hermano está haciendo planes para comprar un carro con el sueldo de un trabajo que todavía no tiene.

   Ud. dice: ______________________
2. Ud. quiere expresar que hizo algo muy rápido.

   Ud. dice: ______________________
3. Su hermanita dice que puede usar la computadora mejor que Ud.

   Ud. dice: ______________________
4. Ud. entrega su tarea después de la hora.

   Ud. dice: ______________________

5. Su compañero(a) de cuarto dice que no estudiará hoy sino mañana.

   Ud. dice: ____

6. Ud. hace todas sus tareas con mucha anticipación para estar listo(a) y preparado(a).

   Ud. dice: ____

D. **Casa nueva, vida nueva.** Trabajo en parejas.
Situación: Su amigo(a) ha comprado una casa que está en muy mal estado y él (ella) tiene que repararla completamente. Desafortunadamente él (ella) no sabe qué hacer ni por dónde empezar. Ud. lo(a) ayuda y le dice qué tiene que hacer, en qué secuencia y con qué frecuencia. El (Ella) no estará siempre de acuerdo con Ud.

Sugerencias: limpiar la casa, sacar el papel tapiz de las paredes, pintar, empapelar, reparar los baños, comprar servicios higiénicos nuevos, encerar los pisos, reparar la cocina, reparar las ventanas, arreglar la calefacción, instalar el aire acondicionado, etc.

Cuéntame, ¿qué haces en las vacaciones de verano?

Técnica de comprensión

Cuando Ud. escucha una conversación no necesita comprender todas y cada una de las palabras que se dicen. Ud. puede prestar atención a la idea general de la conversación. En este capítulo sólo va a tener que prestar atención a la idea general de lo que se habla.

Antes de escuchar

La conversación que Ud. va a escuchar es entre dos amigos, Vicente y Emilio, que están recordando su niñez. Antes de escuchar la conversación, conteste las siguientes preguntas.

1. ¿Qué hizo Ud. el verano pasado? ______________________________

   ____

2. ¿Qué hacía Ud. durante el verano cuando era niño(a)? ______________

   ____

3. ¿Qué deportes piensa Ud. que los niños centroamericanos practican durante el verano? ______________________________

   ____

4. ¿Qué lugares piensan Uds. que los niños centroamericanos visitan en sus vacaciones? ______________________________

____

____

5. ¿Qué piensa Ud. que un(a) joven centroamericano(a) de su edad hace durante el verano? ______________________________

____

____

Ahora, escuche y responda

A. **La idea general.** Escuche la conversación y diga cuál es la idea general.

B. **Imágenes mentales.** Escuche nuevamente la conversación entre Vicente y Emilio. Tome los apuntes que considere necesarios en una hoja de papel y diga qué hacían estos jóvenes durante sus vacaciones cuando eran niños y qué hacen ahora.

Para su información

Una familia de paseo

El concepto hispano del trabajo

Un dicho muy popular afirma que «Los gringos viven para trabajar y los hispanos trabajan para vivir». Eso significa que los hispanos trabajan para ganarse la vida pero el trabajo no ocupa una posición alta en su escala de valores. El trabajo es una necesidad pero no es una obsesión que consume la vida.

En la cultura hispana celebrar la vida tiene un valor importante. Celebran días festivos y feriados con fiestas, desfiles y otras actividades especiales. Los cumpleaños, días de santo, bautismos, bodas y aniversarios son ocasiones para celebraciones familiares.

En algunos países la mayoría de los trabajadores reciben cuatro semanas de vacaciones cada año. Si tiene recursos económicos, la familia entera viaja a las montañas o a la playa para descansar y divertirse durante el mes de julio o agosto.

Práctica

Escuche de nuevo el diálogo de esta situación. Haga una lista de ejemplos de la actitud que se resume en el dicho que «los hispanos trabajan para vivir mientras los anglos viven para trabajar».

Práctica y conversación

A. **Hablando de su niñez.** Trabajo en parejas.
Situación: Ud. y su compañero(a) intercambian información acerca de cómo pasaban los veranos cuando eran niños(as). Tomen los apuntes que consideren necesarios. Posteriormente informarán a la clase de lo que su compañero(a) les dijo.

B. **Mi primer trabajo.** Trabajo en parejas.
Situación: Ud. y su compañero(a) intercambian información acerca de cómo era el primer trabajo que tuvieron. Describan a las personas que trabajaban con Uds., relaten cuáles eran sus obligaciones, cuáles eran las cosas que les gustaban o disgustaban de ese trabajo, cuánto tiempo trabajaron ahí y por qué dejaron de trabajar ahí. Tomen los apuntes que consideren necesarios. Posteriormente reportarán a la clase lo que su compañero(a) les dijo.

C. **El semestre pasado.** Trabajo en parejas.
Situación: El semestre pasado Ud. y su antiguo(a) compañero(a) de cuarto nunca estudiaban ni limpiaban la habitación. Sólo dormían, comían, bebían e iban a fiestas. Cuéntele a su nuevo(a) compañero(a) cómo era su vida. El (Ella) se va a interesar, le va a hacer unas preguntas y le va a contar cómo era su vida el semestre pasado.

D. **Mi escuela secundaria.** Trabajo en parejas.
Situación: Ud. y su compañero(a) hablan de sus vidas durante la escuela secundaria. Hablen de las amistades que tenían, las materias que estudiaban, el horario que tenían, las actividades extracurriculares en las que participaban, las fiestas que organizaban, etc.

Segunda situación

Así se dice *Cómo se narra en el pasado*

Cómo se narra en el pasado

¡A que no sabe(s) a quién vi / conocí / con quién me encontré!	*I bet you don't know who I saw / met / ran into!*
Déjeme / Déjame contarle(te) algo.	*Let me tell you something.*
Eso me recuerda el día cuando / la vez que...	*That reminds me of the day when / the time that . . .*
Había una vez...	*Once upon a time . . .*
¡Le (Te) apuesto que no adivina(s) qué me pasó!	*I bet you don't guess what happened to me!*
¡Me pasó algo increíble / interesante / divertido / escalofriante!	*Something incredible / interesting / amusing / bloodcurdling happened to me!*

¡No me va(s) a creer!	*You are not going to believe me!*
Pero, déjeme / déjame terminar...	*But, let me finish . . .*
Tengo algo que decirle(te).	*I have something to tell you.*
Una vez...	*Once . . .*
Yo estaba caminando por la calle cuando de repente...	*I was walking down the street when suddenly . . .*
Volviendo al tema...	*Getting back to the subject . . .*

Dichos y refranes

Me lo contó un pajarito.	*A little bird told me so.*
Se enrolla más que las persianas.	*He / She makes a mountain out of a molehill.*
Primero harás, y después dirás.	*First do things, then tell about them.*

Práctica y conversación

¡OJO! La revisión de los puntos gramaticales y ejercicios presentados al final de este capítulo le puede ser útil para hacer los siguientes ejercicios.

A. **Busque las correspondencias.** Trabajo individual.
¿Qué frases o expresiones de la columna B corresponden a las situaciones descritas en la columna A?

A

1. Su prima habla y habla sin parar.
2. En un viaje a Nueva York conoció a Bill Cosby.
3. Ud. va a empezar a contarle un cuento de hadas a su sobrinita.
4. Ud. entró a su casa y encontró a un ladrón buscando entre sus cosas.
5. Ud. cuenta cómo se encontró en la calle con una amiga de la infancia a quien no veía hacía diez años.
6. Ud. les comunica a sus padres que piensa abandonar sus estudios.

B

a. ¡A que no sabes a qué artista conocí!
b. Me pasó algo escalofriante.
c. Eso me recuerda el día cuando...
d. Estaba caminando por la calle cuando de repente vi a mi vieja amiga...
e. En esa época...
f. Había una vez...
g. Volviendo al tema...
h. Déjenme contarles algo.
i. Tengo que decirles algo.
j. Se enrolla más que las persianas.

B. **¿Cómo diría Ud.?** Trabajo individual.
¿Cuál de las expresiones y refranes mencionados usaría Ud. en las siguientes situaciones?

1. Ud. recibió una llamada de su doctor y éste le dijo que tiene que operarse. Ud. le cuenta a su compañero(a).

   Ud. dice: Tengo algo que decirte
2. Ud. está impresionado(a) de algo que le sucedió y se lo quiere contar a su amigo(a).

   Ud. dice: Te apuesto que no adivinas qué me pasó
3. Ud. conoció a una figura política muy famosa y le cuenta a su amigo(a).

   Ud. dice: ¡A que no sabes a quién me encontré!
4. Ud. quiere contarle a su amigo(a) algo que le pasó ayer.

   Ud. dice: Eso me acuerdo ayer cuando...
5. Ud. estaba contando algo y su amigo(a) le interrumpió.

   Ud. dice: Pero, déjeme terminar
6. Alguien le dijo que Luisa y Fernando son novios, pero Ud. no quiere revelar quién se lo dijo.

   Ud. dice: Me lo contó un pajarito

C. **¡Me pasó algo increíble!** Trabajo en grupos de tres.
Situación: Ud. tuvo una entrevista muy exitosa con una famosa compañía de teatro y va a tener que dejar sus estudios universitarios. Cuéntele a sus padres lo que sucedió, cómo se desarrolló la entrevista y descríbales a las personas con quienes se entrevistó. Sus padres le escucharán con atención, le interrumpirán, le harán preguntas. Su madre recordará una situación similar que le sucedió a ella.

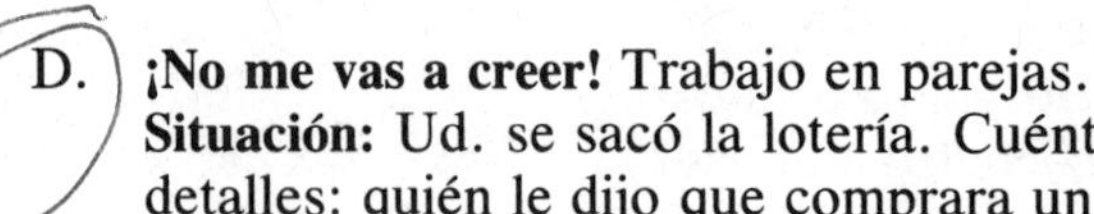

D. **¡No me vas a creer!** Trabajo en parejas.
Situación: Ud. se sacó la lotería. Cuéntele a su amigo(a) todos los detalles: quién le dijo que comprara un billete de lotería, dónde lo compró, cómo se enteró de que ganó, quiénes fueron a su casa, dónde celebraron, qué hicieron, etc. El (Ella) le contará una situación similar que le pasó a él (ella).

¡No sé qué hacer!

Antes de escuchar

Recuerde y use la técnica de concentrarse solamente en la idea general de lo que se dice cuando escuche la siguiente conversación.

Esta conversación es entre un profesor universitario y una estudiante. Antes de escuchar la conversación, conteste las siguientes preguntas.

1. ¿Con qué frecuencia habla Ud. con sus profesores? ____________

   ____

2. ¿Cuándo fue la última vez que Ud. habló con un(a) profesor(a)? ___

   ____

3. ¿De qué habló Ud. con su profesor(a)? ____________________

   ____

4. ¿De qué otros temas puede Ud. hablar con su profesor(a)? ______

   ____

5. ¿De qué temas no hablaría Ud. nunca con sus profesores? ______

   ____

Ahora, escuche y responda

A. **La idea general.** Escuche la conversación y diga cuál es la idea general.

B. **Imágenes mentales.** Escuche nuevamente la conversación entre el profesor Garrido-Klinge y Clarisa. Tome los apuntes que considere necesarios en una hoja de papel y trabajando con su compañero(a) diga qué decisión necesita tomar Clarisa, qué opciones tiene y cómo la puede ayudar su profesor.

Para su información

El individualismo y el personalismo

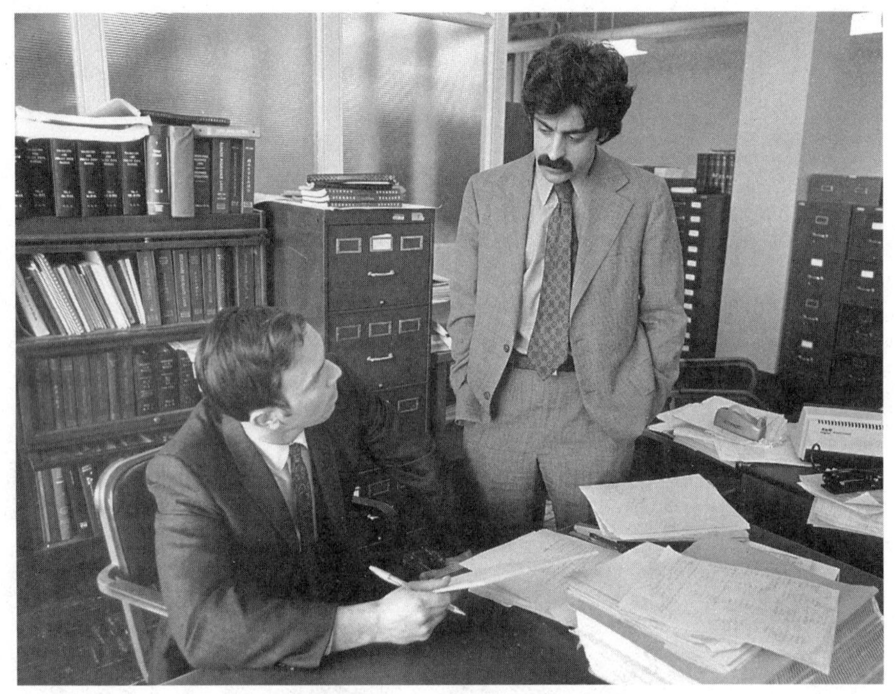

Las relaciones entre jefe y empleado

En la cultura anglosajona se pone mucha confianza en los sistemas e instituciones sociales para resolver los problemas. La idea central es que las instituciones les proporcionan a los individuos las oportunidades para el éxito. Este concepto del individualismo está basado en la noción que cada individuo tiene que seguir las reglas y aprovecharse de lo que ofrece el sistema. De esta manera el norteamericano cree que la institución lo protege del favoritismo y la discriminación.

El concepto anglosajón del individualismo contrasta con el concepto hispano del personalismo. El personalismo es la idea que todos tienen que establecer y mantener buenas relaciones con otras personas para sobrevivir y triunfar. Hay que tener mucha confianza en las otras personas y especialmente en las que ocupan puestos de autoridad. Estas personas pueden ayudar a otros a resolver problemas, encontrar trabajo o simplificar la burocracia. El personalismo está basado en el respeto mutuo entre los individuos.

Mientras el anglo tiende a resolver sus problemas con sus propios recursos o pedir ayuda de las instituciones, el hispano tiende a confiar en otras personas.

Práctica

Escuche de nuevo el diálogo de esta situación. Haga una lista de ejemplos del personalismo.

Práctica y conversación

A. **Con el (la) consejero(a).** Trabajo en parejas.
Situación: Ud. es un(a) estudiante de último año y no sabe qué hacer después de graduarse, si trabajar o ir a la escuela de post-grado. Hable con su consejero(a) y dígale qué cursos tomó durante sus cuatro años de estudio y cuáles fueron sus cursos favoritos. El (Ella) le hará algunas preguntas adicionales y le dará algunas sugerencias.

B. **Con el (la) agente de empleo.** Trabajo en parejas.
Situación: Ud. necesita trabajo y va a hablar con un(a) agente de empleo. El (Ella) le pide información acerca de su especialización, experiencia anterior, preferencias de trabajo, metas, etc. Responda a sus preguntas dando información precisa y adecuada.

C. **Con un(a) locutor(a) de televisión.** Trabajo en parejas.
Situación: Ud. es un(a) locutor(a) de televisión y está entrevistando a un(a) famoso(a) artista de cine. Ud. quiere saber algo sobre su última película (de qué se trata, cómo fue la experiencia de la filmación), cómo empezó su carrera de artista, cuáles son sus planes para el futuro, etc.

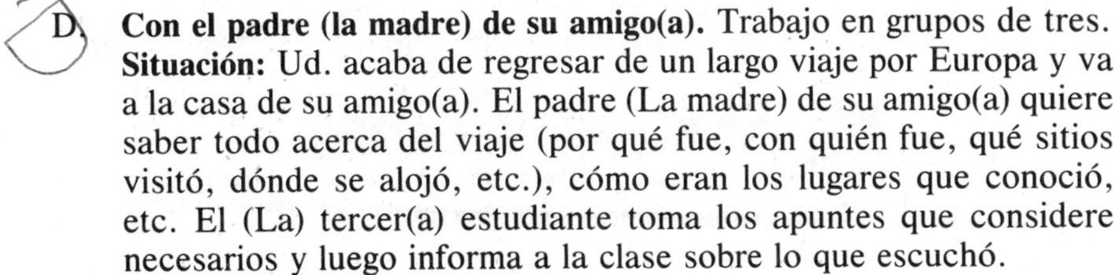

D. **Con el padre (la madre) de su amigo(a).** Trabajo en grupos de tres.
Situación: Ud. acaba de regresar de un largo viaje por Europa y va a la casa de su amigo(a). El padre (La madre) de su amigo(a) quiere saber todo acerca del viaje (por qué fue, con quién fue, qué sitios visitó, dónde se alojó, etc.), cómo eran los lugares que conoció, etc. El (La) tercer(a) estudiante toma los apuntes que considere necesarios y luego informa a la clase sobre lo que escuchó.

Estructuras

Cómo se narra en el pasado

El imperfecto y el pretérito

Para narrar en el pasado se emplean dos tiempos verbales: el imperfecto y el pretérito.

La formación del imperfecto

El imperfecto de los verbos regulares

-AR **viajar**	-ER **hacer**	-IR **asistir**
viajaba	hacía	asistía
viajabas	hacías	asistías
viajaba	hacía	asistía
viajábamos	hacíamos	asistíamos
viajabais	hacíais	asistíais
viajaban	hacían	asistían

El imperfecto de los verbos irregulares

-ir	-ser	-ver
iba	era	veía
ibas	eras	veías
iba	era	veía
íbamos	éramos	veíamos
ibais	erais	veíais
iban	eran	veían

La formación del pretérito

El pretérito de los verbos regulares

-AR **comprar**	-ER **aprender**	-IR **salir**
compré	aprendí	salí
compraste	aprendiste	saliste
compró	aprendió	salió
compramos	aprendimos	salimos
comprasteis	aprendisteis	salisteis
compraron	aprendieron	salieron

A. Verbos con cambios ortográficos
Ciertos verbos tienen cambios ortográficos en la primera persona singular del pretérito.

1. Verbos terminados en **-car: c → qu:** buscar → bus**qué**
   Entre los verbos de este tipo están **buscar, dedicar, explicar, indicar, pescar, practicar, sacar** y **tocar.**
2. Verbos terminados en **-gar: g → gu:** llegar → lle**gué**
   Entre los verbos de este tipo están **jugar, llegar, navegar** y **pagar.**
3. Verbos terminados en **-zar: z → c:** comenzar → comen**cé**
   Entre los verbos de este tipo están **alcanzar, almorzar, avanzar, comenzar, cruzar, empezar** y **gozar.**

B. Verbos irregulares

1. Los pretéritos con **u**

andar	**anduv-**		
caber	**cup-**		
estar	**estuv-**	anduve	anduvimos
poder	**pud-**	anduviste	anduvisteis
poner	**pus-**	anduvo	anduvieron
saber	**sup-**		
tener	**tuv-**		

2. Los pretéritos con **i**

		vine	vinimos
querer	**quis-**	viniste	vinisteis
venir	**vin-**	vino	vinieron

3. Los pretéritos con **j**

		dije	dijimos
decir	**dij-**	dijiste	dijisteis
traer	**traj-**	dijo	dijeron

   Verbos terminados en **-cir:**

   traducir **traduj-**

4. Los pretéritos con **y**

oír		leí	leímos
Verbos terminados en **-eer:**	leer	leíste	leísteis
Verbos terminados en **-uir:**	construir	leyó	leyeron

C. Otros verbos irregulares

dar	di	diste	dio	dimos	disteis	dieron
ir/ser	fui	fuiste	fue	fuimos	fuisteis	fueron
hacer	hice	hiciste	hizo	hicimos	hicisteis	hicieron

D. Verbos que cambian la vocal radical
Los verbos con cambio de vocal radical terminan en **-ir.** Estos verbos son regulares en todas las formas del pretérito excepto en la tercera persona singular y plural.

1. **e → i**

pedí	pedimos
pediste	pedisteis
p**i**dió	p**i**dieron

2. **o → u**

dormí	dormimos
dormiste	dormisteis
d**u**rmió	d**u**rmieron

E. El pretérito de **hay** (haber = *to be*) es **hubo** (*there was, were*).

Los usos del imperfecto y del pretérito

A. Los usos del imperfecto
Se usa el imperfecto para referirse a acciones, condiciones y estados en el pasado sin fijar la atención en su principio o terminación. Se concibe la condición o la acción en un tiempo indefinido en el pasado. A menudo se usa el imperfecto en las descripciones.
Hay varias maneras de traducir el imperfecto al inglés.

1. Con el pasado sencillo

Cuando era joven iba a Guatemala con mi familia cada verano.	*When I was young, I went to Guatemala with my family every summer.*

2. Con *used to*

Nadábamos y jugábamos en la arena.	*We used to swim and play in the sand.*

3. Con el progresivo pasado

Leía y escuchaba la radio.	*I was reading and listening to the radio.*

B. Los usos específicos del imperfecto

1. Para expresar acciones, estados o condiciones habituales o repetidas en el pasado. A menudo se asocia este uso con expresiones de frecuencia.

Todos los días íbamos al balneario Los Chorros.	*We went to the Los Chorros resort every day.*
Nos divertíamos en la Ciudad de Panamá.	*We always had a good time in Panama City.*

2. Para expresar una acción en desarrollo sin hacer referencia a su principio o su fin.

Mis padres descansaban en la playa.	*My parents were resting on the beach.*
Los jóvenes hacían esquí acuático mientras los niños nadaban.	*The young men were water-skiing while the children were swimming.*

   En algunos casos mientras una acción está en desarrollo (el imperfecto) otra acción puede empezar o terminar (el pretérito).

Cuando llegué a la playa, todos comían.	*When I arrived at the beach, everyone was eating.*

3. Para describir condiciones físicas y características.

Hacía mucho calor y la playa estaba llena de gente.	*It was very hot and the beach was filled with people.*
Mi hermano era alto y delgado y tenía el pelo largo.	*My brother was tall and thin and had long hair.*

4. Para expresar la hora, la fecha, la estación y la edad.

Eran las cuatro cuando salimos.	*It was four o'clock when we left.*
Tenía seis años la primera vez que fui a Costa Rica.	*I was six years old the first time I went to Costa Rica.*

5. Para expresar una cita indirecta.

Mi madre dijo que volvíamos a Honduras otra vez.	*My mother said we would return to Honduras again.*

6. Para describir cómo era la vida.

Cuando era niña, jugaba mucho con mis primos.	*When I was a little girl, I played with my cousins a lot.*
En la época procolombina los mayas vivían en ciudades grandes.	*In the pre-Columbian era the Mayas lived in large cities.*

C. Los usos del pretérito

Se usa el pretérito para expresar una acción acabada en un tiempo pasado. El pretérito expresa una acción con un principio o una terminación indicada.

Generalmente se traduce el pretérito con el pasado sencillo en inglés.

Llegó a medianoche.	*He arrived at midnight.*

D. Los usos específicos del pretérito

1. Para expresar el principio o el fin de acciones, condiciones o estados en el pasado.

El principio

El concierto empezó a las ocho.	*The concert began at eight o'clock.*

El fin

Roberto se graduó de la Universidad de San José.	*Roberto graduated from the University of San José.*

2. Para expresar una serie de acciones en el pasado.

Leímos muchas guías, hicimos una reservación en un buen hotel, compramos los boletos de ida y vuelta y salimos para Managua.	*We read many guide books, made a reservation in a good hotel, bought round-trip tickets, and left for Managua.*

3. Para expresar acciones que se repitieron dentro de un tiempo específico.

El semestre pasado fui a la biblioteca todos los viernes.	*Last semester I went to the library every Friday.*

4. Para expresar acciones que se desarrollaron durante cierto tiempo y vistas en la totalidad del principio, medio y fin. El tiempo puede ser un período largo o corto. A veces no hay expresión de tiempo indicada.

Estuvieron en Panamá por tres días.	*They were in Panamá for three days.*
Oscar Arias Sánchez fue el presidente de Costa Rica.	*Oscar Arias Sánchez was president of Costa Rica.*
Julio compró un coche.	*Julio bought a car.*
Los mayas ocuparon Guatemala por unos cuantos siglos.	*The Mayas occupied Guatemala for several centuries.*

Práctica de estructuras

A. **La escuela secundaria.** Haga una lista mental de ocho cosas que Ud. hacía a menudo en la escuela secundaria. Después adivine cinco de las actividades en la lista de un(a) compañero(a) de clase y su compañero(a) tiene que adivinar cinco actividades en su lista. ¿Qué actividades tienen en común?

MODELO —¿Ibas de compras al centro comercial?
—Sí, (No, no) iba de compras al centro comercial.

B. **Una personalidad histórica.** Ud. es una personalidad famosa de la historia y su compañero(a) tiene que adivinar quién es. Su compañero(a) va a hacerle preguntas sobre sus actividades y Ud. va a afirmar o negar la información.

MODELO —¿Vivía Ud. en los EE.UU.?
—Sí, vivía en los EE.UU.
—¿Fue Ud. el primer presidente del país?
—No, no fui el primer presidente.
—¿Escribió Ud. la Declaración de Independencia?
—Sí, la escribí.

C. **Un día especial.** Descríbale a un(a) compañero(a) de clase un día especial en su vida. Explíquele todos los detalles: lo que Ud. hizo, cómo se sentía, qué tiempo hacía. Su compañero(a) puede hacerle preguntas para comprender bien. Después su compañero(a) va a darle un resumen de lo que Ud. ha dicho. Ud. tiene que corregir a su compañero(a) dándole la información completa.

A escribir

A. **De vacaciones.** Un tío muy rico le dio el dinero para unas vacaciones fantásticas. Es la segunda semana de su viaje. Escríbale una carta a su tío explicándole todo acerca de su viaje.

B. **Querido diario.** Cada noche Ud. escribe un apunte en su diario describiendo lo que pasó durante el día y cómo se sentía. Escriba el apunte para ayer.

Capítulo 3

Las comparaciones y la circunlocución

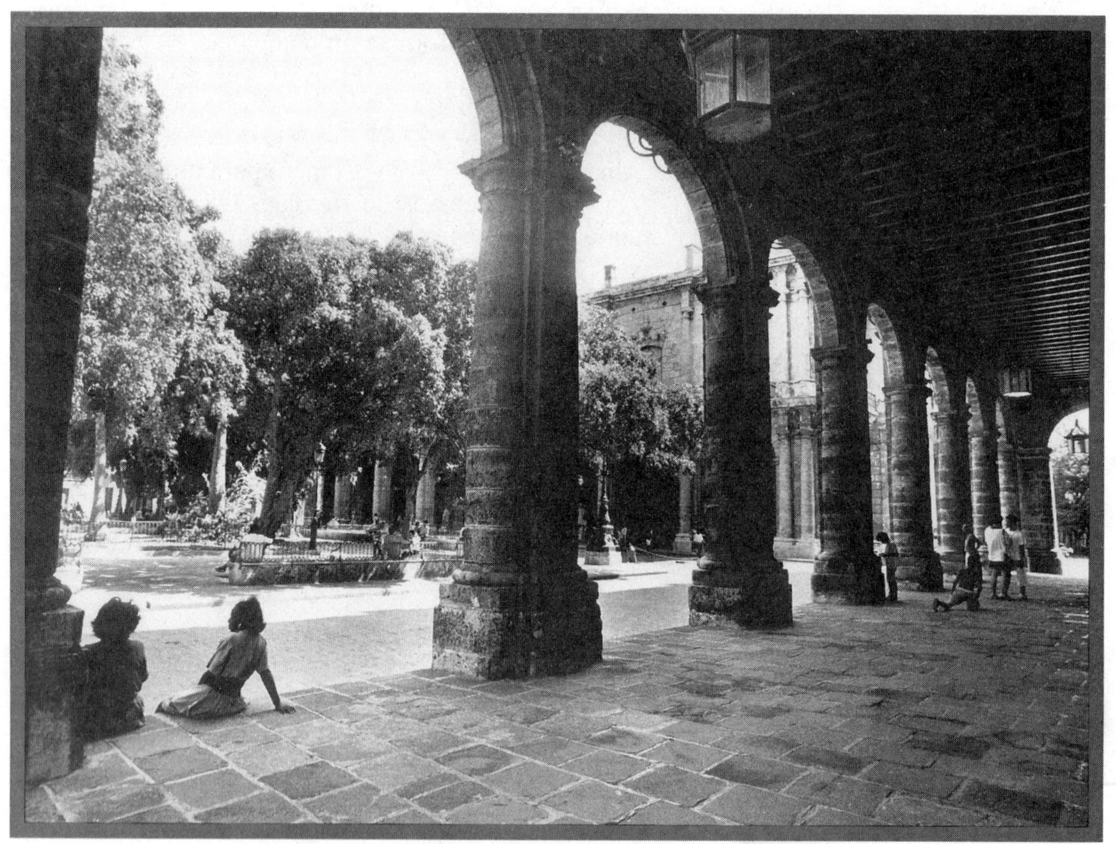

La Habana antigua

Asimilación cultural *El Caribe*

Situación geográfica

Los países hispanohablantes de la zona del Caribe son Cuba, la República Dominicana y Puerto Rico. A estos tres países se les llama las Antillas Mayores.

- Cuba es la isla más grande del Caribe y se encuentra a sólo 145 kilómetros al sur de la Florida. Tiene un clima cálido.
- La República Dominicana ocupa dos tercios de la isla La Española (el otro tercio está ocupado por Haití, un país francohablante). El territorio de la República Dominicana es montañoso y en él se encuentra la montaña más alta del Caribe, el pico Duarte.
- Puerto Rico es la isla más pequeña de las Antillas Mayores y se encuentra al este de la República Dominicana.

Ciudades importantes

Entre las ciudades importantes cabe mencionar las siguientes.

- La Habana, la capital de Cuba, es el puerto más grande del Caribe. Está situada en la parte occidental de la isla. Algunos lugares de interés en La Habana son el Museo Nacional del Arte; el Museo de Arte Colonial; las playas Miramar, Marianao, el Megano y Santa María del Mar.
- Santo Domingo, ciudad capital y puerto principal de la República Dominicana. Fue la primera ciudad fundada por los españoles (1496) y en ella se encuentran la primera iglesia, la primera catedral (La Catedral Basílica Menor de Santa María Primada de América) y el Convento de los Dominicos, donde en 1538 se fundó la primera universidad de las Américas.
- San Juan, capital de Puerto Rico, situada en la parte noreste de la isla. Algunos lugares de interés en San Juan son El Viejo San Juan (zona colonial),

las playas Dorado a 40 kilómetros al oeste de San Juan, la fortaleza de San Jerónimo, los fuertes el Morro y San Cristóbal, el Museo de Arte puertorriqueño que tiene muestras de arte desde el período precolombino hasta el presente y el Museo Pablo Casals.

Monedas

Cuba: el peso; República Dominicana: el peso; Puerto Rico: el dólar.

Comidas típicas

En todos los países caribeños se encuentran deliciosas frutas tropicales como el coco, la piña, la papaya, la guanábana y el mango que forman parte de la dieta caribeña.

- En Cuba se come congris (arroz con frijoles negros); picadillo (carne molida con salsa de tomate, aceitunas, pasas, cebollas, ajo, ají y aceite de oliva); panetela borracha (torta con almíbar y ron); y fabada (frijoles blancos con chorizo, morcilla, aceite de oliva y cebolla).
- En la República Dominicana se encuentra sancocho prieto (guiso preparado con vegetales y seis tipos de carne), cocido (sopa de garbanzos, carne y otros vegetales).
- En Puerto Rico se come asopao (guiso mixto); yuquiyu (arroz, salchicha, piña y pimentones cocinados en cáscara de piña); dulce de papaya o guava servido con queso.

Bebidas típicas

Algunas bebidas típicas en el Caribe son:

- En Cuba, ron con hielo y menta, malta, batidos de frutas, caña de azúcar y agua de coco.
- En la República Dominicana, ron, cerveza y jugo de frutas.
- En Puerto Rico, cerveza y maví (bebida fermentada hecha de la corteza de un árbol).

Personalidades famosas

- De Cuba: José Martí, patriota que inspiró la revolución de 1895, fue además poeta y escritor; Jesús Orta, poeta cubano que mezcla en sus poemas temas tradicionales y revolucionarios; Tony Pérez, famoso beisbolista.
- De la República Dominicana: Juan Bosch, ex presidente de la república, intelectual y literato. Autor de *Los amos, Camino real;* José Rijo y Juan Marichal, famosos beisbolistas.
- De Puerto Rico: José Luis González, cuentista y Pedro Juan Soto, novelista, famosos escritores puertorriqueños que escriben sobre la experiencia puertorriqueña en Nueva York.

Práctica y conversación

Usando la información presentada, haga el siguiente ejercicio.

1. ¿Cuáles son los países hispanohablantes del Caribe y cuáles son sus capitales?
2. ¿Qué países ocupan La Española?
3. ¿Qué lugares de interés se puede visitar en La Habana?
4. ¿Cuál sería uno de los sitios más interesantes para visitar en La Habana? ¿y en San Juan?
5. ¿Qué lugares de valor histórico se encuentran en Santo Domingo?
6. Nombre la moneda nacional de Cuba, la República Dominicana y Puerto Rico.
7. Nombre algunas personalidades importantes del Caribe.
8. Si Ud. fuera a algún país del Caribe, ¿qué pediría para comer y beber?
9. ¿Qué tienen en común los tres países caribeños?
10. ¿Sabe Ud. algo acerca de Cuba, la República Dominicana o Puerto Rico que no ha sido mencionado aquí?

Información lingüística

El dialecto caribeño

Por lo general, el dialecto caribeño tiene más semejanza al español hablado en Andalucía, región al sur de España, que al español hablado en Castilla.

Algunas características del dialecto caribeño son: la aspiración de /**s**/ al final de sílaba, antes de pausa o antes de otra consonante (**casa** vs. *casas*); confusión entre /**r**/ y /**l**/ en Cuba y Puerto Rico (**muelto** vs. *muerto,* **tolta** vs. *torta*). El dialecto caribeño tiene un ritmo acelerado y su tono es más alto en comparación con el de la mayor parte de los países suramericanos.

Otra característica del habla del Caribe es la preferencia, sobre todo en Cuba y Puerto Rico, de poner el pronombre sujeto antes del verbo en una pregunta. Por ejemplo: ¿Qué tú haces?

Regionalismos

En Cuba:

caer como un hígado	*to be unpleasant to others*
estar arrancado(a)	*to have no money / be broke*
estar en el café	*to have everything solved*
pasar la barajita	*to avoid one's responsibilities*
ser el noveno merengue	*to be unbearable*

En la República Dominicana:

¡Qué verdugo!	*How disrespectful!*
ser un caballo	*to be unscrupulous*
un chin-chín	*a little bit*

En Puerto Rico:

Cada guaraguao tiene su pitirre.	*Everyone has / finds his / her own soul mate / partner.*
comer como una nigua	*to eat a lot*
Con la boca es un mamey.	*That is something easier said than done.*
dar cabuya a alguien	*to allow somebody to continue behaving the way he / she is*
ser más feo que un múcaro sabanero	*to be very ugly*

Práctica y conversación

Usando la información presentada, haga el siguiente ejercicio.

1. ¿Qué sucede con la /**s**/ en posición final en el español caribeño? Dé ejemplos.
2. ¿En qué posición aparece el pronombre sujeto en las preguntas? Ilustre.
3. ¿Cómo es el ritmo del español caribeño? ¿y el tono?
4. ¿Cuál es una frase cubana que se usa para expresar que uno no tiene dinero?

5. ¿Cuál es una frase puertorriqueña que Ud. podría usar para describir a alguien que come mucho?
6. ¿Qué diría Ud. si su compañero(a) finalmente encontró su pareja ideal?

 Primera situación

Así se dice *Cómo se compara y se contrasta*

Cómo se compara cosas similares

A semejanza de...	*In the manner of . . . / Like . . .*
Al igual que...	*The same as . . .*
Algo por el estilo.	*Something of the sort.*
De la misma manera / Del mismo modo que...	*In the same way that . . .*
Es algo así como...	*It's something like . . .*
Es parecido a...	*It's similar to . . .*
Lo mismo que...	*The same as . . .*
Se parece a...	*He / She / It looks like . . .*
Tanto el uno como el otro...	*Both of them . . .*
Tiene algo en común con...	*He / She / It has something in common with . . .*

Cómo se contrasta cosas diferentes

A diferencia de... / Al contrario de...	*Contrary to . . .*
En contraste con...	*In contrast with . . .*
No obstante...	*In spite of . . . / However . . .*
Por otra parte,... / En cambio,...	*On the other hand, . . .*

Dichos y refranes

Es el vivo retrato de su padre / madre / hermano.	*He / She is the spitting image of (looks just like) his / her father / mother / brother.*
Más bueno(a) que el pan.	*Better than bread.*
Más larga que la cuaresma.	*Never ending.*
Más malo(a) que la peste.	*Worse than the plague.*
Más pesado(a) que una mosca.	*Pesky as a fly.*
Más pobre que un gato.	*Poor as a church mouse.*
Más terco(a) que una mula.	*More stubborn than a mule.*
Son como dos gotas de agua...	*They are like two peas in a pod . . .*
Suave como la seda.	*Smooth as silk.*

Práctica y conversación

¡OJO! La revisión de los puntos gramaticales y ejercicios presentados al final de este capítulo le puede ser útil para hacer los siguientes ejercicios.

A. **Busque las correspondencias.** Trabajo individual.
¿Qué frases o expresiones de la columna B corresponden a las situaciones descritas en la columna A?

A

1. Maite está equivocada pero no quiere admitir su error.
2. Josefina no tiene dinero para comprarle un regalo a su novio.
3. Gustavo es honesto y trabajador. Su primo es deshonesto y flojo.
4. Mauricio es generoso y amable con todos.
5. María e Isabel han tenido mucho éxito como contadoras.
6. Una conferencia a la que Ud. fue duró tres horas.

B

a. Es el vivo retrato de su hermana.
b. Es más pobre que un gato.
c. Tanto la una como la otra son excelentes profesionales.
d. Fue más larga que la cuaresma.
e. Son como dos gotas de agua.
f. Es más terca que una mula.
g. A semejanza de...
h. No tienen nada en común.
i. Suave como la seda.
j. Es más bueno que el pan.

B. **¿Cómo diría Ud.?** Trabajo individual.
¿Cuál de las expresiones o refranes mencionados usaría Ud. en las siguientes situaciones?

1. Ud. no puede diferenciar a los hijos gemelos de sus vecinos.
   Ud. dice: ______________________________
2. Gustavo se parece mucho a su madre.
   Ud. dice: ______________________________
3. José mide 1,92 m. mientras que Antonio mide 1,77 m.
   Ud. dice: ______________________________
4. Marisol es envidiosa, ambiciosa y ociosa. Rosa es amable, generosa y trabajadora.
   Ud. dice: ______________________________
5. Ud. quiere comparar la ciudad de Santo Domingo con San Juan.
   Ud. dice: ______________________________

6. Ud. quiere contrastar La Habana con San Juan.

   Ud. dice: ______________________________

C. **Somos muy diferentes.** Trabajo en parejas.
Situación: Ud. y su compañero(a) de cuarto tienen un altercado muy fuerte y se dan cuenta que quizás no puedan compartir la misma casa en el futuro. Discutan esta posibilidad. Para apoyar su posición, cada uno(a) de Uds. se compara con el (la) otro(a) en cuanto a sus cualidades y defectos, hábitos y costumbres, etc.

D. **Mi ciudad.** Trabajo en parejas.
Situación: Ud. está visitando a un(a) amigo(a) en San Juan y él (ella) quiere saber si su ciudad es semejante o muy diferente. Hable de su ciudad (los lugares de interés que hay, las comidas y bebidas típicas, las costumbres, etc.), comparándola con San Juan.

¡Cómo extraño mi país!

Técnica de comprensión

Cuando Ud. escucha una conversación o un anuncio público no necesita entender ni prestar atención a todo lo que se dice. Algunas veces Ud. se concentra solamente en algunos detalles o información específica. Por ejemplo, si Ud. está en un aeropuerto y quiere saber por qué puerta sale su vuelo, Ud. no presta atención a todo lo que dice la persona que anuncia, sino sólo al número de su vuelo y al número de la puerta. En la conversación que sigue, preste atención solamente a la información específica.

Antes de escuchar

La conversación que Ud. va a escuchar es entre dos compañeros de trabajo, Mariana y Gabriel, que están hablando acerca de sus ciudades. Antes de escuchar la conversación, conteste las siguientes preguntas.

1. ¿Cómo es su ciudad geográficamente? ______________________________
____
2. ¿Qué otras cosas puede decir de su ciudad? Nombre otros dos aspectos. ______________________________
____

3. ¿Qué actividades culturales generalmente existen en una ciudad grande? ______________________________

____

4. ¿Qué actividades sociales o distracciones hay generalmente en un pueblo pequeño? ______________________________

____

5. ¿Qué es lo que más le gusta o disgusta a Ud. de su ciudad o pueblo? ______________________________

____

Ahora, escuche y responda

A. **La idea general.** Escuche la conversación y diga cuál es la idea general.

B. **Información específica.** Escuche nuevamente la conversación entre Mariana y Gabriel. Tome los apuntes que considere necesarios en una hoja de papel y conteste las siguientes preguntas.

1. ¿Qué le pasa a Gabriel? ¿Por qué?
2. ¿De dónde es Gabriel? ¿y Mariana?
3. ¿En qué se parecen San Juan y Santo Domingo según Mariana y Gabriel?
4. ¿En qué se diferencian San Juan y Santo Domingo de la ciudad donde viven ahora Gabriel y Mariana?
5. ¿Qué extraña Mariana? ¿y Gabriel?
6. ¿Qué no extraña Gabriel?
7. ¿Cómo son las fiestas en San Juan y Santo Domingo según Gabriel y Mariana?
8. ¿Qué extrañaría Ud. más de su país o de su ciudad si se encontrara en un país extranjero?

Para su información

La patria y el patriotismo

Para comprender lo que la patria significa para los hispanos hay que comprender lo que significa la familia puesto que muchos hispanos consideran la patria como una extensión de la familia.

Un desfile patriótico

El centro de la vida familiar de los hispanos es la casa; la casa es donde se reúnen los miembros de la familia para divertirse, charlar y resolver problemas. Por extensión, el barrio es el centro de la vida social. Cuando no pasa nada en casa, los hispanos salen a la calle para charlar o divertirse con vecinos en un café, bar o restaurante.

La mayoría de los hispanos conoce a muchas personas en el barrio y generalmente prefieren hacer compras en las pequeñas tiendas y boutiques locales en vez de ir a otro sitio donde no conocen a nadie y nadie los conoce. En muchos barrios hay un sentido de comunidad muy fuerte; los habitantes no se sienten aislados porque saben que siempre tienen familiares y amigos cerca que se preocupan por ellos.

Así cuando un hispano piensa en el país donde nació, piensa más en este elemento familiar y personal que en el país o el gobierno en su totalidad. Para el hispano la patria representa el lugar donde están su casa y su barrio con su familia y sus amigos. Aunque el país tenga muchos problemas económicos, políticos y sociales y los habitantes sufran muchísimo, de todos modos es su patria. El hispano ama la patria como a los miembros de su familia: sin condiciones y a pesar de sus defectos.

Práctica

Escuche de nuevo el diálogo de esta situación. Busque ejemplos de los siguientes sentimientos: el aislamiento, la preocupación por la familia y el amor a la patria. ¿Por qué cambian de actitud Gabriel y Mariana al final del diálogo?

Práctica y conversación

A. **Mi familia es muy conservadora.** Trabajo en parejas.
Situación: Ud. y su compañero(a) intercambian información acerca de sus familias. Describan sus características físicas, las personalidades de sus miembros, la ocupación de sus padres, etc. Discutan también las costumbres de su familia, las actividades que hacen juntos, los horarios de llegada (*curfew*), disciplina, reuniones familiares, etc. Tomen los apuntes necesarios. Posteriormente presentarán a la clase una comparación de sus familias.

B. **Mis amigos.** Trabajo en parejas.
Situación: Ud. y su compañero(a) están conversando en una cafetería e intercambian información acerca de algunos de sus amigos(as). Comparen sus hábitos de estudio, sus deportes y actividades favoritas, sus virtudes y defectos, su aspecto físico, etc.

C. **Dos profesores(as).** Trabajo en parejas.
Situación: Ud. es profesor(a) de español y su compañero(a) es profesor(a) de biología. Los (Las) dos están hablando de sus

estudiantes y los (las) comparan en términos de sus hábitos de estudios, dedicación y actitud hacia la materia, calidad de los trabajos que presentan, participación en clase y notas que sacan.

D. **Hablando de su ciudad ideal.** Trabajo en parejas.
Situación: Ud. y su compañero(a) intercambian información acerca de la ciudad donde quisieran vivir. Tomen los apuntes necesarios. Posteriormente presentarán a la clase una comparación de sus ciudades.

 Segunda situación

Así se dice *Cómo se expresa la circunlocución*

Cómo se expresa circunlocución

Es algo así como un(a)...	*It's something like a . . .*
Es algo que se parece a...	*It's something that looks like a . . .*
Es algo que se usa...	*It's something used . . .*
Es como una rueda / un círculo / un rectángulo / un cuadrado / una caja.	*It's like a wheel / a circle / a rectangle / a square / a box.*
Es parte de un(a)...	*It's part of a . . .*
Es una cosa dura / blanda / suave / áspera	*It's something hard / soft / smooth / rough.*
Es una persona / cosa que...	*It's a person / thing that . . .*
Es un lugar donde...	*It's a place where . . .*
Es un objeto de metal / madera / vidrio.	*It's a metal / wooden / glass object.*
Es un tipo de máquina / aparato / vehículo.	*It's a kind of machine / appliance / vehicle.*
Es uno de esos sitios donde...	*It's one of those places where . . .*
Es uno de esos aparatos que sirven para...	*It's one of those appliances that is used for . . .*
No sé cómo se dice / se llama pero...	*I don't know how to say it / what it's called, but . . .*
Se parece (mucho) a una computadora / un robot.	*It's (very much) like a computer / robot.*
Se usa para...	*It's used for . . .*
Suena / Huele / Sabe como...	*It sounds / smells / tastes like . . .*

Dichos y refranes

A otro perro con ese hueso.	*You're putting me on.*
Aunque me cueste la vida.	*Even if it takes my life.*
Como que dos y dos son cuatro.	*As sure as two and two are four.*
Cueste lo que cueste.	*No matter what the cost is.*
Lo hablado se va; lo escrito, escrito está.	*Words don't mean anything; it's what's written that counts.*
Sea lo que sea.	*Be that as it may.*
Ver es creer.	*Seeing is believing.*

Práctica y conversación

¡OJO! La revisión de los puntos gramaticales y ejercicios presentados al final de este capítulo le puede ser útil para hacer los siguientes ejercicios.

A. **Busque las correspondencias.** Trabajo individual.
¿Qué frases o expresiones de la columna B corresponden a las situaciones descritas en la columna A?

A	B
1. Ud. quiere firmar un contrato de alquiler con su amigo para evitar problemas.	a. La cosa que sirve para dar velocidad al carro se estropeó.
2. Su padre es contador.	b. Es una persona que prepara los impuestos.
3. El acelerador de su carro no funciona.	c. Es un artículo de cuero.
4. Ud. ha perdido su maletín con todos sus papeles.	d. A otro perro con ese hueso.
5. Su compañero le está mintiendo.	e. Lo hablado se va; lo escrito, escrito está.
6. Ud. se compró un archivador de papeles.	f. Es un objeto que sirve para manejar.
	g. Sea lo que sea.
	h. Es como un círculo.
	i. Es un objeto de metal con gavetas.

B. **¿Cómo diría Ud.?** Trabajo individual.
¿Cuál de las expresiones mencionadas usaría Ud. para explicar o describir lo siguiente?

1. Ud. quiere explicar la profesión de su vecino(a).
   Ud. dice: ______________________________
2. Ud. quiere explicar lo que es un mísil.
   Ud. dice: ______________________________

3. Ud. quiere describir una parte de su carro que no funciona bien (*windshield wipers*).

   Ud. dice: Se usa para ______

4. Ud. quiere describir el lugar donde llegan las maletas en el aeropuerto.

   Ud. dice: Es uno de esos sitios donde ______

5. Ud. quiere describir cómo es una pizza.

   Ud. dice: Sabe como ______

6. Ud. quiere explicar la máquina que se usa en las bibliotecas para buscar bibliografía.

   Ud. dice: Es un tipo de máquina ______

   Es algo se usa...

C. **En el taller de mecánica.** Trabajo en parejas.
Situación: Un(a) cliente le trajo su carro que no funcionaba. Ud. lo reparó y ahora le trata de explicar a su cliente qué partes del carro no funcionaban y lo que tuvo que hacer. El (Ella) le escuchará, le hará preguntas y le pedirá que le aclare cosas que no entiende.

D. **En la cocina.** Trabajo en parejas.
Situación: Ud. es cocinero(a) en un restaurante pero tiene muchos problemas ya que no funcionan muchos de los aparatos que Ud. necesita. Su supervisor(a) viene y Ud. le trata de explicar lo que le sucede. El (Ella) le escuchará, le hará preguntas y le pedirá que le aclare cosas que no entiende. Además le dirá qué otras cosas Ud. puede usar para sustituir aquello que no funciona.

¿Qué pasa con este ascensor?

Antes de escuchar

Recuerde y use la técnica de prestar atención solamente a los detalles que le interesan cuando escuche la siguiente conversación.

La conversación que Ud. va a escuchar es entre el portero de un edificio y uno de los propietarios. Antes de escuchar la conversación, conteste las siguientes preguntas.

1. ¿Qué tipo de edificios tiene generalmente un portero? los hoteles, apartamentos ______

2. ¿Qué facilidades ofrecen estos edificios? Cuartos para vivir ______

3. ¿Qué problemas de tipo mecánico pueden ocurrir en los edificios?

4. Generalmente, ¿quiénes solucionan estos problemas?

5. ¿Cuál es la actitud de los propietarios cuando hay problemas de tipo mecánico en los edificios? ¿Por qué?

Ahora, escuche y responda

A. **La idea general.** Escuche la conversación y diga cuál es la idea general.

B. **Información específica.** Escuche nuevamente la conversación entre la Sra. Ojeda y Manuel, el portero del edificio «Cima». Tome los apuntes que considere necesarios en una hoja de papel y conteste las siguientes preguntas.

1. ¿Cuál es el problema con el ascensor del edificio «Cima»? ¿Cómo lo van a solucionar?
2. ¿Qué compañía está a cargo del servicio de ascensores? ¿Es esta compañía eficiente? Justifique su respuesta.
3. ¿Qué sugiere la Sra. Ojeda? ¿Es esto posible? ¿Por qué?
4. ¿En qué piso viven las siguientes personas?
   a. la Sra. Ojeda
   b. el Sr. Ortega
   c. una vecina mayor
5. ¿Cómo puede llegar la Sra. Ojeda a su apartamento? ¿Está satisfecha con esta solución? Explique. ¿Qué la anima a hacerlo?
6. ¿Está la Sra. Ojeda contenta de vivir en el edificio? ¿Por qué?

Para su información

La vivienda en el mundo hispano

Edificios de apartamentos en la ciudad

Por lo general, los hispanos que habitan las ciudades prefieren vivir cerca del centro de la ciudad; así pueden aprovechar de la vida urbana puesto que el trabajo, las escuelas y las diversiones se encuentran en el centro. Como la concentración de gente es alta en las ciudades, no queda mucho espacio para la nueva construcción. Por eso la vivienda típica de la ciudad es el apartamento. En la planta baja de los edificios de apartamentos generalmente hay boutiques, farmacias y tiendas donde venden pan, leche, café u otra comida. Incluso en los edificios que son viejos, los apartamentos mismos tienen todos los servicios y facilidades modernos.

En algunos barrios o colonias de la ciudad se puede encontrar casas privadas con jardines, pero los solares no suelen ser tan grandes como en los EE.UU. Algunas familias tienen casas en el campo, en las montañas o cerca de una playa donde pasan los fines de semana y las vacaciones.

La mayoría de la gente pobre vive en las afueras de las ciudades. Algunos viven en nuevos edificios de apartamentos construidos por el gobierno mientras otros viven en viviendas pequeñas con pocas comodidades.

Práctica

A. ¿Cuáles son las ventajas de vivir en el centro de una ciudad hispana? ¿Cuáles son las desventajas? ¿Cuáles son las ventajas y desventajas de vivir en el centro de una ciudad estadounidense? Compare la vivienda típica del mundo hispano con la de los EE.UU.

B. Escuche de nuevo el diálogo de esta situación. ¿Por qué quiere vivir en una casa la Sra. Ojeda?

Práctica y conversación

A. **Con el (la) técnico(a) de computadoras.** Trabajo en parejas.
Situación: Su computadora no funciona. Ud. llama por teléfono al (a la) especialista y le explica el problema que tiene. El (Ella) quiere saber cómo y cuándo ocurrió el problema. Ud. responde a sus preguntas. El (Ella) tratará de ayudarlo(a).

B. **Con el (la) plomero(a).** Trabajo en parejas.
Situación: Ud. llega a su casa y se da cuenta que está inundada. Llame por teléfono a un(a) plomero(a) y explíquele su problema. El (Ella) le hará una serie de preguntas antes de ir a su casa. Ud. no entiende lo que él (ella) quiere que Ud. haga o describa y por eso le pide que se lo explique más claramente. El (Ella) lo hace.

C. **Con el (la) frutero(a).** Trabajo en parejas.
Situación: Ud. ha regresado de un viaje por el Caribe y quiere comer las sabrosas frutas que comió allá. Vaya donde su frutero(a) y dígale cómo son. El (Ella) se las conseguirá si Ud. se las describe detalladamente.

D. **Con el (la) doctor(a).** Trabajo en parejas.
Situación: Ud. ha estado teniendo unos dolores estomacales muy fuertes últimamente y va a hablar con su doctor(a). Cuéntele desde cuándo los está sintiendo, cómo y dónde son. El (Ella) le dice que tiene que hacerse una serie de exámenes. Ud. no sabe cómo son estos exámenes y le pide información detallada. Como Ud. no tiene mucho dinero, Ud. también quiere información acerca del costo de estos exámenes y de diferentes lugares donde puede ir. El (La) doctor(a) le dará amplia información.

Estructuras

Cómo se compara

Para describir efectivamente muchas veces es necesario comparar a una persona, un animal o un objeto con otro. Hay dos tipos de comparaciones: las comparaciones de igualdad y las comparaciones de desigualdad.

Las comparaciones de igualdad

A. Para comparar a personas u objetos iguales se usan las siguientes expresiones.

tan +	adjetivo / adverbio	+ **como** = *as* +	*adjective* / *adverb*	+ *as*

—Me parece que Mariana no está **tan** deprimida **como** Gabriel. — *It seems to me that Mariana is not as depressed as Gabriel.*

—Sí, porque él no puede visitar a su familia **tan** frecuentemente **como** ella. — *Yes, because he can't visit his family as frequently as she.*

tanto(a) +	sustantivo singular	+ **como** = *as much* +	*singular noun*	+ *as*

Gabriel no tiene **tanto** dinero **como** Mariana. — *Gabriel doesn't have as much money as Mariana.*

tantos(as)	+	sustantivo plural	+	**como**	= *as many*	+	*plural noun*	+ *as*

Mariana no tiene **tantos** problemas **como** Gabriel. — *Mariana doesn't have as many problems as Gabriel.*

B. Para hacer comparaciones con verbos se usa **tanto como** (*as much as*).

Mariana extraña a su familia **tanto como** Gabriel. — *Mariana misses her family as much as Gabriel.*

C. Se puede usar **tan** y las formas de **tanto** para expresar la cantidad: **tan** = *so*; **tanto** = *so much/so many*.

Es que todo aquí es **tan** diferente, Mariana. — *It's that everything here is so different, Mariana.*
Gabriel extraña **tanto** a su familia. — *Gabriel misses his family so much.*
Mariana y Gabriel van a **tantas** fiestas familiares. — *Mariana and Gabriel go to so many family parties.*

Las comparaciones de desigualdad

A. Para comparar a dos o más personas u objetos que no son iguales se usa la siguiente estructura.

más / menos	+	adjetivo adverbio sustantivo	+	**que**

Las fiestas en Santo Domingo son **más** divertidas **que** las fiestas aquí. — *The parties in Santo Domingo are more fun than the parties here.*
Mariana visita a su familia **más** frecuentemente **que** Gabriel. — *Mariana visits her family more frequently than Gabriel.*
Mariana tiene **menos** problemas **que** Gabriel. — *Mariana has fewer problems than Gabriel.*

B. Cuando se compara la manera en que las personas o los objetos funcionan o actúan, se usa la siguiente estructura.

verbo	+	**más / menos**	+	**que**	+	una persona un objeto

Gabriel se queja **más que** Mariana pero Mariana habla más.	*Gabriel complains more than Mariana, but Mariana talks more.*
Mi tío es **menos** ahorrativo **que** su esposa.	*My uncle is less thrifty than his wife.*

C. Algunos adjetivos y adverbios tienen una forma comparativa irregular.

Adjetivo	**Adverbio**	**Forma comparativa**
bueno	bien	mejor
malo	mal	peor
mucho	mucho	más
poco	poco	menos
joven/pequeño		menor
viejo/grande		mayor

Al final de la conversación Gabriel se siente **mejor** que antes. Parece que tiene **menos** preocupaciones.	*At the end of the conversation, Gabriel feels better than before. It seems that he has fewer worries.*

1. Cuando los adjetivos **joven/viejo** se refieren a los objetos y no a las personas se usan las formas regulares.

Mi hermana es **mayor** que yo.	*My sister is older than I.*
Mi coche es **más viejo** que el tuyo.	*My car is older than yours.*

2. Cuando los adjetivos **grande/pequeño** se refieren al tamaño y no a la edad se usan las formas regulares.

Federico es **joven.** Es **menor** que Anita.	*Federico is young. He is younger than Anita.*
Pero Federico es **más grande** que Anita.	*But Federico is bigger than Anita.*

D. Cuando las comparaciones se expresan con números o cantidades se usa la siguiente estructura.

más / menos + de +	cantidad número

Mariana tiene **más de** cincuenta primos. **Más de** la mitad viven en San Juan.	*Mariana has more than fifty cousins. More than half live in San Juan.*

E. Cuando se comparan dos ideas o elementos semejantes y uno no está expresado, se usa la siguiente estructura.

sustantivo + **de** + artículo definido + **que** + verbo

El artículo definido concuerda en número y en género con el elemento que modifica.

Gabriel ha pasado más **tiempo** en los EE.UU. **del que** quería.	*Gabriel has spent more time in the U.S. than he wanted.*
Gabriel tiene menos **familia** aquí **de la que** quiere.	*Gabriel has less family here than he wants.*
Gabriel tiene más **problemas** **de los que** necesita.	*Gabriel has more problems than he needs.*
Tienen más **fiestas** en Santo Domingo **de las que** tenemos aquí.	*They have more parties in Santo Domingo than we have here.*

F. Cuando se compara un adjetivo, un adverbio o una idea general, se usa **de lo que.**

Mariana está menos contenta aquí **de lo que** parece.	*Mariana is less happy here than she seems.*
Gabriel extraña más a su familia **de lo que** pensábamos.	*Gabriel misses his family more than we thought.*
El amor a la patria es más importante **de lo que** ellos creían.	*Love of country is more important than they thought.*

El superlativo

A. Para comparar a una persona o un objeto a muchos de la misma categoría, se usa la forma superlativa del adjetivo que se expresa con la siguiente estructura.

artículo definido (+ sustantivo) + **más** / **menos** + adjetivo + **de**

¡OJO! **de** = *in* en esta estructura.

El festival en Puerto Plata es **el más divertido del** país.	*The festival in Puerto Plata is the most entertaining in the country.*

1. En las estructuras superlativas se colocan las formas irregulares de **mejor/peor** antes del sustantivo.

   El Gallo de Oro es el **mejor** restaurante latino de la ciudad. — *El Gallo de Oro is the best Latin restaurant in the city.*

2. Se colocan las formas irregulares de **mayor/menor** después del sustantivo.

   Los estudiantes **mayores** de la clase son Eduardo y Tomás. — *The oldest students in the class are Eduardo and Tomás.*

B. Para evitar la redundancia en las estructuras superlativas se suele suprimir el sustantivo después de **ser.**

Creo que este restaurante es el más elegante de todos. — *I think that this restaurant is the most elegant of all.*

El superlativo absoluto

Para describir calidades excepcionales o extraordinarias se puede usar el sufijo **-ísimo** al final del adjetivo. El sufijo **-ísimo** = *very, extremely* o *exceptionally* + adjetivo.

Se forma el superlativo absoluto de las siguientes maneras.

A. Se agrega **-ísimo** a la forma singular de los adjetivos que terminan en una consonante:

difícil → dificil**ísimo**

B. Se elimina la vocal final antes de agregar **-ísimo** a los adjetivos que terminan en una vocal:

grande → grand**ísimo**
alto → alt**ísimo**

C. Los adjetivos que terminan en **-co** o **-go** tienen los siguientes cambios de ortografía:

c → qu: rico → ri**qu**ísimo
g → gu: largo → lar**gu**ísimo

¡OJO! El sufijo **-ísimo** cambia para concordar en género y en número con el elemento que modifica.

En los recuerdos de Gabriel, Santo Domingo es una maravilla: la comida es riqu**ísima,** las playas son lind**ísimas** y el clima es perfecto. — *In Gabriel's memories, Santo Domingo is wonderful: the food is extremely delicious, the beaches are very beautiful, and the climate is perfect.*

Práctica de estructuras

A. **Ud. y los otros.** Compárese con los miembros de su familia o con un grupo de amigos(as) o compañeros(as). Describa sus características buenas, sus virtudes y sus defectos.

B. **La vivienda ideal.** Compare su cuarto / apartamento / residencia estudiantil con la vivienda ideal. Compare el tamaño, las comodidades, la situación, el precio y otras cosas que Ud. considera importantes.

C. **Dos personalidades famosas.** Ud. y un(a) compañero(a) van a comparar a dos personalidades famosas. Primero, escoja la categoría: el cine, el teatro, la televisión, la radio, los deportes o la política. Después, cada persona necesita escoger a una personalidad dentro de la categoría elegida. Finalmente, Ud. y su compañero(a) van a comparar a las dos personalidades en cuanto a las características, las habilidades, las posesiones, las actividades y otros aspectos de la vida.

A escribir

A. **Comparaciones.** Describa la foto en la página 26. Compare las personas, el cuarto y los objetos con otros de la misma categoría. También compare las posesiones de las personas con las de Ud. y sus amigos(as). Finalmente, explique cómo estas personas trabajan, se divierten, comen, hablan y estudian en relación con Ud. y sus amigos.

B. **El (La) maestro(a).** Ud. es maestro(a) en un colegio en la República Dominicana. Cada semestre Ud. tiene que escribirles una carta de evaluación a los padres de cada estudiante. Escríbales una carta a los padres de José Luis Méndez Guzmán, un estudiante malísimo. Compare a José Luis con los otros estudiantes de la clase.

Capítulo 4

Las direcciones

Una plantación de café en Colombia

Asimilación cultural — *Colombia*

Cameron

979-3001

Situación geográfica

Colombia está situada en la parte noroeste de la América del Sur. Es el único país suramericano con costas tanto en el Pacífico como en el Atlántico. Limita por el norte con el mar Caribe, por el este con Venezuela y el Brasil, por el sur con Ecuador y el Perú, y por el oeste con el océano Pacífico.

En Colombia se puede apreciar dos zonas geográficas claramente distintas: la zona andina y la zona costera.

Ciudades importantes

Entre las ciudades importantes cabe mencionar las siguientes.

- Bogotá, la capital, situada a 2.650 metros sobre el nivel del mar presenta en su parte céntrica un contraste entre edificios muy modernos y hermosos edificios de la época colonial. Algunos lugares de interés en Bogotá son La Quinta de Bolívar, mansión colonial que guarda artículos personales del Libertador así como también pinturas que ilustran su carrera; el barrio La Candelaria y el Museo del Oro que exhibe arte precolombino; el monte Monserrate en el que hay una iglesia con un Cristo que se considera milagroso.
- Cartagena, Barranquilla.

Moneda

El peso colombiano.

Comidas típicas

Algunas comidas típicas colombianas son locro de choclos (sopa de papa y maíz); ajiaco (guiso de pollo, maíz, yuca, col y papa servido con crema, alcaparra y aguacate); magras (huevos y pollo horneados juntos y servidos con salsa de tomate).

Bebidas típicas

Algunas bebidas típicas en Colombia son ron; canelazo (ron caliente o frío con agua, azúcar, lima y canela); tinto (café negro); perico (café con leche).

Personalidades famosas Gabriel García Márquez, famoso escritor y autor de *Cien años de soledad,* ganador del Premio Nobel de Literatura en 1982; Fernando Botero, famoso pintor de reconocimiento internacional, autor de *La familia presidencial.*

Práctica y conversación

Usando la información presentada, haga el siguiente ejercicio.

1. ¿Dónde está situada Colombia?
2. ¿Cuáles son algunas ciudades importantes?
3. ¿Cuál es la moneda nacional?
4. ¿Por qué se dice que Bogotá es una ciudad de contrastes?
5. ¿Dónde se puede ir para ver objetos de oro de la época precolombina?
6. Si se está interesado(a) en saber algo de la historia de Bolívar, ¿adónde se puede ir?
7. Si se quiere visitar un barrio colonial, ¿adónde se puede ir?
8. Nombre algunas personalidades colombianas.
9. ¿Conoce alguna otra personalidad que no ha sido nombrada?
10. Si Ud. fuera a Colombia, ¿qué pediría para comer y beber?

Información lingüística

El dialecto colombiano

En el dialecto colombiano se puede hacer una distinción entre el dialecto hablado en la zona costera y el dialecto hablado en la zona andina.

En el dialecto de la zona costera podemos encontrar muchas similitudes con el dialecto caribeño. Así, por ejemplo, en la zona costera de Colombia el sonido /s/ en posición final, se aspira o se pierde: **cuaderno** en vez de *cuadernos*. En posición intervocálica esta /s/ puede oírse como una jota. Así por ejemplo, **nojotros** vs. *nosotros*.

En la zona andina, sin embargo, la /s/ se pronuncia fuertemente.

En todo el país la jota se aspira. Por ejemplo, **bahar** por *bajar;* **muher** por *mujer*.

En algunas zonas de Colombia se puede oír el voseo, similar al voseo usado en los países de Centroamérica.[1]

---

[1] Para mayor descripción del voseo usado en los países de Centroamérica, favor revisar la información presentada en el Capítulo 2.

Regionalismos

bajarle los moños a alguien	*to put someone in his / her place*
ser atulampado(a)	*to be slow / foolish*
tenar azar a algo / a alguien	*to distrust and fear something / someone*
tener mucho camello	*to have lots of work*

Práctica y conversación

Usando la información presentada, conteste las siguientes preguntas.

1. ¿Qué sucede con la /s/ en posición final en el dialecto colombiano de la zona andina? ¿y en el dialecto de la zona costera?
2. ¿Cómo se pronuncia la /s/ en posición intervocálica en el dialecto de la zona costera? Ilustre.
3. ¿Cómo se pronuncia la jota en el dialecto colombiano?
4. ¿Qué otras características tiene el dialecto colombiano?
5. ¿Cuál es una frase colombiana que se usa para expresar que alguien no es muy inteligente?
6. ¿Qué diría Ud. si Ud. tuviera mucho trabajo que hacer?

 Primera situación

Así se dice *Cómo se pide, se da y se recibe direcciones*

Cómo se pide direcciones

Disculpe, pero estoy perdido(a). Necesito llegar a...	*Excuse me, but I'm lost. I need to go to . . .*
¿Estoy muy lejos de...?	*Am I very far from . . . ?*
¿Me podría(s) decir +	*Could you tell me +*
cómo se llega / se va a...?	*how to get to . . . ?*
dónde está / queda...?	*where is . . . ?*
cómo puedo llegar / ir a...?	*how I can get / go to . . . ?*
¿No tengo que voltear / doblar en ninguna parte?	*I don't have to turn anywhere?*
¿Podría(s) decirme +	*Could you tell me +*
qué autobús tomo para ir a...?	*what bus I should take to go to . . . ?*
dónde para el autobús que va para...?	*where the bus going to . . . stops?*

por dónde pasa el autobús para...?	*where does the bus going to . . . go by?*
si por aquí pasa el autobús que va para...?	*if the bus going to . . . goes past here?*
¿Sería(s) tan amable de decirme dónde estoy?	*Would you be kind enough to tell me where I am?*

Cómo se da direcciones

Al llegar a..., siga (sigue) / doble (dobla)...	*When you get to . . . , go / turn . . .*
Camine (Camina) / Vaya (Ve) / Siga (Sigue) derecho.	*Go straight.*
Doble (Dobla) a la derecha / izquierda.	*Turn right / left.*
El autobús pasa por la calle de enfrente / la otra cuadra / por la calle de atrás.	*The bus goes by across the street / the other block / the street behind this one.*
Está(s) en una zona totalmente opuesta.	*You're on the completely opposite side of town.*
Está(s) muy cerca.	*You're very close.*
Tome (Toma) el autobús número... / un taxi.	*Take bus number . . . / a taxi.*

Cómo se recibe direcciones

A ver, déjeme (déjame) ver. Sigo derecho tres cuadras, luego doblo a mano izquierda.	*Let me see. I go straight for three blocks, then I make a left turn.*
Entonces, ¿sólo sigo derecho?	*Then, I only go straight?*
Muchas gracias por su (tu) ayuda.	*Thank you for your help.*
Muy bien. Ya lo tengo claro.	*Very well. It's clear now.*
¿No hay otro camino?	*Isn't there any other way?*

Dichos y refranes

Está delante de tus narices.	*It's right in front of your nose.*
Está donde el diablo perdió el poncho. Está más lejos que mandado a hacer.	*It's in a remote place.*
Por dondequiera que vayas, mira con quien te acompañas.	*No matter where you go, watch whom you go with.*
Todos los caminos llevan a Roma.	*All roads lead to Rome.*

Práctica y conversación

¡OJO! La revisión de los puntos gramaticales y ejercicios presentados al final de este capítulo le puede ser útil para hacer los siguientes ejercicios.

A. **Busque las correspondencias.** Trabajo individual.
¿Qué frases o expresiones de la columna B corresponden a las situaciones descritas en la columna A?

A

1. Ud. está enfrente de la biblioteca y su amiga le pregunta: «¿Dónde está la biblioteca?»
2. Ud. comprendió las indicaciones que un señor le dio para llegar a un lugar.
3. Alguien le dice que Ud. está en la zona sur de la ciudad y debería estar en la zona norte.
4. Ud. no tiene la menor idea de dónde está.
5. Ud. le dice a su compañero que sólo tiene que caminar dos cuadras.
6. Le indican que Ud. tiene que caminar derecho veinte cuadras.

B

a. Está en la zona totalmente opuesta.
b. Está muy cerca.
c. ¿No hay otro camino?
d. Estoy totalmente perdido(a).
e. Está delante de tus narices.
f. Por dondequiera que vayas, mira con quien te acompañas.
g. ¿No tengo que voltear en ninguna parte?
h. ¿Dónde puedo tomar un taxi?
i. Muy bien. Ya lo tengo claro.

B. **¿Cómo diría Ud.?** Trabajo individual.
¿Cuál de las expresiones o refranes mencionados usaría Ud. en las siguientes situaciones?

1. Ud. está en una ciudad desconocida y está completamente desorientado(a).

   Ud. dice: ______________________

2. Ud. quiere tomar un autobús para ir a su hotel pero no sabe cuál tomar. Se acerca a una persona en la calle.

   Ud. dice: ______________________

3. Ud. necesita tomar el autobús número 36-A pero no sabe dónde tomarlo.

   Ud. dice: ______________________

4. Ud. está parado(a) enfrente de la biblioteca. Un(a) visitante a su universidad se le acerca y le pide indicaciones para ir al centro estudiantil.

   Ud. dice: Está muy cerca.

5. Ud. sabe que tanto un camino como otro lo(a) llevarán a la Plaza Mayor.

   Ud. dice: Todos los [illegible] one

6. Ud. le dice a su amigo(a) que el lugar al que desea llegar está muy alejado.

   Ud. dice: Estas muy lejos de aquí. No está cerca de aquí Poncho one

C. **¿Cómo voy a...?** Trabajo en parejas.
Situación: Ud. y un(a) amigo(a) extranjero(a) están tomando desayuno en su casa. El (Ella) necesita ir a varios lugares (el banco, la embajada, la farmacia, el correo) y le pide direcciones para llegar. Ud. le indica cómo ir a cada sitio.

D. **¿Por dónde queda el hospital?** Trabajo en parejas.
Situación: Ud. está de visita en Bogotá y tiene que llevar a un(a) amigo(a) que está sufriendo de náuseas y mareos al hospital, pero no sabe cuál es la ruta más rápida para llegar. Pregúntele a su compañero(a). Tome apuntes y asegúrese de tener la información que necesita.

¿Cómo se va a Monserrate?

Técnica de comprensión

Cuando Ud. escucha una conversación muchas veces tiene que contestar preguntas que otros le hacen acerca de lo que se ha dicho. Además en algunas ocasiones, Ud. tiene que dar su opinión sobre las personas que participaron en la conversación y de lo que dijeron. En este capítulo Ud. va a practicar a contestar preguntas acerca de lo que escuchó.

Antes de escuchar

La conversación que Ud. va a escuchar es entre dos turistas. Rosana y Maritza están visitando Bogotá y piden direcciones para visitar un lugar. Antes de escuchar la conversación, conteste las siguientes preguntas.

1. Generalmente, ¿qué lugares prefieren ver los turistas cuando visitan una ciudad? museos, lugares naturales como los lagos o los parques

2. ¿Qué lugares de interés cree Ud. que Rosana y Maritza querrán visitar en Bogotá? Museo del Oro

3. ¿Qué expresiones podrán usar Rosana y Maritza para pedir direcciones para ir de un lugar a otro? ______

4. Generalmente, ¿qué medios de transporte usan los turistas? autobúses, taxis

5. ¿Qué problemas pueden surgir cuando uno viaja al extranjero? Es facil que esté perdido

Ahora, escuche y responda

A. **La idea general.** Escuche la conversación y diga cuál es la idea general.

B. **Preguntas y opiniones.** Escuche nuevamente la conversación entre Rosana y Maritza. Tome los apuntes que considere necesarios en una hoja de papel y haga el siguiente ejercicio.

1. ¿Qué lugar quieren visitar Rosana y Maritza?
2. ¿Cuál de las dos amigas está más interesada en ir a ese lugar? ¿Por qué no tiene la otra tanto interés?
3. Escriba las direcciones que Julio da para visitar el lugar deseado.
4. ¿Qué otro lugar, según Julio, deberían visitar?
5. ¿Qué recomendaciones da Julio? ¿Por qué cree Ud. que él dice esto?
6. ¿Cree Ud. que las dos amigas van a ir a ese lugar? Explique.
7. Describa la personalidad de Maritza, de Rosana y de Julio.

Para su información

Aspecto físico de las ciudades hispanas

El barrio La Candelaria

La mayoría de las grandes ciudades hispanas son más antiguas que las ciudades estadounidenses. Algunas ciudades españolas son de origen griego o romano y sus orígenes datan hasta del siglo VIII a. C. (antes de Cristo). Aún en las Américas muchas ciudades fueron fundadas en el siglo XVI. Muchas ciudades hacen un esfuerzo para preservar algo de su antiguo aspecto, especialmente en el centro. Allá se puede ver calles estrechas con edificios del pasado.

Las ciudades hispanas, por lo general, están construidas alrededor de una plaza mayor y ahí se concentran los edificios del gobierno, como el ayuntamiento o el palacio presidencial, la catedral metropolitana, los grandes bancos y negocios, y los hoteles de lujo. En otras partes de la ciudad también se puede encontrar plazas que forman el centro de los barrios o las colonias residenciales. Como resultado de construir la ciudad alrededor de una plaza, muchas veces la estructura de la ciudad es muy complicada. Las calles corren en muchas direcciones y es normal encontrar una intersección donde se cruzan seis o más calles.

Generalmente las ciudades hispanas tienen menos extensión geográfica que las ciudades estadounidenses. En el centro es normal construir los edificios y casas unos junto a otros; no hay grandes jardines ni espacio alrededor. Por eso y por otras razones, la extensión geográfica es más pequeña.

En la mayoría de las ciudades hispanas hay muy buen transporte público. En algunas de las ciudades grandes de España y de las Américas hay un sistema de metro rápido y eficaz. También se puede usar el sistema de autobuses o los taxis. No es necesario tener un automóvil para cumplir con las necesidades de la vida diaria.

Práctica

Escuche de nuevo el diálogo de esta situación. ¿Qué aspectos físicos de una ciudad hispana mencionan en el diálogo? ¿Qué medios de transporte van a usar? Explique.

Práctica y conversación

A. **En la calle.** Trabajo en grupos de tres.
Situación: Ud. está en el centro de su ciudad esperando un taxi. Una pareja de turistas se le acerca pidiéndole direcciones para ir al Museo de Arte y al Palacio de Gobierno. Ellos le cuentan todos los lugares que ya han visitado y le dicen que prefieren ir caminando.

B. **En la autopista.** Trabajo en grupos de tres.
Situación: Ud. estaba conversando con su amigo(a) y tomó la salida equivocada en la autopista. Ahora no sabe dónde está ni cómo ir a su casa que queda en la parte sur de la ciudad. Pare en una estación de gasolina, explique lo que le sucedió y pida direcciones. Su compañero(a) querrá direcciones más precisas.

C. **En el centro comercial.** Trabajo en parejas.
Situación: Ud. entró en un centro comercial gigantesco y al salir no encuentra la salida al estacionamiento. De pronto ve a su tío(a) y

Ud. le explica lo que le pasó (dígale qué compró, cuántas horas ha estado en el centro comercial, etc.). También pídale direcciones para llegar al estacionamiento. El (Ella) le ayudará.

D. **En Latinoamérica.** Trabajo en parejas.
Situación: Ud. visitó un país latinoamericano en sus últimas vacaciones y le cuenta a su compañero(a) todos los detalles de su viaje, por ejemplo, qué lugares visitó, qué le gustó más, etc. Su compañero(a) quiere ir a ese mismo país y visitar los mismos lugares pero quiere saber cómo ir de un sitio a otro. Ud. le da información sobre cómo ir de un lugar a otro, las mejores formas de transporte, el costo, etc.

Segunda situación

Así se dice *Cómo se comprueba la comprensión*

Cómo se comprueba la comprensión

¿Comprende(s)? ¿Entiende(s)?	*Do you understand?*
¿Está claro?	*Is it clear?*
¿Hay algo que no entiende(s)?	*Is there anything you don't understand?*
¿Me explico?	*Do I make myself clear?*
¿Me ha(s) oído bien?	*Did you hear me well?*
¿Oyó (Oíste)?	*Did you hear?*
¿Quiere(s) que lo repita / vuelva a explicar?	*Do you want me to repeat it / explain it again?*
¿Se / Te da(s) cuenta?	*Do you follow me?*
¿Ve(s)?	*(Do) you see?*

Dichos y refranes

A buen entendedor, pocas palabras.	*A word to the wise is sufficient.*
Cada quien tiene su manera de matar pulgas.	*There's more than one way to skin a cat.*
Es más bruto que una tapia.	*He / She is dumber than a stone.*
Está en la luna.	*He / She is in another world.*
Está más claro que el agua.	*It's crystal clear.*
Más claro no canta un gallo.	*It couldn't be clearer.*
Nadie aprende con experiencia ajena.	*Nobody is wise on account of his father's knowledge.*
Para aprender, es necesario perder.	*To learn, it is necessary to lose.*

Práctica y conversación

¡OJO! La revisión de los puntos gramaticales y ejercicios presentados al final de este capítulo le puede ser útil para hacer los siguientes ejercicios.

A. **Busque las correspondencias.** Trabajo individual.
¿Qué frases o expresiones de la columna B corresponden a las situaciones descritas en la columna A?

A

1. Ud. explica un problema muy sencillo pero Mario no entiende.
2. Ud. quiere saber si su compañero comprende lo que Ud. dice.
3. Ud. cree que no necesita que le expliquen algo otra vez.
4. Ud. compró un carro a un precio muy bajo, pero el carro le salió muy malo.
5. Ud. aconseja a su amiga basándose en su experiencia pero ella no hace caso.
6. Su compañero estudia de noche y duerme de día.

B

a. ¿Oíste?
b. Nadie aprende con experiencia ajena.
c. Está más claro que el agua.
d. Es más bruto que una tapia.
e. ¿Quieres que lo vuelva a explicar?
f. Cada quien tiene su manera de matar pulgas.
g. A buen entendedor, pocas palabras.
h. ¿Me comprendes?
i. Para aprender, es necesario perder.

B. **¿Cómo diría Ud.?** Trabajo individual.
¿Cuál de las expresiones y refranes mencionados usaría Ud. en las siguientes situaciones?

1. Ud. no sabe si la persona a la que Ud. está hablando le está prestando atención.
   Ud. dice: ______________________________
2. Ud. no sabe si su compañero(a) comprende lo que Ud. dice.
   Ud. dice: ______________________________
3. Una persona necesita que Ud. vuelva a explicarle algo.
   Ud. dice: ______________________________

4. Ud. no sabe si su amigo(a) se ha perdido en la explicación.
   Ud. dice: ¿Hay algo que no entiendes?
5. Su compañero(a) es muy inteligente y entiende rápidamente lo que Ud. le dice.
   Ud. dice: A buen entendedor, pocas palabras

C. **Su tutor(a).** Trabajo en parejas.
Situación: Ud. es tutor(a) de español y le explica a su estudiante cómo se hacen los ejercicios de este libro. Su estudiante le hará una serie de preguntas. Asegúrese que su explicación sea clara y que él (ella) lo(a) entienda.

D. **El (La) muchacho(a) mimado(a).** Trabajo en parejas.
Situación: Ud. es un(a) muchacho(a) muy mimado(a) que ha tenido siempre empleados domésticos que le hagan las cosas. Ahora Ud. está de visita en la casa de un(a) amigo(a) que necesita que Ud. le ayude a hacer algunos quehaceres (tender la cama, pasar la aspiradora, lavar la ropa, etc.). Como Ud. nunca ha hecho nada de eso, su amigo(a) le explica lo que tiene que hacer. Ud. encuentra que algunas cosas son más sencillas que otras.

¿Cómo se usa este programa?

Antes de escuchar

Recuerde y use la técnica de contestar preguntas y dar su opinión cuando escuche la siguiente conversación.

La conversación que Ud. va a escuchar es entre un profesor y una estudiante en la clase de Procesamiento de Palabras. Antes de escuchar la conversación, haga el siguiente ejercicio.

1. ¿Qué tipo de relación cree Ud. que existe entre un profesor y un estudiante? Justifique su respuesta.
   a. ¿formal o informal? ______
   b. ¿amigable o respetuosa? ______
2. Según su respuesta a la pregunta anterior, el profesor va a hablarle a su estudiante usando el pronombre ______, mientras que la estudiante va a usar el pronombre ______.

3. Mencione tres frases que Ud. piensa que el profesor va a usar para hacer su explicación. ¿Entiendes? Comprendes
   Está claro
   ____
   ____

4. Mencione tres frases que Ud. piensa que el profesor va a usar para confirmar que la estudiante le ha entendido. ____________________
   ____
   ____
   ____

5. ¿Sabe Ud. lo que es el Procesamiento de Palabras?
   Explique. ____________________________________
   ____
   ____

 *Ahora, escuche y responda*

A. **La idea general.** Escuche la conversación y diga cuál es la idea general.

B. **Preguntas y opiniones.** Escuche nuevamente la conversación entre el profesor Layera e Irina. Tome los apuntes que considere necesarios en una hoja de papel y conteste las siguientes preguntas.

1. ¿Dónde están el profesor Layera e Irina?
2. ¿Es ésta una clase para principiantes o una clase avanzada? Justifique su respuesta.
3. ¿Cuáles son algunas de las cosas que Irina podrá hacer con ese programa?
4. ¿Qué tipo de documento quiere escribir Irina?
5. ¿Cómo se llama el documento? ¿Es éste el nombre que va a usar? ¿Por qué?
6. Además de nombrar el documento, ¿qué otra cosa tiene que hacer Irina?
7. En su opinión, ¿qué tipo de estudiante es Irina? ¿Por qué?
8. ¿Piensa Ud. que Irina va a aprender rápido? ¿Por qué?
9. ¿Qué tipo de profesor piensa Ud. que es el profesor Layera? ¿Por qué?
10. ¿Sabe Ud. usar un programa de procesamiento de palabras? ¿Es parecido o diferente al que Irina está aprendiendo? Explique.

Para su información

Las relaciones entre profesores y estudiantes

Un salón de clases

Uno de los valores más importantes de la cultura hispana es la dignidad, la convicción que cada individuo tiene valor como ser humano. Así es muy importante hablar respetuosamente y tratar a los otros con cortesía. Ser descortés con alguien es una ofensa contra su dignidad.

Desde la niñez los hispanos aprenden a tratar con respeto a las personas en puestos de autoridad. Siempre se usa **usted** y un título seguido por el nombre o el apellido para hablar con las personas mayores y las de un nivel social más alto o importante.

No debe ser sorprendente aprender que la relación entre profesores y estudiantes es mucho más formal en la cultura hispana que en los EE.UU. Los profesores se visten de una manera conservadora y aunque son simpáticos con los estudiantes, mantienen cierta distancia emocional. No es normal pasar tiempo con el profesor fuera de clase en su oficina o en una situación social. En clase el profesor es una autoridad que no se cuestiona mucho. Puesto que los profesores generalmente dictan las conferencias delante de grupos muy numerosos, no queda mucha oportunidad o tiempo para la atención individual. Por su parte, los estudiantes tratan a los profesores con respeto. Siempre les tratan de usted y emplean un título y el apellido.

Práctica

Escuche de nuevo el diálogo de esta situación. Busque ejemplos que indican cómo es la relación entre Irina y el Sr. Layera. ¿Cómo trata el profesor a su estudiante? ¿Cómo trata Irina a su profesor? ¿Qué palabras o expresiones emplean que confirman su opinión?

Práctica y conversación

A. **En la clase de español.** Trabajo en parejas.
Situación: Un(a) estudiante hace el papel de profesor(a) y otro(a), el papel de estudiante. El (La) estudiante no sabe usar los mandatos en español. El (La) profesor(a) le explica y se asegura de que el (la) estudiante haya entendido.

B. **Con el (la) instructor(a) de manejo.** Trabajo en parejas.
Situación: Un(a) estudiante hace el papel de instructor(a) y otro(a), el papel de estudiante. El (La) estudiante está aprendiendo a manejar. El (La) instructor(a) le señala las diferentes partes del carro y le explica lo que tiene que hacer.
Palabras útiles: frenos, acelerador, embrague, espejo retrovisor, espejos laterales, limpiaparabrisas, luces, poner en marcha, velocímetro, retroceder, estacionar.

C. **Con su futuro(a) suegro(a).** Trabajo en parejas.
Situación: Un(a) estudiante hace el papel de suegro(a) y otro(a), el papel de yerno (nuera). El yerno (La nuera) quiere saber cómo preparar un plato típico latinoamericano. El (La) suegro(a) le da una receta a su yerno (nuera) y le explica cómo prepararlo. El (Ella) le hace una serie de preguntas y el (la) suegro(a) se asegura que todo esté claro.

D. **Con un(a) empleado(a) de la universidad.** Trabajo en parejas.
Situación: Un(a) estudiante hace el papel de empleado(a) de la oficina de ayuda financiera de la universidad y otro(a) el papel de estudiante. El (La) estudiante no sabe cómo es el proceso que tiene que seguir para pedir ayuda financiera o becas en la universidad. El (Ella) hace una serie de preguntas y el (la) empleado(a) le explica.

Estructuras

Cómo se da mandatos

Se usan los mandatos para decirles a otras personas lo que Ud. quiere que hagan. El uso de los mandatos varía según la relación entre la persona que da el mandato y la(s) persona(s) con quien(es) habla.

Los mandatos formales

Para dar un mandato formal a una persona con quien se emplea **usted** o a un grupo de personas con quienes se emplea **ustedes,** se usan las mismas formas que las de la tercera persona del singular y del plural del presente del subjuntivo.

	-AR **doblar**	**-ER** **correr**	**-IR** **subir**
Ud.	doble	corra	suba
Uds.	doblen	corran	suban

A. Algunos mandatos regulares tienen cambios de ortografía.

Verbos en		
-car:	**c → qu**	**buscar** → bus**q**ue / bus**q**uen
-gar:	**g → gu**	**llegar** → lle**gu**e / lle**gu**en
-zar:	**z → c**	**cruzar** → cru**c**e / cru**c**en
-ger:	**g → j**	**escoger** → esco**j**a / esco**j**an
-gir:	**g → j**	**dirigir** → diri**j**a / diri**j**an

B. **Dar, estar, ir, saber** y **ser** tienen raíces irregulares.

dar	dé / den	**saber**	sepa / sepan
estar	esté / estén	**ser**	sea / sean
ir	vaya / vayan		

C. El uso de los pronombres **Ud./Uds.** no es obligatorio. Generalmente se agregan **Ud./Uds.** después del verbo como expresión de cortesía.

Al llegar a la calle 20, doblen **Uds.** a la derecha. — *When you get to 20th Street, turn right.*

D. Los mandatos formales afirmativos y negativos tienen la misma forma. Para formar el mandato formal negativo se coloca **no** enfrente del verbo.

Doble Ud. en la esquina pero **no** cruce la calle. — *Turn at the corner but don't cross the street.*

E. Los pronombres de complemento directo e indirecto y los reflexivos siguen al mandato afirmativo y van unidos a él. Preceden el mandato negativo.

—¿Cuándo debemos ir a Monserrate? — *When should we visit Monserrate?*
—Visíten**lo** un fin de semana, cuando hay mucha gente. No **se** preocupen —es fácil encontrarlo. — *Visit it on a weekend when there are a lot of people. And don't worry—it's easy to find.*

Los mandatos familiares

A. Formas singulares de **tú**

-AR	**-ER**	**-IR**
doblar	**correr**	**subir**
dobla no dobles	corre no corras	sube no subas

1. Para formar el mandato familiar afirmativo (**tú**) se emplea la tercera persona singular del presente del indicativo.
2. Para formar el mandato familiar negativo, se emplea la segunda persona singular del presente del subjuntivo.
3. Algunos verbos usan formas irregulares en el mandato familiar afirmativo pero las formas negativas siguen la regla anterior.

Mandatos familiares irregulares		
Infinitivo	**Mandato afirmativo**	**Mandato negativo**
decir	di	no digas
hacer	haz	no hagas
ir	ve	no vayas
poner	pon	no pongas
salir	sal	no salgas
ser	sé	no seas
tener	ten	no tengas
venir	ven	no vengas

Hija, ¡**ten** cuidado al cruzar la calle! **No tengas** tanta prisa.
Little girl, be careful crossing the street! Don't be in such a hurry.

4. Los pronombres de complemento directo e indirecto y los reflexivos siguen al mandato afirmativo y van unidos a él. Preceden el mandato negativo.

No **te** preocupes—es fácil aprender este programa. Estúdia**lo** y luego vamos a seguir con las funciones.
Don't worry—it's easy to learn this program. Study it, and later we'll continue with the functions.

B. Formas plurales de **vosotros**

-AR	**-ER**	**-IR**
doblar	**correr**	**subir**
doblad	corred	subid
no dobléis	no corráis	no subáis

1. Para formar el mandato plural afirmativo se cambia la **-r** del infinitivo por **-d**.
2. Los pronombres de complemento directo e indirecto y los reflexivos siguen al mandato afirmativo y se unen a él. Si el verbo es reflexivo, se suprime la **-d** delante del pronombre reflexivo. Los verbos que terminan en **-ir** emplean un acento escrito sobre la **i** cuando se agrega el pronombre reflexivo **os**. El mandato plural afirmativo del verbo **irse** es la única excepción: **idos**.

Hijos, **levantaos** y **vestíos** rápido e **idos.**
Children, get up and get dressed quickly and leave.

3. Para formar el mandato plural negativo se emplea la segunda persona plural del presente del subjuntivo. Los pronombres de complemento directo e indirecto y los reflexivos preceden el mandato negativo.

   Hijos, **no os olvidéis** los libros. — *Children, don't forget your books.*

Los mandatos de nosotros

Para sugerir actividades de grupo, muchas veces la persona que habla se incluye a sí misma en los planes. En inglés se expresan estas sugerencias con la frase *let's + verb: Let's go downtown.* En español se expresan estas ideas en dos formas: **vamos a** + el infinitivo y el mandato de nosotros.

A. **Vamos a** + el infinitivo

—**Vamos a ir** a Monserrate. — *Let's go to Monserrate.*
—Buena idea. Y allí **vamos a hacer** un picnic. — *Good idea. And let's have a picnic there.*

¡OJO! A veces se omite la forma **vamos** de esta estructura: (Vamos) A comer = *Let's eat.*

Hijos, ¡a salir! — *Children, let's leave!*

B. El mandato de **nosotros**

-AR	-ER	-IR
caminar	**correr**	**subir**
caminemos	corramos	subamos

1. Para formar el mandato de **nosotros** se emplea la primera persona plural del presente del subjuntivo.

2. Los mandatos de nosotros muestran los mismos cambios de ortografía como los mandatos formales.

Verbos en		
-car:	c → qu	buscar → bus**qu**emos
-gar:	g → gu	llegar → lle**gu**emos
-zar:	z → c	cruzar → cru**c**emos
-ger:	g → j	escoger → esco**j**amos
-gir:	g → j	dirigir → diri**j**amos

3. Los siguientes verbos tienen la misma raíz irregular como los mandatos formales: dar → demos; estar → estemos; saber → sepamos; ser → seamos.

4. El verbo **ir** es irregular en el afirmativo: **vamos** y en el negativo: **no vayamos.**

Vamos a Monserrate.	*Let's go to Monserrate.*
No vayamos por la noche.	*Let's not go at night.*

5. Los pronombres de complemento directo e indirecto y los reflexivos siguen al mandato afirmativo y van unidos a él. Preceden el mandato negativo.

—¿Vamos a comer en Monserrate?	*Are we going to eat in Monserrate?*
—Claro. Hagamos unos sándwiches y comámoslos allí en un sitio lindo.	*Of course. Let's make some sandwiches and (let's) eat them there in a nice spot.*

¡OJO! Se elimina la **-s** final del mandato de nosotros antes de agregar los pronombres **se** o **nos**.

—¿Cuándo vamos a escribirles la carta a los abuelos?	*When are we going to write the letter to our grandparents?*
—Bien, senté mo**nos** y escribámo**sela** ahora mismo.	*Well, let's sit down and write it to them right now.*

Resumen de los mandatos

Forma del mandato	Afirmativo	Negativo
usted	tercera persona singular del presente del subjuntivo	**No** + tercera persona singular del presente del subjuntivo
ustedes	tercera persona plural del presente del subjuntivo	**No** + tercera persona plural del presente del subjuntivo
tú	tercera persona singular del presente del indicativo	**No** + segunda persona singular del presente del subjuntivo
vosotros(as)	Infinitivo cambia **-r** > **-d**	**No** + segunda persona plural del presente del subjuntivo
nosotros(as)	primera persona plural del presente del subjuntivo	**No** + primera persona plural del presente del subjuntivo

Los mandatos indirectos

A. Se usa el mandato indirecto para decirle a otra persona lo que una tercera persona o grupo de personas deben hacer:

Maritza, que Julio haga las reservaciones	*Maritza, have Julio make the reservations.*

En español se usa la tercera persona singular y plural del presente del subjuntivo para los mandatos indirectos.

Que lo **haga** Irina.	*Let Irina do it.*
Que los **busquen** Marta y Emilio.	*Have Marta and Emilio look for them.*

El orden de las palabras es muy distinto que el de la estructura inglesa; generalmente el sujeto sigue al verbo.

QUE (+ NO)	+	PRONOMBRE REFLEXIVO O DE COMPLEMENTO DIRECTO	+	VERBO EN EL PRESENTE DEL SUBJUNTIVO	+	SUJETO
Que		lo		haga		Irina.

B. Se puede usar el mandato indirecto para expresar buenos augurios directamente a una persona o a un grupo de personas.

¡**Que** te **mejores** pronto!	*Get well soon!*
¡**Que** se **diviertan**!	*Have a good time!*

C. La palabra **que** en el mandato indirecto significa *let, may, have, I hope, I wish.*

¡**Que tengas** un feliz cumpleaños!	*I hope you have a happy birthday!*

Los mandatos impersonales

Para dar instrucciones frecuentemente se usan mandatos impersonales.

A. Se puede formar estos mandatos con la tercera persona singular y plural del presente del subjuntivo y el pronombre **se**.

Tradúzcase al inglés el párrafo que sigue.	*Translate the following paragraph into English.*
Complétense las siguientes oraciones.	*Complete the following sentences.*

B. También se puede usar el infinitivo como mandato impersonal. Se usa el infinitivo afirmativo en recetas, instrucciones de montaje y el menú de los programas de computadora.

Agregar una cuchara de sal.	*Add a tablespoon of salt.*
Borrar	*Delete*

Se usa el infinitivo negativo en letreros que prohiben acciones.

No entrar	*Do not enter*
No estacionar	*No parking*
No fumar	*No smoking*

Práctica de estructuras

A. **Consejos a un(a) hijo(a).** Su hijo(a) sale para la universidad por primera vez. Utilizando mandatos familiares singulares, dígale lo que debe hacer y no debe hacer para tener éxito en su carrera universitaria.

B. **Un(a) agente de viajes.** Ud. trabaja en una agencia de viajes y un(a) cliente viaja por avión por primera vez. Utilizando mandatos formales singulares, explíquele a su cliente lo que necesita hacer, empezando con la compra del billete, y termine deseándole buenos augurios. Su cliente va a escuchar y va a repetir las instrucciones. Corrija a su cliente si es necesario.

C. **Consejero(a) de orientación.** Ud. trabaja de consejero(a) de orientación en su universidad. Dos compañeros(as) de clase son nuevos(as) estudiantes de primer año. Sus compañeros(as) le preguntan cómo llegar de esta clase a otros sitios en la universidad como la biblioteca, el centro estudiantil y el edificio de administración. Utilizando mandatos formales plurales, déles las direcciones que piden.

D. **En su ciudad favorita.** Ud. y un(a) amigo(a) visitan su ciudad favorita por tres días. Tienen que decidir lo que van a hacer cada día y noche. Utilizando los mandatos de nosotros, Ud. le sugiere varias actividades. Al principio su amigo(a) es un poco negativo(a) y no quiere participar en las actividades sugeridas. Pero al final Uds. llegan a un acuerdo.

A escribir

A. **Un(a) estudiante de intercambio.** Manuel(a) Guzmán, un(a) estudiante de intercambio, va a estudiar en su universidad el semestre que viene. Escríbale una carta describiendo la universidad y la ciudad / el pueblo donde se encuentra. Incluya instrucciones para ir a los edificios importantes desde la residencia estudiantil / su casa / el apartamento donde va a vivir.

B. **La Oficina de Turismo.** Ud. trabaja como agente en la Oficina de Turismo de su estado. Prepare un folleto describiendo la ciudad más grande, la capital o un lugar de interés turístico en su estado. Incluya instrucciones para ir al lugar / a la ciudad.

Capítulo 5

Los consejos, las opiniones y la duda

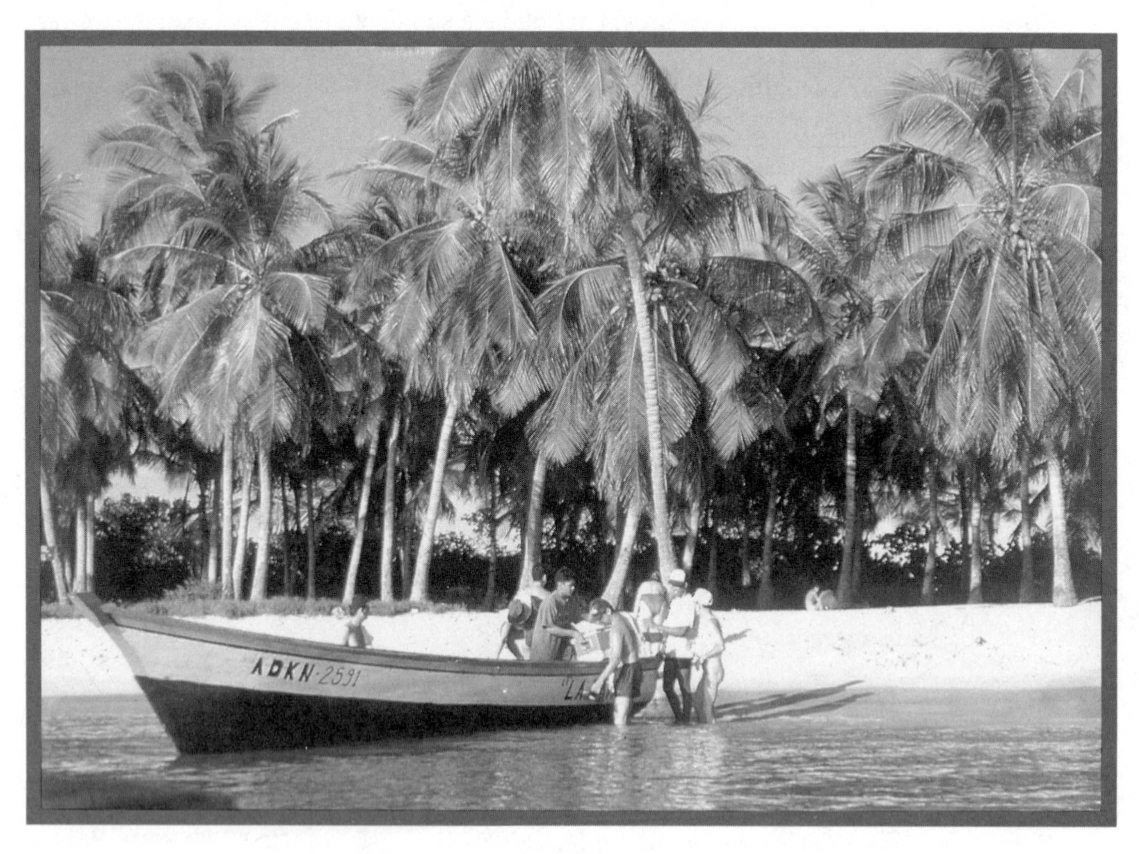

Morrocoy, un parque nacional venezolano

Asimilación cultural — *Venezuela*

Situación geográfica

Venezuela se encuentra en la parte norte de la América del Sur. Limita por el norte con el mar Caribe, por el sur con el Brasil, por el este con Guyana y por el oeste con Colombia.

Ciudades importantes

Entre las ciudades importantes cabe mencionar las siguientes.

- Caracas, la capital, es una ciudad moderna y excitante situada en la parte norte de Venezuela. Algunos lugares de interés en Caracas son el Centro Cultural Teresa Carreño, la Plaza Simón Bolívar, la Quinta Anauco, la Colonia Tovar (a 35 millas al oeste de Caracas).
- Barquisimeto, Maracaibo, Mérida, Canaima.

Moneda

El bolívar.

Comidas típicas

Algunas comidas típicas venezolanas son sancocho (sopa de vegetales con carne, pollo o pescado); pabellón criollo (carne deshilachada, frijoles negros, arroz y plátano frito); arepas (pan casero hecho de harina de maíz); hallacas (tamales de maíz rellenos con pollo, cochino y aceitunas que son hervidos envueltos en una hoja de plátano).

Bebidas típicas

Algunas bebidas típicas de Venezuela son cerveza; chicha de arroz (bebida dulce hecha de leche, harina de arroz, azúcar y vainilla).

Personalidades famosas

Simón Bolívar, el Libertador de cinco países americanos: Panamá, Venezuela, Colombia, Perú, Bolivia; Rómulo Gallegos, famoso político y escritor, autor de *Doña Bárbara;* Jesús Rafael Soto, famoso escultor que pertenece a la escuela de arte geométrico y kinético.

Práctica y conversación

Usando la información presentada, haga el siguiente ejercicio.

1. ¿Dónde se encuentra Venezuela?
2. ¿Cuáles son algunas ciudades importantes?
3. Nombre dos ciudades en Venezuela que le interesaría visitar y diga por qué.
4. ¿Dónde está situada Caracas?
5. ¿Qué tipo de ciudad es Caracas?
6. ¿Qué clase de actividades cree Ud. que puede hacer en Caracas?
7. ¿Qué lugares en Caracas le gustaría visitar? ¿Por qué?
8. Si fuera a un restaurante venezolano, ¿qué pediría para comer? ¿y para beber?
9. Nombre dos personalidades venezolanas y diga por qué son famosas.
10. ¿Sabe Ud. por qué Venezuela es un país rico?

Información lingüística

El dialecto venezolano

El dialecto venezolano varía de región a región por lo cual no se puede hablar de un dialecto venezolano uniforme. Sin embargo, se puede señalar que en gran parte del país, hay aspiración o pérdida del sonido /**s**/ en posición final de sílaba. Así, por ejemplo, el nombre de la ciudad Caracas se pronuncia **Caracah.** Además, en el habla popular de la zona oriental del país se observa confusión entre la /**r**/ y la /**l**/. Ejemplos: **maltes** vs. *martes,* **der** vs. *del.*

También se puede mencionar que en la zona occidental de Venezuela (Maracaibo) se puede oír un voseo muy similar al voseo centroamericano que se manifiesta en las terminaciones **-ás, -és, -ís** para la conjugación de los verbos en **-ar, -er, -ir** respectivamente (vos cantás, vos comés, vos reís).

En el aspecto sintáctico cabe mencionar la preferencia por la inversión en expresiones como **más nada** vs. *nada más,* **más nunca** vs. *nunca más.*

Regionalismos

amanecer con la cara amarrada	*to wake up in a bad mood*
comer chucherías	*to eat snacks*
Deja la rochela / guachafita.	*Stop fooling around.*
Déjate de la mamadera de gallo.	*Stop the rattle.*
el coroto	*object, thing*
estar en la carraplana	*to be broke*

estar íngrimo(a) y solo(a)	*to be completely alone*
la cuelga	*birthday present*
manguarear	*to spend time without doing anything and talking a lot*
¡No seas gafo(a)!	*Don't be a fool!*
¡Ojo pelado!	*Be careful! / Pay attention!*

Práctica y conversación

Usando la información presentada, haga el siguiente ejercicio.

1. Mencione e ilustre una característica fonética del dialecto venezolano y diga con qué otro dialecto que Ud. ya ha estudiado presenta similitudes.
2. Mencione e ilustre cómo es el voseo venezolano. Diga qué similitudes encuentra con otro dialecto que Ud. ya ha estudiado.
3. Mencione e ilustre una característica sintáctica del dialecto venezolano.
4. ¿Cómo se le dice en Venezuela a alguien que hace muchas bromas y no toma nada en serio?
5. ¿Qué es lo que Ud. le compra a su hermanito(a) el día de su cumpleaños?
6. ¿Qué le diría Ud. a su compañero(a) si habla mucho por teléfono, ve mucha televisión, va a fiestas y se emborracha y nunca estudia?
7. ¿Cómo se le dice a una persona que está sola en casa y no tiene compañía de ninguna clase?
8. ¿Qué le diría Ud. a su hermano si amanece de mal humor y no habla con nadie?
9. ¿Qué le dicen sus padres cuando Ud. come muchas golosinas?
10. ¿Qué dice Ud. si no tiene ni un solo centavo?

Primera situación

Así se dice *Cómo se da consejos y sugerencias*

Cómo se da consejos y sugerencias

Creo que lo mejor sería que (+ subjuntivo)	*I think the best thing would be to . . .*
En su / tu lugar, yo creo que (+ condicional)	*If I were in your place, I think I would . . .*
Haga / Haz lo que le / te digo.	*Do what I tell you.*
¿Ha(s) pensado en...?	*Have you thought about . . . ?*
(No) debe(s) / debería(s) cargar con las consecuencias.	*You should (not) assume the consequences.*

(No) tiene(s) que...	*You (don't) have to . . .*
No pierda(s) el tiempo.	*Don't waste your time.*
¿Por qué no averigua(s)?	*Why don't you find out?*
Si no hace(s) esto, va(s) a tener que...	*If you don't do this, you'll have to . . .*

Dichos y refranes

Camarón que se duerme, se lo lleva la corriente.	*Don't leave for tomorrow what you can do today.*
Dime con quién andas, y te diré quién eres.	*Birds of a feather flock together.*
Juégatelo todo por el todo.	*Bet it all.*
Más vale pájaro en mano que ciento volando.	*A bird in the hand is worth two in the bush.*
Me parece que no tiene ni pies ni cabeza.	*It seems absurd to me. / It has no rhyme or reason.*
Ojos que no ven, corazón que no siente.	*Out of sight, out of mind.*
Tiene(s) que vivir con la época.	*You have to keep up with the times.*

Práctica y conversación

¡OJO! La revisión de los puntos gramaticales y ejercicios presentados al final de este capítulo le puede ser útil para hacer los siguientes ejercicios.

A. **Busque las correspondencias.** Trabajo individual.
¿Qué frases o expresiones de la columna B corresponden a las situaciones descritas en la columna A?

A	B
1. Alguien le dice que su novio(a) salió con otro(a) muchacho(a) anoche. Ud. no le demuestra estar celoso(a).	a. ¿Por qué no averiguas?
2. Su hermano(a) anda con muy malas amistades.	b. No pierdas el tiempo.
3. Ud. tiene mucha experiencia en su trabajo y ofrece consejos a un amigo(a).	c. Ojos que no ven, corazón que no siente.
4. Su compañero(a) de cuarto va a salirse de la universidad.	d. Dime con quién andas y te diré quién eres.
	e. En tu lugar, yo no lo haría.
	f. Tienen que vivir con la época.
	g. Haz lo que te digo.
	h. Juégatelo todo por el todo.
	i. Me parece que no tiene pies ni cabeza.

f

5. Sus padres quieren que Ud. llegue a casa a medianoche.
6. Su amigo(a) quiere saber qué universidad ofrece el programa que le interesa.

a

B. **¿Cómo diría Ud.?** Trabajo individual.
¿Cuál de las expresiones o refranes mencionados usaría Ud. en las siguientes situaciones?

1. Su amigo(a) está comiendo chucherías y Ud. sabe que le hacen mal.

   Ud. dice: que no comas

2. Su amigo(a) no sabe si tomar un nuevo trabajo o regresar al mismo que tuvo el año pasado.

   Ud. dice: Creo que lo mejor sería que regreses al mismo trabajo

3. Ud. piensa que su amigo(a) es muy anticuado(a).

   Ud. dice: Tienes que vivir con la época

4. Ud. piensa que su compañero(a) pasa demasiado tiempo hablando por teléfono y no estudia lo suficiente.

   Ud. dice: No pierdas al tiempo

5. Su amigo(a) no sabe si le van a ofrecer el trabajo al que postuló o no.

   Ud. dice: ¿Porque no averigua

6. Su amigo(a) anda con muy malas compañías.

   Ud. dice: ~~Debes~~ cargar con las consecuencias
   Dime con quién andas

C. **Hacer ejercicios es importante.** Trabajo en grupos de tres.
Situación: Ud. y sus compañeros(as) de cuarto están discutiendo sus planes para empezar a hacer dieta y ejercicios. Uno(a) de ellos(as) no quiere hacerlo. Ud. y su otro(a) compañero(a) tienen que convencerlo(a).

D. **Vivir con la época.** Trabajo en grupos de tres.
Situación: Ud. y sus padres tienen ideas muy diferentes respecto a lo que Ud. debe hacer en la universidad (sus amistades, salidas, estudios, etc.). Ellos le dan algunos consejos y sugerencias. Ud. considera que algunos son acertados pero otros no.

Cómo mantener tu peso ideal

Técnica de comprensión

Muchas veces cuando Ud. escucha una conversación, Ud. saca conclusiones acerca de lo que se dijo o acerca de las personas que participan en la conversación. Por ejemplo si alguien lo(a) invita a ir a comer pizza y Ud. dice que tiene que escribir un informe para mañana, la persona puede concluir que aunque a Ud. le gustaría ir, Ud. no puede hacerlo. De esta manera la persona ha inferido el verdadero significado de lo que Ud. dijo. En este capítulo Ud. va a aprender a hacer inferencias a base de lo que Ud. escucha.

Antes de escuchar

La conversación que Ud. va a escuchar es entre dos amigas en un centro de salud. Antes de escuchar la conversación, haga el siguiente ejercicio.

1. ¿Qué tipos de comida cree Ud. que una persona no debe comer en exceso? ____________________

   ____

2. ¿Qué tipos de bebidas cree Ud. que una persona no debe tomar en exceso? ____________________

   ____

3. Escriba tres cosas que Ud. le recomendaría que comiera a una persona que le pide consejo. ____________________

   ____

   ____

ANTES DE EMPEZAR A HACER GIMNASIA TEN EN CUENTA LAS SIGUIENTES RECOMENDACIONES

Realiza previamente ejercicios de calentamiento (marcha, saltos, estiramiento, etc.).

★★★

Comienza siempre por los ejercicios más suaves.

Respira de forma pausada y consciente. Aspira y espira en relación con los movimientos.

★★★

Relájate entre ejercicios moviendo en sacudidas brazos y piernas.

Ahora, escuche y responda

A. **La idea general.** Escuche la conversación y diga cuál es la idea general.

B. **Inferencias.** Escuche nuevamente la conversación entre Sara y Betsabé. Tome los apuntes que considere necesarios en una hoja de papel y conteste las siguientes preguntas.

1. ¿Qué tipo de relación cree Ud. que existe entre Sara y Betsabé? Justifique su opinión.
2. ¿Qué tipo de vida cree Ud. que tiene Sara? ¿activa o sedentaria? Justifique su respuesta.
3. ¿Qué tipos de comida le gustan a Sara?
4. ¿Cree Ud. que Sara va a seguir todos los consejos de Betsabé?
5. ¿Qué cree Ud. que va a hacer Sara después de hablar con Betsabé?

Para su información

La dignidad: La apariencia física

La dignidad es uno de los valores más importantes de la cultura hispana. La dignidad es un concepto básico que se refiere a la convicción profunda que cada persona tiene valor como ser humano. En el mundo hispano la dignidad tiene dos aspectos: el aspecto interior y el aspecto exterior. Se puede observar el aspecto exterior en la manera hispana de arreglarse y vestirse.

Gente vestida para ir a clase

En los EE.UU. la mayoría de las personas suele llevar ropa informal o deportiva cuando no trabaja. Para muchas personas los jeans y una camiseta son casi el uniforme estadounidense para cualquier ocasión fuera de la oficina.

Para los hispanos la apariencia física es un reflejo de la dignidad personal o el amor propio. Por eso, los hispanos suelen vestirse más elegantemente para las situaciones públicas. Cuando salen de casa, van de compras o a la peluquería, por ejemplo, prestan tanta atención a la ropa como cuando van a una fiesta especial aunque no llevan la misma prenda. Para ir a la oficina los profesionales necesitan vestirse de una manera tradicional y conservadora con colores oscuros. En general, los hispanos tendrían dificultad en aceptar a una abogada o a un profesor que no llevara ropa apropiada. Quienes llevan uniforme en el trabajo algunas veces se visten de traje y corbata para ir y venir de su lugar de trabajo.

La mayoría de los hispanos son muy conscientes de su apariencia física. Antes de salir de casa siempre se arreglan con cuidado y se preocupan mucho por guardar la línea y presentarse con dignidad.

Práctica

Escuche de nuevo el diálogo de esta situación. Busque ejemplos de la preocupación por la apariencia física.

Práctica y conversación

A. **¿Abandonar los estudios?** Trabajo en parejas.
Situación: Su compañero(a) de clase le dice que piensa abandonar sus estudios universitarios porque quiere casarse con su novio(a). El (Ella) está muy enamorado(a) y le describe cómo es su novio(a), las razones por las cuales quiere dejar la universidad, lo que piensa hacer, etc. Ud. le da algunos consejos y trata de convencerle que no abandone sus estudios.

B. **¿Trabajar o viajar?** Trabajo en parejas.
Situación: Su hermano(a) le dice que no quiere trabajar ni estudiar en el verano sino pedir un préstamo y viajar por toda Europa. El (Ella) le cuenta cómo su mejor amigo(a) hizo algo parecido el año pasado. Ud. le aconseja.

C. **¿Vivir sin preocupaciones?** Trabajo en parejas.
Situación: Su vecino(a) le dice que está muy desilusionado(a) con su trabajo y por eso piensa renunciar, vender su casa y su carro e irse a vivir en la selva amazónica. Ud. trata de aconsejarle, pero el (ella) insiste en su decisión.

jungle

D. **¿Comer o no comer?** Trabajo en parejas.
Situación: Su amigo(a) sufre de un desorden alimenticio. Ud. está muy preocupado(a) y habla con él (ella) para aconsejarle. El (Ella) niega la situación.

 Segunda situación

Así se dice *Cómo se expresa duda e incredulidad*

Cómo se expresa duda e incredulidad

¿De veras?	*Really?*
¡Déjese (Déjate) de cuentos!	*Stop telling tales!*
Es imposible / increíble.	*It's impossible / incredible.*
¿Está(s) seguro(a)?	*Are you sure?*
Lo dudo (mucho).	*I doubt it (a lot).*
Me suena mal.	*It doesn't sound right to me.*
No es posible.	*It's not possible.*
¡No le / te puedo creer!	*I can't believe you!*
¡No le / te creo!	*I don't believe you!*
¡No lo creo!	*I don't believe it!*
No puede ser.	*It can't be.*
¡Quién sabe!	*Who knows!*
¡Vete a saber!	*Your guess is as good as mine!*

Dichos y refranes

Caras vemos, corazones no sabemos.	*You can't tell a book by its cover.*
En la boca del mentiroso, lo cierto se hace dudoso.	*In the liar's mouth, the truth is not believed.*
En la duda, abstente.	*When in doubt, don't.*
Hay gato encerrado.	*I smell a rat.*
¿Me está(s) tomando el pelo?	*Are you pulling my leg?*
No doy crédito a mis ojos.	*I can't believe my eyes.*
No sé a qué carta quedarme.	*I'm all at sea.*
Si eso es verdad, yo soy Cleopatra.	*If that's true, I am Cleopatra.*

Práctica y conversación

¡OJO! La revisión de los puntos gramaticales y ejercicios presentados al final de este capítulo le puede ser útil para hacer los siguientes ejercicios.

A. **Busque las correspondencias.** Trabajo individual.
¿Qué frases o expresiones de la columna B corresponden a las situaciones descritas en la columna A?

A	B
1. Ud. no está seguro(a) de cuándo terminará sus estudios.	a. ¿Me estás tomando el pelo? b. ¡Quién sabe! c. ¿De veras?

2. Ud. no cree lo que su amigo le dice.
3. Ud. piensa que su amiga le está bromeando.
4. Su profesora le dice que ha salido reprobado(a).
5. Ud. no confía en sus nuevos vecinos.
6. Su compañera se está portando de una manera muy extraña.

d. No doy crédito a mis ojos.
e. Hay gato encerrado.
f. Si eso es verdad, yo soy Cleopatra.
g. Caras vemos, corazones no sabemos.
h. Me suena mal.
i. ¡Es imposible!

B. **¿Cómo diría Ud.?** Trabajo individual.
¿Cuál de las expresiones o refranes mencionados usaría Ud. en las siguientes situaciones?

1. La línea aérea ha perdido su equipaje pero prometen encontrarlo.

   Ud. dice: ______________________________

2. Su compañero(a) de cuarto, que nunca estudia, dice que se ha sacado una A en todos sus exámenes.

   Ud. dice: ______________________________

3. Ud. recibe una llamada un poco sospechosa diciéndole que ganará un millón de dólares si llama al teléfono 1-900-555-2222.

   Ud. dice: ______________________________

4. Después de un examen, para el cual Ud. estudió mucho, su profesor le llama a su oficina y le dice que Ud. salió muy mal.

   Ud. dice: ______________________________

5. Ud. ve el examen que el profesor le enseña y ve que todo está marcado con rojo y que tiene un 54 como nota.

   Ud. dice: ______________________________

6. Su novio(a) le dice que va a tener que irse fuera de la ciudad este fin de semana a visitar a su abuelita enferma pero Ud. sabe que él (ella) miente.

   Ud. dice: ______________________________

C. **La fiesta de gala.** Trabajo en parejas.
Situación: Ud. está cansado(a) de las bromas de mal gusto de su amigo(a) y quiere vengarse. Ud. le va a decir que mientras él (ella) estaba ausente, una persona misteriosa le llamó para invitarlo(a) a una fiesta de gala y dejó un número de teléfono para que llame. El (Ella) le hará varias preguntas porque no cree lo que Ud. dice.

D. **Un(a) primo(a) envidioso(a).** Trabajo en parejas.
Situación: Un(a) primo(a) le dice que todos sus otros primos y tíos están molestos con Ud. y no quieren hablarle porque, entre muchas otras cosas, Ud. no los saludó por Navidad. Ud. le hará varias preguntas porque no cree lo que él (ella) le dice.

Su equipaje no se perderá, se lo aseguro.

Antes de escuchar

Recuerde y use la técnica de hacer inferencias cuando escuche la siguiente conversación.

La conversación que Ud. va a escuchar es entre un viajero, el Sr. Garriga, y una empleada de una compañía aérea. Antes de escuchar la conversación, conteste las siguientes preguntas.

1. ¿Cuáles son algunos de los problemas más comunes que un viajero puede tener en un aeropuerto? ______________________________

   ____

   ____

2. ¿Con quiénes puede uno hablar cuando tiene un problema en el aeropuerto? ______________________________

   ____

   ____

3. ¿Qué soluciones puede Ud. ofrecer a estos problemas? ______________

   ____

   ____

   ____

4. ¿Ha tenido Ud. alguna vez algún problema en el aeropuerto? Explique. ______________________________

   ____

   ____

   ____

Ahora, escuche y responda

A. **La idea general.** Escuche la conversación y diga cuál es la idea general.

B. **Inferencias.** Escuche nuevamente la conversación entre el Sr. Garriga y la empleada de una línea aérea. Tome los apuntes que considere necesarios en una hoja de papel y haga el siguiente ejercicio.

1. ¿Qué problema tiene el Sr. Garriga?
2. Mencione tres razones que pudieron ocasionar esta situación.
3. ¿Cómo pudo haberse evitado esta situación?
4. ¿Cree Ud. que este problema puede ser fácilmente solucionado por las líneas aéreas?
5. ¿Qué procedimientos tendrían que seguir las líneas aéreas para solucionar este problema?
6. ¿Cómo cree Ud. que esta situación frustrante afectará al Sr. Garriga?
7. ¿Cree Ud. que el Sr. Garriga querrá volver a usar esta línea aérea?

Para su información

La dignidad: El comportamiento y el tratamiento a otros

El aspecto interior de la dignidad tiene que ver con el comportamiento y el tratamiento a otros. Se puede observar bien este aspecto interior en el lenguaje de los hispanos.

Primero hay varias formas para el pronombre *you*. La persona que habla tiene que escoger entre **tú** (o **vos**) y **usted.** Se usa **tú** para la familia, los amigos, las personas de una edad menor y las de una clase social más baja. Se emplea **usted** para personas a quienes se saluda usando un título y su apellido (Sr. Hernández, por ejemplo), las personas de una edad mayor y las de una clase social más alta. Si hay alguna duda en cuanto al uso de **tú** o **usted,** escoja **usted** ya que muestra más respeto a la otra persona.

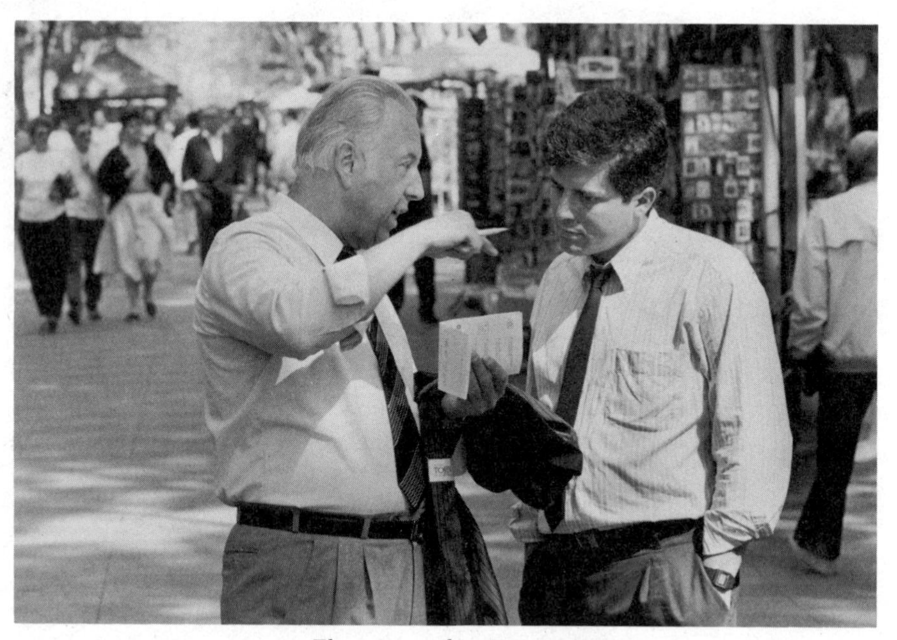

El respeto a los mayores

Otra manifestación del aspecto interior de la dignidad se nota en el uso de títulos. Cuando se saluda a otros con quienes se usa **usted,** siempre se usa un título como **señor(a), señorita, profesor(a), doctor(a)** y muchos otros. Se puede usar el título con o sin el apellido:

—Buenos días, ingeniero Méndez.

—Buenas días, señorita.

Además, en la conversación los hispanos tratan de usar expresiones y frases diplomáticas o indirectas que no ofenden.

En la cultura estadounidense las personas se miran a los ojos en una conversación. Bajar la cabeza y los ojos puede ser un signo de culpabilidad o falta de atención, especialmente cuando se habla con una persona de autoridad. Por otro lado los hispanos suelen bajar los ojos especialmente si una persona de autoridad les regaña o les da consejos. Si una persona mira directamente a los ojos de una persona de autoridad, eso puede ser tomado como falta de cortesía o falta de respeto.

Hay que recordar que dentro de la cultura hispana una de las críticas más severas es: «Es una falta de respeto» (*That is a lack of respect*).

Práctica

Escuche de nuevo el diálogo de esta situación. Busque ejemplos del respeto que las personas se muestran unas a otras. Conteste las siguientes preguntas.

1. ¿Qué forma del pronombre *you* usa la empleada con el viajero y con el otro empleado?
2. ¿Qué usa el viajero con la empleada?
3. ¿Qué títulos usan todos?
4. En esta situación, ¿qué hace el viajero para mantener su propia dignidad y la de la empleada?

Práctica y conversación

A. **En el aeropuerto.** Trabajo en grupos de tres.
Situación: Ud. y su compañero(a) están en el aeropuerto ya que se van de vacaciones. El (La) empleado(a) de la línea aérea les dice que no tienen reservaciones. Hable con su compañero(a) —quien estaba encargado(a) de hacer las reservaciones— y con el (la) empleado(a) y trate de solucionar el problema.

B. **Con el (la) jefe.** Trabajo en parejas.
Situación: Su jefe le dice que está despedido(a) debido a la situación económica del país y de la compañía. Hable con su jefe y dígale todos los compromisos que Ud. ha hecho en los últimos meses (acaba de casarse, de comprar una casa nueva, etc.). Recuérdele también todo lo que Ud. ha hecho por la compañía.

C. **En el consultorio del (de la) doctor(a).** Trabajo en parejas.
Situación: Ud. se siente muy mal y va a ver a su doctor(a) pero el (la) recepcionista le dice que no lo(a) pueden atender [su seguro ha expirado, el (la) doctor(a) está muy ocupado(a), etc.]. Descríbale su situación al (a la) recepcionista e insista en que le atiendan. Asegúrese de demostrar su incredulidad ante esta situación.

D. **Con el (la) policía.** Trabajo en parejas.
Situación: Ud. está manejando tranquilamente por un barrio residencial pero un(a) policía lo(a) detiene y le dice que está manejando un carro robado. Después de hablar con el (la) policía Ud. recuerda que últimamente Ud. ha tenido una serie de problemas con su licencia de manejar, título de propiedad, placas, etc. El (La) policía le hace una serie de preguntas y Ud. está muy confundido(a). Trate de explicarle todos los problemas que ha tenido en las últimas semanas.

Estructuras

Cómo se dan consejos y se expresan dudas

El presente del subjuntivo

Se usa el modo indicativo para expresar la realidad pasada, presente o futura. Se usa el subjuntivo para expresar las acciones posibles, deseadas o necesarias. El uso del subjuntivo indica una duda, un sentimiento o un deseo en la mente de la persona que habla.

La formación del presente del subjuntivo

A. Verbos regulares

		-AR **trabajar**	-ER **comer**	-IR **escribir**
Es importante que	yo	trabaje	coma	escriba
	tú	trabajes	comas	escribas
	él / ella / Ud.	trabaje	coma	escriba
	nosotros	trabajemos	comamos	escribamos
	vosotros	trabajéis	comáis	escribáis
	ellos / ellas / Uds.	trabajen	coman	escriban

1. Para formar el presente del subjuntivo de los verbos regulares se elimina la terminación **-o** de la primera persona singular del presente del indicativo y se agrega esta raíz a las terminaciones según las indicaciones.

2. Muchos de los verbos que tienen una forma irregular en la primera persona singular del indicativo forman el subjuntivo de forma similar al indicativo.

conocer:	conozco → **conozc-**	que yo conozca
hacer:	hago → **hag-**	que yo haga
salir:	salgo → **salg-**	que yo salga

B. Verbos que cambian el radical

1. Verbos que terminan en **-ar** o **-er**
Los cambios de radical que ocurren en el presente del indicativo también ocurren en el presente del subjuntivo.

cerrar (ie)	**recordar (ue)**	**perder (ie)**	**volver (ue)**
cierre	recuerde	pierda	vuelva
cierres	recuerdes	pierdas	vuelvas
cierre	recuerde	pierda	vuelva
cerremos	recordemos	perdamos	volvamos
cerréis	recordéis	perdáis	volváis
cierren	recuerden	pierdan	vuelvan

2. Verbos que terminan en **-ir**
Los cambios de radical que ocurren en el presente del indicativo también ocurren en el presente del subjuntivo. Hay un cambio adicional en la primera y segunda persona del plural.

preferir (ie)	**dormir (ue)**	**pedir (i)**
prefiera	duerma	pida
prefieras	duermas	pidas
prefiera	duerma	pida
prefiramos	durmamos	pidamos
prefiráis	durmáis	pidáis
prefieran	duerman	pidan

C. Verbos con cambios ortográficos

1. Verbos que terminan en **-car: c → qu**
buscar: bus**que**, bus**ques**, bus**que**, bus**quemos**, bus**quéis**, bus**quen**
Verbos de este tipo incluyen **acercarse, dedicar, explicar, indicar, pescar, practicar, sacar** y **tocar.**

2. Verbos que terminan en **-gar: g → gu**
   pagar: pag**u**e, pag**u**es, pag**u**e, pag**u**emos, pag**u**éis, pag**u**en
   Verbos de este tipo incluyen **jugar, llegar** y **navegar.**

3. Verbos que terminan en **-zar: z → c**
   comenzar (ie): comien**c**e, comien**c**es, comien**c**e, comen**c**emos, comen**c**éis, comien**c**en
   Verbos de este tipo incluyen **almorzar, avanzar, cruzar, empezar, gozar** y **rezar**.

4. Verbos que terminan en **-ger, -gir: g → j**
   escoger: esco**j**a, esco**j**as, esco**j**a, esco**j**amos, esco**j**áis, esco**j**an
   Verbos de este tipo incluyen: **coger, elegir** y **exigir**.

5. Verbos que terminan en **-guar: gu → gü**
   averiguar: averi**gü**e, averi**gü**es, averi**gü**e, averi**gü**emos, averi**gü**éis, averi**gü**en

D. Verbos irregulares
Hay seis verbos irregulares en el presente del subjuntivo.

dar	**estar**	**haber**	**ir**	**saber**	**ser**
dé	esté	haya	vaya	sepa	sea
des	estés	hayas	vayas	sepas	seas
dé	esté	haya	vaya	sepa	sea
demos	estemos	hayamos	vayamos	sepamos	seamos
deis	estéis	hayáis	vayáis	sepáis	seáis
den	estén	hayan	vayan	sepan	sean

Los usos del subjuntivo

El subjuntivo casi siempre ocurre en cláusulas subordinadas, es decir, una frase con sujeto y verbo que depende de otra cláusula que se llama la cláusula principal.

Todos esperamos que **vengas** aquí a la universidad para usar el gimnasio.	*We all hope that you will come here to the university to use the gym.*
Cláusula principal	Todos esperamos
Cláusula subordinada	que **vengas** aquí a la universidad para usar el gimnasio.

Si la cláusula principal se refiere a hechos objetivos que ya han tenido lugar, que tienen lugar ahora o que tendrán lugar en el futuro, se usa el indicativo en la cláusula subordinada. Si la cláusula principal se refiere a deseos, necesidades, emociones, opiniones, dudas o situaciones hipotéticas, se usa el subjuntivo.

INDICATIVO

Todos **sabemos** que Sara **baja** de peso.	*We all know that Sara is losing weight.*

SUBJUNTIVO

Todos **queremos** que Sara **baje** de peso.	*We all hope that Sara will lose weight.*

A. El subjuntivo en cláusulas nominales

Se usa el subjuntivo con las siguientes expresiones cuando el sujeto de la cláusula principal es distinto del sujeto de la cláusula subordinada.

1. Expresiones de deseo o esperanza: **desear, esperar, ojalá, querer.**

Quiero que **tengas** una dieta balanceada.	*I want you to have a balanced diet.*

2. Expresiones de preferencia, consejo o recomendación: **aconsejar, pedir, preferir, proponer, recomendar, rogar, sugerir, suplicar.**

Te aconsejo que **comas** muchos vegetales y frutas.	*I advise you to eat a lot of vegetables and fruit.*

Se usan muchas de estas expresiones de preferencia, consejo o recomendación con objetos de complemento indirecto. En tales casos el pronombre de complemento indirecto y la terminación del verbo en el subjuntivo se refieren a la misma persona.

3. Expresiones de permiso o prohibición: **aprobar, impedir, oponerse a, permitir, prohibir.**

Prohibo que **tomes** bebidas alcohólicas.	*I forbid you to drink alcoholic beverages.*

4. Expresiones de mandato: **decir, dejar, es necesario, es preciso, exigir, insistir en, mandar, ordenar.**

Te mandamos que **hagas** ejercicios todos los días.	*We order you to exercise every day.*

Se emplea el subjuntivo después de **decir** cuando se manda a alguien que haga algo. Se usa el indicativo después de **decir** cuando se da información.

MANDATO

Sara le **dice** a Betsabé que **vaya** al gimnasio.	*Sara tells Betsabé to go to the gym.*

INFORMACION

Sara le **dice** a Betsabé que va al gimnasio.	*Sara tells Betsabé that she is going to the gym.*

5. Expresiones de duda o negación:

dudar	acaso	es dudoso
negar	quizá(s)	no estar seguro
no creer	tal vez	
no pensar		
¿creer?		
¿pensar?		

No estoy segura que necesites bajar de peso.	*I'm not sure that you need to lose weight.*

¡OJO! En oraciones afirmativas **creer** y **pensar** requieren el uso del indicativo; en oraciones negativas y en preguntas **creer** y **pensar** requieren el uso del subjuntivo.

—¿**Crees que** Sara **coma** demasiados pasteles?	*Do you think that Sara eats too many pastries?*
—Sí. **Creo que puede** comer fruta de postre, pero **no creo que necesite** comer azúcar.	*Yes. I think that she can eat fruit for dessert, but I don't think that she needs to eat sugar.*

Se emplea el subjuntivo después de **acaso, quizá(s)** y **tal vez** cuando el sujeto duda que la situación tenga lugar.

Tal vez Sara **tenga** razón, pero es dudoso.	*Perhaps Sara is right, but it's doubtful.*

6. Expresiones de emoción u opinión:

es bueno	es (in)útil	es preferible
es conveniente	es una lástima	es ridículo
es importante	es malo	es sorprendente
es (im)posible	es mejor	es terrible
alegrarse (de)	estar contento(a) de	sorprender
enfadarse (con)	lamentar	temer
enojarse (de)	sentir	tener miedo de

Me alegro que trabajes aquí.	*I'm happy that you work here.*
Es conveniente que pueda usar el gimnasio por la tarde.	*It's convenient that I can use the gym in the afternoon.*

Resumen

Hay dos requisitos para el uso del subjuntivo en las cláusulas nominales:

1. La presencia de una expresión en la cláusula principal que indica una duda, un sentimiento, un deseo, un mandato o una opinión. Si la expresión en la cláusula principal no indica una duda se usa el indicativo.

   DUDA

Dudo que Sara **vaya** al gimnasio todos los días.	*I doubt that Sara will go to the gym every day.*

   FALTA DE DUDA

No dudo que Sara **está** a dieta.	*I don't doubt that Sara is on a diet.*

2. El sujeto de la cláusula principal es distinto del sujeto de la cláusula subordinada. Si no hay un cambio de sujeto, se usa el infinitivo.

   expresión obligatoria + cambio de sujeto = el subjuntivo

Betsabé **quiere** que Sara **haga** ejercicios.	*Betsabé wants Sara to exercise.*

   expresión obligatoria sin cambio de sujeto = el infinitivo

Betsabé **quiere hacer** ejercicios.	*Betsabé wants to exercise.*

Con ciertos verbos como **aconsejar, mandar, permitir** y **prohibir** que usan el pronombre de complemento indirecto, se puede emplear el infinitivo o el subjuntivo.

Te aconsejo que **comas** mucha fruta.
Te aconsejo comer mucha fruta.
} *I advise you to eat a lot of fruit.*

B. El subjuntivo en cláusulas adjetivales
Se usan las cláusulas adjetivales para describir los sustantivos o pronombres precedentes.

Sara busca a su amiga **que trabaja en la universidad.**
CLAUSULA ADJETIVAL

1. Se emplea el subjuntivo cuando la cláusula subordinada se refiere a una persona o una cosa que no se conoce o que no existe.

Sara busca a una persona **que pueda ayudarla con su dieta.**	*Sara is looking for someone who can help her with her diet.*
No hay nadie en su oficina **que sepa mucho de nutrición**.	*There is no one in her office that knows much about nutrition.*

Se emplea el indicativo cuando la cláusula subordinada se refiere a una persona o una cosa que existe o que se conoce.

Pero hay una especialista en el gimnasio **que puede ayudarla.**	*But there is a specialist at the gym who can help her.*

2. Se usa el subjuntivo con **cualquiera, quienquiera, dondequiera** y **comoquiera** cuando hay una situación incierta.

Cualquier persona que **entre** en el gimnasio tendrá que pagar para usar la piscina.	*Whatever person (Whoever) enters the gymnasium will have to pay to use the pool.*

Se usa el indicativo con **cualquiera, quienquiera, dondequiera** y **comoquiera** cuando la expresión indefinida describe una experiencia real que ha tenido lugar.

Cualquier persona que **entró** en el gimnasio tuvo que pagar para usar la piscina.	*Whatever person (Whoever) entered the gymnasium had to pay to use the pool.*

C. El subjuntivo en cláusulas adverbiales

1. El uso del subjuntivo en la cláusula subordinada es obligatorio después de las siguientes expresiones.

a menos que	*unless*
antes (de) que	*before*
con tal (de) que	*provided that*
en caso (de) que	*in case that*
para que	*so that / in order that*

Sara bajará de peso **con tal que** Betsabé la **ayude**.	*Sara will lose weight provided that Betsabé helps her.*

¡OJO! La acción futura (bajará de peso) depende del resultado de una situación incierta (que Betsabé la ayude).

2. Se usa el subjuntivo cuando una expresión de tiempo o concesión introduce una cláusula subordinada que expresa una acción futura.

así que en cuanto luego que tan pronto como	*as soon as*
cuando	*when*
después (de) que	*after*
hasta que	*until*
mientras	*while*

Sara se sentirá mejor **cuando baje** de peso.	*Sara will feel better when she loses weight.*

Se emplea el indicativo cuando las expresiones de tiempo o concesión introducen una cláusula subordinada que expresa una acción pasada o una acción habitual.

ACCION FUTURA

Sara bajará de peso **cuando empiece** a hacer ejercicios con regularidad.	*Sara will lose weight when she begins to exercise regularly.*

ACCION PASADA

Sara bajó de peso **cuando empezó** a hacer ejercicios con regularidad.	*Sara lost weight when she began to exercise regularly.*

ACCION HABITUAL

Sara baja de peso **cuando hace** ejercicios con regularidad.	*Sara loses weight when she exercises regularly.*

3. Se usa el subjuntivo con las expresiones de propósito que introducen una cláusula subordinada con una acción o situación futura o incierta.

a pesar de que	*in spite of*
aun cuando	*even when*
aunque	*although*
de manera que de modo que	*so that*
Trabaje mucho **de manera que tenga** éxito.	*Work hard so that you will be successful.*

Cuando los adverbios expresan una acción pasada o habitual, se usa el indicativo.

Trabajó mucho **de manera que tuvo** éxito.	*He worked hard so that he was successful.*

Práctica de estructuras

A. **Consejos estudiantiles.** Como Ud. es un(a) estudiante de cursos avanzados en su universidad, Ud. tiene que ayudar a los nuevos estudiantes y darles consejos para empezar el año escolar. Prepare una lista de ocho a diez cosas que Ud. espera o quiere que los estudiantes hagan antes de empezar sus clases.

B. **Su compañero(a) flojo(a).** Un(a) compañero(a) de clase es muy flojo(a) y es probable que vayan a suspenderlo(a) en todos sus cursos este semestre. Ud. le recomienda diez cosas que quiere que haga para tener éxito. Desgraciadamente, su compañero(a) duda que las recomendaciones sean buenas o que vayan a tener buenos resultados.

C. **Un(a) compañero(a) raro(a).** Ud. y un(a) amigo(a) conocen a un(a) estudiante raro(a) que vive con Uds. en el mismo piso de la residencia estudiantil. Esta tercera persona siempre trata de impresionar a los otros hablando de su dinero, sus posesiones, sus viajes, sus actividades y su familia; el único problema es que nadie le cree. Ahora Ud. y su amigo(a) hablan de lo que la persona rara les ha explicado y expresan su incredulidad.

A escribir

A. **De intercambio en Caracas.** Su hijo(a) es un(a) estudiante de intercambio en Caracas por un año entero. Ud. se preocupa por su salud y su bienestar general. Escríbale una carta dándole consejos para tener buena salud, mantenerse en forma, llevarse bien con los otros y aprovechar esta oportunidad.

B. **Especialista de nutrición.** Ud. acaba de empezar a trabajar en la universidad y se espanta de los malos hábitos nutritivos de los estudiantes. Ud. decide escribir un artículo para el periódico estudiantil para mejorar la situación. Primero, exprese su opinión sobre la mala dieta de los estudiantes. Después, exprese lo que Ud. quiere o espera que los estudiantes hagan para tener buena salud y mantenerse en forma.

Capítulo 6

Las contradicciones y los cambios de dirección

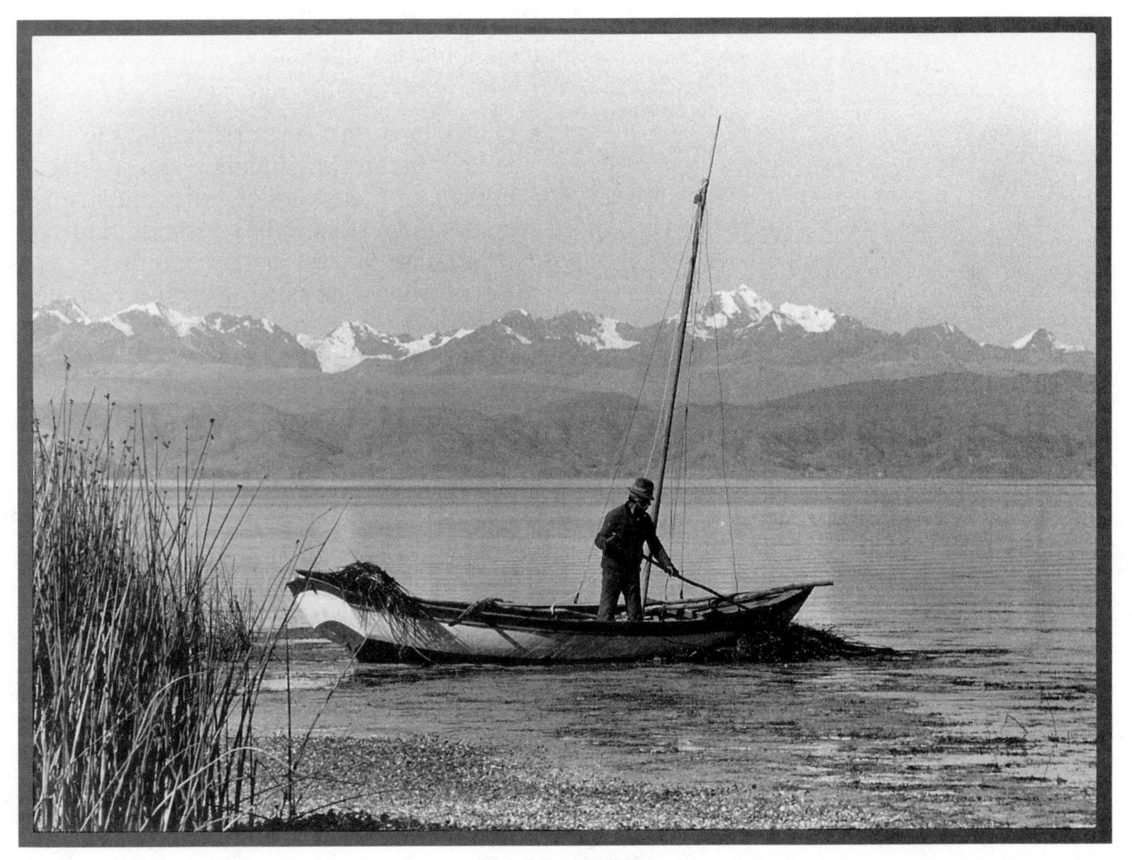

En el Lago Titicaca

Asimilación cultural — *El Ecuador y Bolivia*

Situación geográfica

- El Ecuador se encuentra en la costa occidental de la América del Sur. Limita por el norte con Colombia, por el este y sur con el Perú y por el oeste con el océano Pacífico. La línea del ecuador pasa a pocas millas al norte de la ciudad de Quito.
- Bolivia, uno de los dos países suramericanos sin costa marítima, se encuentra en la parte sur central del continente. Limita por el norte y por el este con el Brasil, por el oeste con el Perú y Chile, y por el sur con la Argentina y Paraguay.

Ciudades importantes

Entre las ciudades importantes cabe mencionar las siguientes.
En el Ecuador:

- Quito, la capital, está situada al pie del volcán Pichincha. Algunos lugares de interés en Quito son el antiguo distrito colonial La Ronda; la Iglesia de San Francisco; la Casa de la Cultura Ecuatoriana que tiene una colección de vestimentas indígenas y una galería de pintura; el Museo de Historia Natural.
- Guayaquil, Cuenca.

En Bolivia:

- La Paz, la capital administrativa del país, es la capital más alta del mundo. Se encuentra a 3.636 metros sobre el nivel del mar al pie del monte Illimani. Algunos lugares de interés en La Paz son la cueva de hielo bajo el glacier Chacaltaya y el Museo Tiahuanaco, museo de arqueología que contiene objetos de la antigua cultura Tiahuanaco y de la selva oriental.
- Chacalta, Tiahuanaco, Sucre, Potosí.

Monedas

El Ecuador: el sucre; Bolivia: el boliviano.

Comidas típicas

Algunas comidas típicas son:

- En el Ecuador, humitas (tamales hechos de maíz dulce); ilapingachos (papas machacadas y fritas con queso); fanesca (sopa de pescado); quimbolito (pudín dulce hecho de harina de maíz); locro (sopa de papa con queso, ají, lechuga y aguacate).
- En Bolivia, saltenas (pastel de guiso de carne); pukapas (pasteles picantes de queso); sajta de pollo (pollo picante con cebolla, papas y chuño [papa deshidratada]); sopa chairo (carne, vegetales, chuño y ají).

Bebidas típicas

Algunas bebidas típicas son:

- En el Ecuador, jugos de naranjilla, taxo y mora. Además, pisco, chicha (licor hecho de maíz fermentado) y puntas (bebida alcohólica hecha de caña de azúcar).
- En Bolivia, api (bebida caliente hecha de maíz con clavos de olor, canela, limón y azúcar) y chicha.

Personalidades famosas

- De el Ecuador: Jorge Icaza, famoso escritor, autor de *Huasipungo,* novela indigenista; Oswaldo Guayasamín, famoso pintor indigenista; Luis Salgado, famoso compositor musical, autor de «Atahualpa».
- De Bolivia: Alcídes Arguedas, autor de la novela *Raza de bronce;* Juan Lechín, político famoso, líder del sindicato de los trabajadores de estaño.

Práctica y conversación

Usando la información presentada, haga el siguiente ejercicio.

1. ¿Dónde está situado el Ecuador? ¿y Bolivia?
2. ¿Cuáles son algunas ciudades importantes del Ecuador? ¿y de Bolivia?
3. ¿Cuál es la moneda nacional de Bolivia? ¿y del Ecuador?
4. ¿Qué objetos de interés se pueden encontrar en la Casa de Cultura Ecuatoriana?
5. ¿Qué objetos de interés se encuentran en el Museo Tiahuanaco?
6. ¿Qué lugares le gustaría visitar en Bolivia? ¿Por qué?
7. Nombre algunas personalidades ecuatorianas y diga por qué son famosas.
8. Si Ud. fuera al Ecuador o a Bolivia, ¿qué pediría para comer y beber?
9. ¿Sabe Ud. de algún otro lugar de Ecuador o Bolivia que no se ha mencionado aquí? Diga algo sobre este lugar.

Información lingüística

El dialecto ecuatoriano

Al igual que el dialecto colombiano, el dialecto ecuatoriano presenta variaciones entre el dialecto de la zona costera y el de la zona andina. Así por ejemplo, en la costa del Ecuador se observa la aspiración o pérdida del sonido /**s**/ (**mesah** en vez de *mesas*), confusión entre /**r**/ y /**l**/ (*calta* por *carta*) y la aspiración de la jota (**lehos** por *lejos;* **muher** por *mujer*). En la zona andina, por el otro lado, el sonido /**s**/ en posición final se pronuncia fuertemente y la jota es suave. Otra diferencia entre estos dos dialectos es en lo que respecta a la rapidez del discurso: es lento en la zona andina y más rápido en el dialecto de la zona costera.

El dialecto boliviano

En Bolivia también se puede observar diferencias en el español hablado en las zonas bajas y el español de la zona andina. Este último tiene gran influencia del quechua, lengua indígena. Para mencionar sólo un par de características del dialecto andino boliviano, destacaremos la diferencia en la pronunciación entre la **y** y la **ll**, y la pronunciación de la /**r**/ como una combinación entre /**r**/ y /**s**/.

En la zona andina del Ecuador y en algunas regiones de Bolivia se usa el voseo. Este se manifiesta en las terminaciones **-áis**, **-ís**, **-ís** para los verbos en **-ar**, **-er**, **-ir** respectivamente (vos **habláis**, vos **comís**, vos **rís**).

Regionalismos

En el Ecuador:

¡Chuta!	*Darn!*
¡Es buena nota!	*What a nice person!*
¡Es caído(a) de la hamaca!	*He / She is slow (to understand)!*
Lleve, lleve.	*It's fine. Don't insist!*
Me dio un cuaje de risa.	*I laughed a lot.*
Te creo ocho veces.	*Yeah, sure, I believe you. (said with sarcasm)*

En Bolivia:

Es tan desconfiado(a) como gallo tuerto.	*He / She distrusts everybody.*
No me jales la lengua.	*Don't force me to tell you what you don't want to hear.*
No tiene sangre en la cara.	*He / She is cruel and evil.*
¡Pies para que te quiero!	*Let's get out of here!*
¿Qué me miras, malacara?	*What are you looking at?*
sacar los trapitos al sol	*to air one's dirty linen*

Práctica y conversación

Usando la información presentada, conteste las siguientes preguntas:

1. ¿En qué se diferencia el dialecto de la costa del dialecto andino del Ecuador?
2. ¿Cómo se pronuncia el sonido /s/ en el dialecto ecuatoriano?
3. ¿Existe el voseo en los dialectos ecuatoriano y boliviano? Dé un ejemplo.
4. ¿Cómo se dice en el Ecuador a una persona que insiste en que uno haga algo?
5. ¿Qué diría Ud. en el Ecuador si una persona que Ud. conoce se está metiendo en problemas?
6. ¿Cómo se le dice en el Ecuador a una persona que es muy lenta para comprender cualquier cosa?
7. ¿Qué se puede decir si alguien revela en una discusión los secretos de una persona amiga?
8. ¿Cuál es una frase boliviana que se puede usar cuando alguien lo mira a uno en una forma impertinente?
9. ¿Cómo se le dice a alguien que no confía en nadie?
10. ¿Qué se dice en el Ecuador cuando alguien le miente a uno?

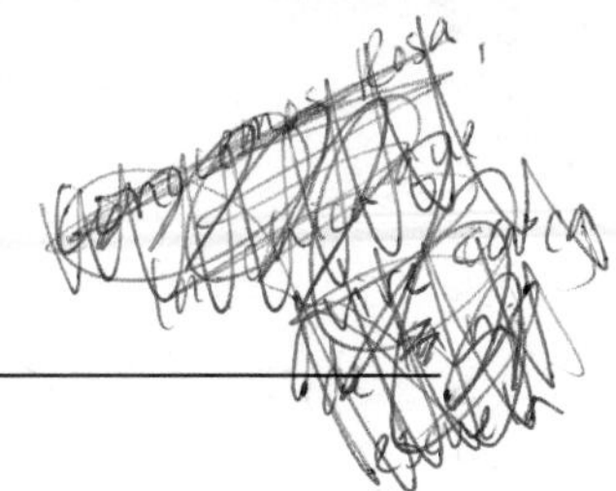

Primera situación

Así se dice *Cómo se niega y se contradice*

Cómo se niega y se contradice

¿Cuántas veces te voy a decir que no?	*How many times am I going to tell you no?*
¡De ninguna manera!	*No way!*
Dice(s) tonterías.	*You are talking nonsense.*
En absoluto.	*Absolutely not.*
Está(s) equivocado(a).	*You're mistaken.*
¡Estás loco(a) si crees que voy a creer / decir / hacer eso!	*You are crazy if you think I'm going to believe / say / do that!*
Eso es imposible.	*That's impossible.*
Eso lo dirías tú, pero yo no.	*You'd probably say that, but not me!*
¡Eso no es verdad!	*That's not true!*
¡Las cosas no son así!	*That's not the way things are!*
¡Ni hablar!	*Out of the question!*
¡No es justo!	*That's not fair!*
No me entra.	*It doesn't sink in.*
¡No, señor!	*No, sir!*
¡Nunca jamás!	*Never ever!*
¡Que no!	*No / Certainly not!*
¡Te digo que no y no!	*I'm telling you no!*
Te equivocas.	*You're wrong.*
¡Yo no fui!	*It wasn't me!*

Dichos y refranes

Eso es harina de otro costal.	*That's a horse of a different color.*
Eso es meterse entre las patas de los caballos.	*That's asking for trouble.*
Eso es perder pólvora en gallinazo.	*That's a big waste of time.*
¡Ni hablar de peluquín!	*Out of the question!*
Te equivocas de cabo a rabo.	*You're wrong from beginning to end.*

Práctica y conversación

¡OJO! La revisión de los puntos gramaticales y ejercicios presentados al final de este capítulo le puede ser útil para hacer los siguientes ejercicios.

A. **Busque las correspondencias.** Trabajo individual.
¿Qué frases o expresiones de la columna B corresponden a las situaciones descritas en la columna A?

A

1. Alguien lo acusa a Ud. de algo injustamente.
2. Un amigo suyo quiere que Ud. haga algo ilegal y Ud. sabe que esto le va a causar problemas.
3. Su amigo(a) le dice que su novio(a) ya no lo(a) quiere.
4. Su amiga insiste en que Ud. le preste dinero. Ud. sabe que ella nunca podrá pagarle.
5. Ud. le dice a su amigo que está mintiendo.
6. Su compañero(a) cambia todos los hechos de una situación y Ud. aclara esta situación.

B

a. De ninguna manera.
b. Eso no es verdad.
c. ¡Te digo que no y no!
d. Las cosas no son así.
e. No me entra.
f. ¡Yo no fui!
g. Eso es meterse entre las patas de los caballos.
h. Eso es harina de otro costal.
i. Estás loco(a) si crees que voy a creer eso.

B. **¿Cómo diría Ud.?** Trabajo individual.
¿Cuál de las expresiones o refranes mencionados usaría Ud. en las siguientes situaciones?

1. Alguien insiste en que Ud. haga algo pero Ud. no quiere.
   Ud. dice: ____
2. Alguien insiste en algo pero Ud. sabe que está equivocado.
   Ud. dice: ____
3. Ud. rehusa hacer algo.
   Ud. dice: ____
4. Ud. niega haber hecho algo.
   Ud. dice: ____
5. Alguien lo(a) acusa de algo pero Ud. es inocente.
   Ud. dice: ____
6. Ud. piensa que su amigo está completamente equivocado.
   Ud. dice: ____

C. **¡Sí eres terco(a)!** Trabajo en parejas.
Situación: Su hermano(a) insiste en que Ud. le preste dinero para hacer una serie de compras que él (ella) considera indispensables. El (Ella) insiste y le da una serie de razones para convencerlo(a) a Ud. pero Ud. se niega y justifica su posición.

D. **¡Las cosas no son así!** Trabajo en grupos de cuatro.
Situación: Un(a) tío(a) suyo(a) le ha dicho a sus padres que lo(a) ha visto a Ud. en un sitio muy peligroso con gente de muy mala reputación. Ud. habla con sus padres y con su tío(a) para aclarar la situación.

José, pero, ¿cómo es posible que quieras algo tan caro?

Técnica de comprensión

Cuando Ud. escucha una conversación o una conferencia, muchas veces Ud. tiene que hacer un resumen o un esquema de lo que escuchó. Para escribir un esquema Ud. tiene que recordar la información que escuchó y categorizarla lógicamente. En este capítulo Ud. va a practicar cómo hacer un resumen de lo que Ud. escuchó.

Antes de escuchar

La conversación que Ud. va a escuchar es entre dos esposos que discuten su presupuesto. Antes de escuchar la conversación, conteste las siguientes preguntas.

1. ¿Por qué discuten las parejas acerca de dinero? ______________

   ____

   ____

2. ¿Quién piensa Ud. que gasta más dinero, el esposo o la esposa?

   ____

3. ¿En qué gastan dinero los esposos? ¿y las esposas? ______________

   ____

   ____

4. Además de dinero, ¿de qué otras cosas discuten generalmente los esposos? ______________________________

   ____

Ahora, escuche y responda

A. **La idea general.** Escuche la conversación y diga cuál es la idea general.

B. **Esquema.** Escuche nuevamente la conversación entre dos esposos. Tome los apuntes que considere necesarios en una hoja de papel y complete el siguiente esquema.

Discusión entre esposos

I. Tema de la discusión

A. Punto de vista del esposo

1. ______________________________

2. ______________________________

3. ______________________________

4. ______________________________

5. ______________________________

B. Punto de vista de la esposa

1. ______

2. ______

3. ______

4. ______

II. Soluciones a la situación

A. ______

B. ______

C. ______

Para su información

El hombre y la mujer en la sociedad hispánica

A través de los siglos en la tradición hispana el modelo para la conducta masculina ha sido don Juan, un macho fuerte, dominante e independiente. El modelo para la conducta femenina ha sido la Virgen María, una mujer débil, pura y sumisa. Estos dos símbolos contrastan en muchas maneras.

Usando el modelo de la Virgen María, la mujer aprende a reprimir sus instintos sexuales y rechazar a los hombres, quienes tienen la libertad de expresión sexual. De esta manera la mujer realiza su cumplimiento como mujer ideal; puede llegar a ser esposa y madre. Como esposa, la mujer cuida a los hijos, hace las compras, prepara las comidas y limpia la casa. También es la mujer quien generalmente se encarga de la educación y formación religiosa de los hijos. La mujer ideal hace todo eso sin quejarse aunque puede expresarse emocionalmente ante las dificultades.

Según este estereotipo el hombre es un ser privilegiado que recibe mucha atención de las mujeres a lo largo de su vida. Desde niño aprende a aguantar los dolores físicos y emocionales sin expresarse o quejarse. En esta tradición hispana el hombre casado es el rey de la casa y protector de la honra de toda la familia. El padre es responsable del bienestar económico de su familia y generalmente su palabra es ley.

Estos papeles tradicionales están cambiando, especialmente entre los jóvenes y los recién casados que viven en los grandes centros urbanos. En cambio, en los lugares rurales o dentro de la clase baja la gente es mucho más conservadora y mantiene muchos de los valores tradicionales.

Los papeles tradicionales del hombre y la mujer

En todo el mundo hispano es normal encontrar a mujeres que trabajan fuera de casa; y muchas veces ocupando puestos de autoridad. Por otro lado, la mujer de la clase alta cuenta con más libertad al tener empleados domésticos que la ayudan con los quehaceres del hogar. Así ella tiene más tiempo libre para desarrollar su vida profesional y dedicarse a actividades intelectuales, artísticas o de caridad.

Práctica

Escuche de nuevo el diálogo de esta situación y busque ejemplos del comportamiento tradicional del hombre y de la mujer.

1. ¿Qué quiere hacer el hombre con el dinero? ¿Por qué?
2. ¿Cómo reacciona la mujer ante la idea de su esposo? ¿Qué quiere hacer ella con el dinero? ¿Por qué?

Práctica y conversación

A. **¡Estás muy equivocado(a)!** Trabajo en parejas.
Situación: Ud. y su compañero(a) de trabajo tienen una discusión porque él (ella) no envió una correspondencia que tenía que enviar

y las consecuencias de esto son muy serias. El (Ella) le relata todas sus actividades de ese día, cómo y cuándo hizo el encargo y niega su responsabilidad en el asunto. No llegan a ningún acuerdo.

B. **En el hospital.** Trabajo en grupos de tres.
Situación: Ud. es jefe de los(as) enfermeros(as) y piensa que dos de sus subalternos(as) no están cumpliendo con su deber (llegan tarde, no atienden a sus pacientes, etc.). Ud. los(as) llama pero ellos (ellas) se contradicen y niegan que eso sea verdad. Ud. tiene que solucionar el problema.

C. **¿Quién usó mi computadora?** Trabajo en grupos de tres.
Situación: Ud. va a usar su computadora y se da cuenta que alguien la ha usado sin pedirle permiso y ha borrado el documento en el cual Ud. había estado trabajando. Ud. ve a dos de sus compañeros(as) de trabajo y les pregunta. Ellos (Ellas) se contradicen, niegan haber tocado su computadora y le relatan todas sus actividades del día anterior. Como Ud. insiste, Ud. logra descubrir a la persona responsable.

D. **¿Dónde está el dinero?** Trabajo en grupos de cuatro.
Situación: Ud. es contador(a) y trabaja para un negocio pequeño. Un día al revisar las cuentas se da cuenta que hay algo que no está claro y que falta dinero. Hable con el (la) dueño(a) del negocio y luego él (ella) habla con dos de sus empleados(as). Todos niegan saber nada y se contradicen el uno al otro. Ud. tiene que solucionar la situación.

Segunda situación

Así se dice *Cómo se cambia la dirección de una conversación*

Cómo se cambia la dirección de una conversación

Antes de que me olvide...	*Before I forget . . .*
Cambiando de tema...	*Changing the subject . . .*
Como decía...	*As I / he / she was saying . . .*
¿De qué estábamos hablando?	*What were we talking about?*
En cambio... / Por otro lado...	*On the other hand . . .*
Escuche(n).	*Listen.*
Hablando de...	*Speaking of / about . . .*
Pasemos a otro punto.	*Let's move on to something else / proceed to another item.*
Perdón, pero yo...	*Excuse me, but I . . .*
Se me ocurrió esta idea.	*I had this idea.*

Tengo otra idea.	*I have another idea.*
Un momento.	*Wait a minute.*
Volviendo a...	*Returning / Going back to . . .*
Ya que estamos en el tema...	*Since we are on the topic . . .*
Yo propongo...	*I propose . . .*
Yo quisiera decir que...	*I would like to say that . . .*

Dichos y refranes

No hay peor sordo que el que no quiere oír.	*There's no one so deaf as he who does not want to hear.*
Otro gallo nos cantará.	*That's a horse of a different color.*
¿Quién te dio vela en este entierro?	*Who asked you to poke your nose in?*
Yo tengo una tía que toca la guitarra.	*So what's that got to do with what we are talking about?*

Práctica y conversación

¡OJO! La revisión de los puntos gramaticales y ejercicios presentados al final de este capítulo le puede ser útil para hacer los siguientes ejercicios.

A. **Busque las correspondencias.** Trabajo individual.
¿Qué frases o expresiones de la columna B corresponden a las situaciones descritas en la columna A?

A	B
1. Ud. tuvo que interrumpir su conversación con unos amigos por unos minutos y luego se reintegra.	a. Pasemos a otro punto.
2. Ud. quiere añadir algo relacionado con el tema en discusión.	b. Por otro lado...
3. Ud. quiere hacer una sugerencia.	c. ¿De qué estábamos hablando?
4. Ud. tiene una sugerencia diferente a la ofrecida anteriormente.	d. Yo propongo...
5. Ud. quiere discutir otros asuntos.	e. Tengo otra idea.
6. Ud. quiere presentar un punto de vista diferente al presentado por su amigo.	f. Cambiando el tema...
	g. Ya que estamos en el tema...
	h. Yo quisiera decir que...
	i. Como decía...

B. **¿Cómo diría Ud.?** Trabajo individual.
¿Cuál de las expresiones o refranes mencionados usaría Ud. en las siguientes situaciones?

1. Alguien dijo algo y Ud. no se acuerda de lo que estaba diciendo.
   Ud. dice: ¿De qué estábamos hablando?
2. Ud. no quiere olvidarse de decir algo.
   Ud. dice: Antes de que me olvide
3. Ud. quiere hablar de un tema completamente distinto.
   Ud. dice: Cambiando de tema
4. A Ud. se le ocurrió algo verdaderamente increíble.
   Ud. dice: ____________________
5. Ud. quiere añadir algo a la conversación.
   Ud. dice: Hablando de
6. Ud. necesita interrumpir una conversación.
   Ud. dice: Perdón, pero yo

C. **Hablando de...** Trabajo en grupos de cinco.
Situación: Ud. y dos de sus compañeros(as) tienen una reunión con dos miembros de la administración de su universidad para hablar del alto costo de la matrícula. Cada uno(a) de Uds. tiene algo que decir a las autoridades. Ellos(as) están unas veces de acuerdo con lo que Uds. dicen, otras veces presentan otro punto de vista.

D. **En una reunión de ejecutivos.** Trabajo en grupos de cinco.
Situación: Todos Uds. son ejecutivos(as) de una empresa muy importante y están discutiendo nuevas formas de hacer propaganda de su producto principal: pañales desechables. Cada uno(a) de Uds. tiene una sugerencia que hacer. Discútanlas y lleguen a un acuerdo sobre la manera de proceder.

La situación económica del país

Antes de escuchar

Recuerde y use la técnica de hacer un resumen en forma de un esquema cuando escuche la siguiente conversación.

La conversación que Ud. va a escuchar es entre un periodista y la Dra. Flores, encargada del Ministerio de Economía de su país. Antes de escuchar, haga el siguiente ejercicio.

1. ¿Qué tipo de relación cree Ud. que hay entre un(a) periodista y un(a) político(a)? Justifique su respuesta.
   a. ¿formal o informal? ______
   b. ¿amigable o respetuosa? ______
   c. ¿de confrontación o de acuerdo? ______
2. ¿Quién cree Ud. que tiene más poder o autoridad, un(a) político(a) o un(a) periodista? ______
   ______
   ______
   ______
3. Escriba los nombres de dos políticos latinoamericanos de los que Ud. ha oído hablar. ______
   ______
4. Haga una lista de las preguntas que Ud. piensa que el periodista le va a hacer a la Dra. Flores. ______
   ______
   ______
   ______
   ______

Ahora, escuche y responda

A. **La idea general.** Escuche la conversación y diga cuál es la idea general.

B. **Esquema.** Escuche nuevamente la conversación entre la Dra. Flores y el periodista. Tome los apuntes que considere necesarios en una hoja de papel y complete el siguiente esquema con la información pertinente.

Asunto en discusión: ______________________________

A. Planes para solucionar el problema

1. ______________________________
2. ______________________________
3. ______________________________
4. ______________________________
5. ______________________________
6. ______________________________
7. ______________________________

B. Consecuencias positivas de estos planes

1. ______________________________
2. ______________________________
3. ______________________________
4. ______________________________

C. Consecuencias negativas de estos planes

1. ______________________________
2. ______________________________
3. ______________________________
4. ______________________________
5. ______________________________

Para su información

La economía en los países de Hispanoamérica

Hispanoamérica comprende los diecinueve países de habla española en la América del Sur, la América Central, las islas del Caribe y México. Esta inmensa región se caracteriza por su diversidad geográfica y sus muchos recursos naturales. Pero esta riqueza natural contrasta con la pobreza general de la mayoría de la población y contribuye a la gran preocupación política de las naciones hispanoamericanas: el desarrollo económico.

Aunque hay mucho interés en la economía, el progreso ha sido muy lento. Uno de los problemas más graves en algunos países es el aumento de la población que crece a un promedio entre dos y tres por ciento al año. Este crecimiento anual significa que es difícil proveer empleo y comestibles para tanta gente. Además hay una migración constante de las regiones rurales hacia las ciudades donde el nivel de desempleo es muy alto.

Actualmente los países hispanoamericanos quieren fomentar la industrialización para crear trabajo y para evitar la necesidad de importar automóviles, maquinaria y otros productos. Pero para establecer más industria necesitan más capital extranjero. Cada vez que piden dinero de los bancos extranjeros la deuda externa crece y eso contribuye a la inflación, otro problema muy grave.

En muchos países la economía depende de un solo producto agrícola—el café, por ejemplo. Para evitar un desastre económico causado por el fracaso de la cosecha del producto principal, estos países

Hombres buscando trabajo

necesitan desarrollar una industria agrícola variada. Muchos creen que la solución para la agricultura es una reforma agraria, la redistribución de la tierra para darles a los pobres una parcela. La reforma agraria a veces crea más problemas porque es difícil quitarle la propiedad a alguien sin violencia.

A pesar de los graves problemas hay algunos indicios de progreso. En 1960 los países hispanoamericanos formaron la Asociación Latinoamericana de Libre Comercio (ALALC), un tipo de unión económica para establecer una posición fuerte en el mercado internacional. Otros países también han creado alianzas entre sí para evitar la competencia con los vecinos y estimular el comercio.

Práctica

Escuche de nuevo el diálogo de esta situación y conteste las siguientes preguntas.

1. ¿Qué problemas económicos menciona la Dra. Flores?
2. ¿Son los problemas mencionados típicos de Hispanoamérica o son únicos en Bolivia?
3. ¿Qué soluciones propone la Dra. Flores?

Práctica y conversación

A. **Hablando de eso...** Trabajo en parejas.
Situación: Ud. es periodista y está entrevistando al (a la) ministro(a) de Economía. Ud. le hace una serie de preguntas sobre los problemas que enfrenta el país y cómo piensa solucionarlos. El (Ella) no quiere contestar sus preguntas y constantemente cambia el tema.

B. **¡No cambie el tema!** Trabajo en parejas.
Situación: Su jefe lo(a) acusa falsamente de haber hecho viajes de tipo personal en la avioneta de la compañía. Ud. sabe que en realidad la persona que ha estado haciendo eso es el yerno de su jefe. Hable con su jefe. El (Ella) niega lo que Ud. dice y constantemente le cambia el tema para defender a su yerno. Insista.

C. **En la oficina.** Trabajo en parejas.
Situación: Ud. habla con su jefe y le pide un aumento de sueldo. Ud. le recuenta todo lo que Ud. ha hecho para la compañía durante el año pasado pero él (ella) trata de evitar el tema. No se dé por vencido(a).

D. **Un viaje a Suramérica.** Trabajo en parejas.
Situación: Uno(a) de sus empleados quiere ir al Ecuador y Bolivia para estudiar la posibilidad de extender el mercado de sus productos en esos países. El (Ella) va a presentarle su plan, la información que ha obtenido, etc. Ud. no está de acuerdo con él (ella) y trata de cambiarle el tema hablándole de sus proyectos.

 Estructuras

Cómo se niega y se contradice

Las expresiones negativas e indefinidas

Se usan las expresiones negativas como **no, nada** o **nadie** para contradecir lo que alguien ha dicho o para negar la existencia de personas, objetos o ideas. A menudo las expresiones negativas hacen contraste con las expresiones indefinidas como **algo, alguien** o **alguno** que se refieren a personas o cosas que no son específicas.

Expresiones indefinidas		Expresiones negativas	
algo	*something, anything*	nada	*nothing*
alguien	*someone, somebody anyone, anybody*	nadie	*no one, nobody, not anyone*
algún alguno(a) algunos(as)	*any, some, someone*	ningún ninguno(a) ningunos(as)	*no, none, no one not any(one)*
siempre	*always*	nunca jamás	*never, (not) ever*
alguna vez	*sometime, ever*		
algunas veces	*sometimes*		
algún día	*someday*		
o	*or*	ni	*nor, not even*
o... o	*either . . . or*	ni... ni	*neither . . . nor*
también	*also, too*	tampoco	*neither, not . . . either*
de algún modo de alguna manera	*somehow, someway*	de ningún modo de ninguna manera	*by no means, in no way*

A. **No** = *no, not*

Para negar o contradecir una oración se coloca **no** delante del verbo. Las únicas palabras que pueden ponerse entre **no** y el verbo son los pronombres reflexivos y los pronombres de complemento directo o indirecto.

No, José. **No** necesitamos un carro nuevo. **¿No te das cuenta** que apenas tenemos dinero? — *No, José. We don't need a new car. Don't you realize we scarcely have any money?*

B. Hay dos posibilidades de colocación de las expresiones negativas.

1. **EXPRESION NEGATIVA + FRASE VERBAL**

José **nunca** ahorra dinero. — *José never saves money.*
Nadie va a comprar un carro. — *No one is going to buy a car.*

2. **NO + FRASE VERBAL + EXPRESION NEGATIVA**

José **no** ahorra dinero **nunca.** — *José never saves money.*
Sonia **no** necesita **nada**. — *Sonia doesn't need anything.*

C. A menudo, cuando se usan las expresiones indefinidas en preguntas las expresiones negativas ocurren en las respuestas.

—¿Quieres algo más? — *Do you want anything else?*
—**Nada** más, gracias. — *Nothing else, thank you.*

D. Las formas de **alguno** concuerdan en género y en número con el sustantivo que modifican. Las formas de **ninguno** también concuerdan con el sustantivo que modifican aunque generalmente se usan sólo las formas singulares.

—¿Tienes **algunas** primas en México?	*Do you have any cousins in Mexico?*
—No, no tengo **ninguna.**	*No, I don't have any.*

1. Se puede usar **ningunos(as)** si se emplea solamente la forma plural de un sustantivo como **las gafas, los pantalones** o **las tijeras.**

—¿Tienes algunos pantalones verdes?	*Do you have any green pants?*
—No, no tengo **ningunos.**	*No, I don't have any.*

2. Se emplean las formas **algún** y **ningún** delante de los sustantivos masculinos singulares.

—Compraré un carro nuevo **algún** día.	*I will buy a new car some day.*
—¡De **ningún** modo!	*No way!*

E. En español no se puede usar **no** como adjetivo:

no car	=	ningún coche
no house	=	ninguna casa

F. Se coloca la **a** personal delante de **alguien** / **nadie** y **alguno** / **ninguno** en posiciones de objeto de complemento directo.

—¿Viste **a alguien** en el café anoche?	*Did you see anyone at the café last night?*
—No, no vi **a nadie.**	*No, I didn't see anyone.*

G. **Siempre, nunca** y **jamás** son invariables. En el lenguaje hablado frecuentemente **jamás** da énfasis a **nunca:**

nunca jamás = *never ever; absolutely never, never again*

H. En español es común emplear múltiples expresiones negativas dentro de una oración.

—¿Quieres ir conmigo a visitar a Julio?	*Do you want to go with me to visit Julio?*
—¡De **ninguna** manera! Es muy aburrido. **Nadie** hace **nada** allá. Y **tampoco** tienen buena comida en casa.	*No way! It's very boring. No one does anything over there. And they don't have any good food in the house either.*

I. Se usa **o... o** para ofrecer dos alternativas, **ni... ni** para negar dos alternativas. Contrario al inglés se emplea un verbo plural cuando dos sujetos unidos por **o... o** y **ni... ni** preceden al verbo.

O Manuel **o** Luis **tienen** que terminar los quehaceres.	*Either Manuel or Luis has to finish the chores.*
Ni Manuel **ni** Luis los **harán**.	*Neither Manuel nor Luis will do them.*

J. Se puede usar **algo / nada** como adverbios para modificar adjetivos.

Este carro es **algo** nuevo.	*This car is somewhat new.*
Aquella casa no es **nada** linda.	*That house isn't at all pretty.*

K. Se emplea **yo también** para expresar su acuerdo con una oración afirmativa. Se emplea **yo tampoco** para expresar su acuerdo con una oración negativa.

—Quiero comprar un coche nuevo.	*I want to buy a new car.*
—Yo también.	*Me too.*
—No quiero gastar mucho dinero.	*I don't want to spend much money.*
—Yo tampoco.	*Me neither.*

L. **Ni siquiera** = *not even*

No me llama nunca **ni siquiera** cuando es mi cumpleaños.	*She never calls me, not even when it's my birthday.*

M. **Ya no** = *no longer*

La Dra. Flores **ya no** está aquí. Acaba de salir.	*Dr. Flores is no longer here. She just left.*

Todavía no = *not yet, still . . . not*

La Dra. Flores **todavía** no ha regresado.	*Dr. Flores still hasn't returned.*

Práctica de estructuras

A. **No tengo ninguno.** Prepare una lista de ocho cosas que Ud. no tiene pero que le gustaría tener. Después, un(a) compañero(a) de clase va a tratar de adivinar cinco de las cosas en su lista y vice versa.

MODELO Compañero(a): ¿Tienes un carro nuevo?
Usted: No, no tengo ningún carro nuevo.
Sí, tengo un carro nuevo.

B. **No lo hago nunca.** Prepare una lista de ocho actividades que Ud. no hace nunca aunque sus amigos y compañeros las hacen a menudo. Después, Ud. tiene que hacerle preguntas a un(a) compañero(a) de clase para adivinar cinco de las cosas en su lista y vice versa.

C. **Un desacuerdo.** Ud. y su compañero(a) de cuarto no están de acuerdo sobre lo que Ud. hace y debe hacer para mantener el apartamento. Su compañero(a) lo(a) acusa de no hacer los quehaceres domésticos, de no contribuir dinero para las comidas y de comer y beber todo lo que hay en el refrigerador. Ud. niega todas las acusaciones y le contradice.

A escribir

A. **El apartamento estudiantil.** Antes de salir de la universidad para las vacaciones de verano, Ud. limpió todo su apartamento y lo dejó más limpio que al principio del año. Ahora Ud. está en la casa de sus padres y acaba de recibir una carta del dueño del apartamento. El dueño lo(a) acusa de no limpiar nada, de romper ventanas, de no sacar la basura y de destruir algunos muebles y la alfombra. Escríbale una carta al dueño en la cual Ud. niega y contradice lo que el dueño le ha escrito.

B. **No me gusta nada.** Es su primera semana en la universidad y Ud. se siente nostálgico(a) y muy negativo(a). Escríbale una carta a un(a) amigo(a) quejándose de todo: de su nuevo(a) compañero(a) de cuarto, de sus clases y profesores, de la comida, etc. Utilice expresiones indefinidas y negativas en su carta.

Capítulo 7

Las promesas, la indiferencia y el sarcasmo

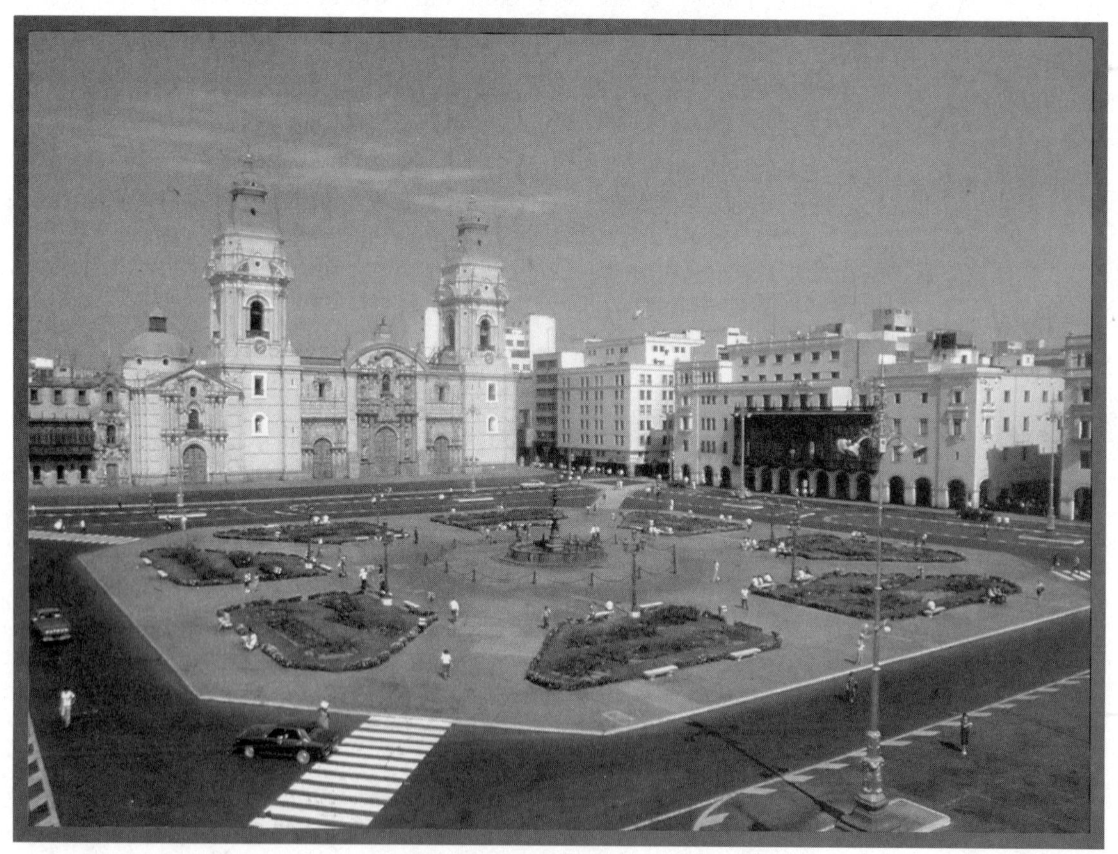

La Plaza de Armas, Lima, Perú

Asimilación cultural — *El Perú*

Situación geográfica

El Perú está situado en la parte central y occidental de la América del Sur. Limita al norte con el Ecuador y Colombia, al sur con Chile, al este con el Brasil y Bolivia y por el oeste con el océano Pacífico.

Ciudades importantes

Entre las ciudades importantes cabe mencionar las siguientes.

- Lima, la capital, está situada en la parte central y occidental del Perú. Algunos lugares de interés en Lima son los edificios de arquitectura colonial: Palacio Torre Tagle, la Iglesia la Merced, el Palacio de Gobierno y la Municipalidad de Lima. Además, están las catacumbas de la iglesia de San Francisco, el Museo de Oro y las hermosas playas de la Costa Verde.
- Arequipa, Trujillo, Cuzco.

Moneda

El nuevo sol de oro

Comidas típicas

Algunas comidas típicas peruanas son ceviche (pescado cocinado en limón, cebollas y ají servido en una hoja de lechuga con camote y maíz); ají de gallina (gallina desmenuzada cocinada con una salsa cremosa y picante); papas a la huancaína (papas sancochadas con salsa de queso fresco, maní y ají); arroz con pato (guiso de pato hecho con una salsa a base de culantro y cerveza).

Bebidas típicas

Algunas bebidas típicas en el Peru son chicha morada (bebida no alcohólica hecha de maíz morado), pisco (bebida alcohólica), Inka Cola (bebida gaseosa típica del Perú).

Personalidades famosas

Ciro Alegría, famoso escritor y autor de *El mundo es ancho y ajeno;* Mario Vargas Llosa, autor de *La ciudad y los perros, La casa verde;* Javier Pérez de Cuéllar, ex secretario general de las Naciones Unidas.

Práctica y conversación

Usando la información presentada, haga el siguiente ejercicio.

1. ¿Con qué países limita el Perú?
2. ¿Cuáles son algunas ciudades importantes?
3. ¿Dónde se puede ir en Lima si se quiere ir a la playa?
4. ¿Qué ejemplos de arquitectura colonial se pueden ver en Lima?
5. ¿Qué famoso museo se encuentra en Lima?
6. ¿Cuáles son algunas comidas y bebidas típicas del Perú?
7. Nombre algunas personalidades peruanas.
8. ¿Conoce alguna otra personalidad que no ha sido nombrada?
9. ¿Ha leído Ud. alguna obra de algún escritor peruano? ¿Cuál? ¿Quién es el autor?
10. ¿Sabe Ud. algo más acerca del Perú que no ha sido mencionado aquí?

Información lingüística

El dialecto peruano

En el dialecto peruano se puede distinguir entre el dialecto hablado en la zona andina y el hablado en la zona de la costa.

En la costa del Perú se observa la aspiración del sonido /**s**/, la eliminación del sonido /**d**/ en **-ado** (**cuidao** en vez de *cuidado*), y la no distinción en la pronunciación de la **ll** y la **y:** ambas se pronuncian como la **y.** En la zona andina, por el contrario, se hace la distinción entre la **y** y la **ll** y la **r** se pronuncia como una combinación entre **r** y **s.**

En Lima y en otras ciudades de la zona central, de la costa y de la sierra del Perú, no existe el voseo. Sin embargo, en ciertas zonas andinas sí existe. Este tiene las mismas características que el voseo de la zona andina del Ecuador, es decir, se manifiesta en las terminaciones **-áis, -ís, -ís** para los verbos en **-ar, -er, -ir** (vos estudi**áis,** vos com**ís,** vos viv**ís**).

Regionalismos

Chambear.	*To work.*
Chancar.	*To study very hard.*
Chancón(a).	*Person who studies a lot.*
Hacerse humo.	*To disappear.*
Jalar.	*To fail an exam.*
¿La paras?	*Do you follow me?*
Meter cuento.	*To lie.*
¡Qué asada!	*How embarrassing!*
¡Qué tal raza!	*How fresh / inconsiderate!*

Práctica y conversación

Usando la información presentada, haga el siguiente ejercicio.

1. ¿En qué se diferencia el dialecto de la costa del dialecto andino del Perú?
2. Mencione una característica del dialecto andino peruano.
3. Mencione e ilustre dos características del dialecto costeño peruano.
4. ¿Cómo se dice en el Perú cuando una persona estudia mucho?
5. ¿Qué diría Ud. en el Perú si una persona que Ud. conoce no trabaja?
6. ¿Cómo se dice en el Perú si Ud. quiere saber si alguien le entiende lo que Ud. dice?
7. ¿Qué diría Ud. si Luisito desaparece después de romper un plato?
8. ¿Qué diría Ud. si se le rasgara el pantalón caminando por la calle?
9. ¿Qué diría Ud. si está haciendo cola para comprar unas entradas en el cine y alguien va directamente al frente? ¡Qué tal raza!
10. ¿Qué dice Ud. cuando alguien le miente?

 Primera situación

Así se dice *Cómo se hace promesas o se acuerda algo*

Cómo se hace promesas o se acuerda algo

A partir de mañana / del lunes.	*Starting tomorrow / Monday.*
Con toda seguridad.	*No question about it.*
Cuente / Cuenta conmigo.	*Count on me.*
Cumplo con mi palabra.	*I keep my word.*
¡De hecho!	*For sure!*
De todas maneras / De todos modos.	*For sure.*
Entonces, estamos de acuerdo / quedamos así.	*Then, we agree.*
Hacemos el compromiso.	*We agree.*
No se / te preocupe(s).	*Don't worry.*
No volverá a pasar.	*It'll never happen again.*
Se / Te lo prometo / aseguro / juro.	*I promise / assure / swear (to) you.*
Seguro.	*For sure!*
Sin falta.	*Without fail.*
Todo será diferente.	*Everything will be different.*
¡Trato hecho!	*It's a deal!*
Voy a hacer todo lo posible / lo que pueda.	*I'll do everything possible / I can.*

Dichos y refranes

Ahora o nunca.	*Now or never.*
Aunque me cueste la vida.	*Even if it kills me.*
Como que dos y dos son cuatro.	*No question about it.*
Cueste lo que cueste.	*No matter what it takes.*
En un santiamén / tris.	*Right now. (In the blink of an eye.)*
Pase lo que pase.	*Come what may.*
Sea lo que sea.	*Whatever it might be.*
Se / Te lo prometo por lo más sagrado.	*I swear on my mother's / father's grave.*

Práctica y conversación

¡OJO! La revisión de los puntos gramaticales y ejercicios presentados al final de este capítulo le puede ser útil para hacer los siguientes ejercicios.

A. **Busque las correspondencias.** Trabajo individual.
¿Qué frase o expresiones de la columna B corresponden a las situaciones descritas en la columna A?

A

f 

1. Su hermanito está muy enfermo y le pide que le compre un juguete muy caro. Ud. no cree que pueda hacerlo.
2. h Ud. promete firmemente cambiar su estilo de vida completamente.
3. c Ud. le asegura a su jefe que puede confiar en Ud. mientras él se va de viaje.
4. Su madre necesita que Ud. le alcance las tijeras inmediatamente.
5. o f Ud. le promete a su hermana comprarle unos zapatos carísimos para su cumpleaños.
6. Sin querer, Ud. hizo algo que ofendió a su compañera de trabajo.

B

a. Entonces hacemos el compromiso. we agree
b. Sea lo que sea. whatever
c. Cuente conmigo. Count on me
d. Te las traigo en un tris.
e. No volverá a pasar.
f. Voy a hacer todo lo que pueda.
g. Todo será diferente.
h. Aunque me cueste la vida. if
i. Cuesten lo que cuesten.

B. **¿Cómo diría Ud.?** Trabajo individual.
¿Cuál de las expresiones o refranes mencionados usaría Ud. en las siguientes situaciones?

1. Ud. quiere asegurar que hará lo que prometió.
   Ud. dice: Sin falta.
2. Ud. llega a un acuerdo con sus amigos.
   Ud. dice: Entonces hacemos el compromiso.
3. Ud. quiere asegurar que nunca volverá a cometer el mismo error.
   Ud. dice: No volverá a pasar.
4. Ud. quiere afirmar que va a hacer algo inmediatamente.
   Ud. dice: Es un santiamén.
5. Ud. está dispuesto(a) a hacer algo a pesar de las consecuencias.
   Ud. dice: ______________________
6. Ud. le asegura a su amigo que está a su disposición.
   Ud. dice: ______________________

A partir de mañana

C. **En la casa.** Trabajo en grupos de tres.
Situación: Sus vecinos se van de viaje por un mes y le piden que se ocupe de su casa. Antes de irse ellos le dan información de algunas cosas que ya han hecho (arreglos con el jardinero, con el servicio de limpieza, la policía; quién va a venir a la casa y para qué, etc.). Sin embargo, quieren que Ud. haga una serie de cosas (pasear al perro, llevarlo al veterinario, cuidar las plantas, etc.) y se las explican muy detalladamente. Ud. les promete hacer lo que le piden, pero ellos no están muy seguros.

D. **Ver es creer.** Trabajo en parejas.
Situación: Ud. ha estado faltando a su trabajo e incumpliendo sus deberes. Su jefe lo(a) llama a su oficina y le habla. Ud. le explica todos los problemas que ha tenido (su tío tuvo un accidente / Ud. estuvo enfermo(a) / hubo una inundación que afectó su casa) y le promete mejorar (recuperará el tiempo perdido trabajando horas extras / tendrá todo organizado en breve). Su jefe muestra escepticismo pero Ud. insiste en sus buenas intenciones.

Vamos a organizar una fiesta sorpresa

Técnica de comprensión

Cuando Ud. escucha una conversación o mensaje, muchas veces Ud. tiene que informarle a otra persona lo que escuchó y puede hacer esto reconstruyendo la historia, quién dijo qué cosa, cuál fue la reacción de las otras personas en la conversación, quién iba a hacer qué, etc. Por ejemplo, Ud. puede decir: «Mirta me dijo que yo tenía que preparar la torta para la fiesta de cumpleaños de José». En este capítulo Ud. va a practicar a reconstruir la historia de lo que ocurrió en una conversación.

Antes de escuchar

La conversación que Ud. va a escuchar es entre dos compañeras de trabajo, Mirta y Nelly, que están planificando una fiesta. Antes de escuchar la conversación, haga el siguiente ejercicio.

1. Cuando se planifica una fiesta, ¿qué cosas se tienen que preparar?
____
____
____

2. ¿Qué tipo de comida y bebida se sirve en una de sus fiestas? ______
____
____

3. Nombre ocasiones para las que Ud. o sus amistades organizan una fiesta. ______________________________
____
____

4. ¿De qué hora a qué hora son las fiestas a las cuales Ud. asiste?
____
____

5. ¿Cómo cree Ud. que una fiesta en el Perú se parecerá o diferenciará de una de sus fiestas? ______________________________
____
____
____

Ahora, escuche y responda

A. **La idea general.** Escuche la conversación y diga cuál es la idea general.

B. **Reconstrucción de la historia.** Escuche nuevamente la conversación entre Mirta y Nelly mientras planifican una fiesta. Tome los apuntes que considere necesarios en una hoja de papel y complete el siguiente resumen.

Mirta y Nelly están organizando una fiesta ________________ para ________________. La fiesta será el ________________. Entre los preparativos que hacen, ellas deciden que ________ ________ a cocinar ________________ como plato principal y ________________ preparará ________________ como postre. Para beber servirán ________________ y también prepararán ________________. La música estará a cargo de ________ y para asegurarse que él no se olvidará de ir a la fiesta y que todo va a salir según lo planeado, ________________. Además de estos platos de comida, Mirta y Nelly deciden pedir a otras personas que lleven ______________________________. Mirta y Nelly dicen que hay que tener cuidado porque no quieren que ________________.

Para su información

La comida en el mundo hispano

Comida típica hispana

Hay mucha diversidad en las comidas típicas de los países hispánicos y lo que se come en el Perú, por ejemplo, es muy distinto de lo que se come en España. Además, no es raro que un peruano o un chileno no comprenda el menú de un restaurante mexicano o vice versa.

La mayoría de los estadounidenses conocen un poco la comida mexicana. Por lo menos, probablemente han probado los tacos u otros platos basados en la tortilla, como las enchiladas, las chimichangas o las flautas, puesto que estos platos son muy populares como comida rápida en los EE.UU. Pero la comida mexicana es muy rica y diversa y consiste en más cosas que los platos basados en la tortilla. Por ejemplo, el mole poblano —pollo en salsa condimentada, o el huachinango a la veracruzana —pescado en salsa de tomate y cebolla, son dos platos de origen regional que son muy representativos de la riqueza de la comida mexicana.

La comida española también es muy diversa. En las costas del país se come mucho marisco y pescado, mientras en el interior del país la ternera y el cordero son más típicos. En todo el país se consume carne de cerdo en forma de salchicha, como el chorizo o el muy popular jamón serrano. Entre los platos típicos españoles más conocidos están la paella valenciana —un guiso de arroz, mariscos, pescado, pollo y verduras condimentado con azafrán— y el gazpacho —una sopa fría de tomates, pepinos, pimientos y ajo.

La comida peruana es muy interesante y variada. Es muy condimentada y picante. Se consume tanto el pescado como la carne. Un menú típico de un restaurante peruano incluiría lo siguiente:

Ají de gallina	*Shredded chicken with hot sauce*
Arroz con pato	*Duck over rice*
Ceviche	*Marinated fish or seafood*
Escabeche	*Fried fish with onions*
Lomo a la chorrillana	*Tenderloin with onions and hot peppers*
Papas a la huancaína	*Potatoes with cheese and hot pepper sauce*

Práctica

Escuche de nuevo el diálogo de esta situación y decida si Mirta y Nelly van a servir típica comida peruana o comida de otro país en su fiesta. ¿Qué van a servir de entrada? ¿y de postre? ¿Qué van a beber?

Práctica y conversación

A. **Hagamos una fiesta.** Trabajo en parejas.
Situación: Ud. y su compañero(a) están haciendo los arreglos para dar una fiesta para sus padres, que vienen este fin de semana. Uds. se dividen el trabajo y prometen cumplir con sus responsabilidades: llamar a los invitados, comprar la comida, limpiar la casa, etc.

B. **¡Vámonos a Arequipa!** Trabajo en parejas.
Situación: Ud. y su compañero(a) han decidido ir a pasar sus vacaciones de primavera en Arequipa, pero tienen que hacer preparativos: conseguir el dinero, hacer las reservaciones, conseguir información acerca de hoteles, lugares para visitar, equipaje que llevar, etc. Se dividen las tareas, pero cada uno(a) insiste en que el (la) otro(a) cumpla con su parte; Uds. se prometen el (la) uno(a) al (a la) otro(a) que lo harán.

C. **Necesito ayuda.** Trabajo en parejas.
Situación: Ud. necesita que alguien le ayude con el cuidado de sus hermanitos menores, que son muy traviesos. Se encuentra con un(a) vecino(a) y le pide ayuda. Discuta tiempo, fechas, responsabilidades, edades de los hermanitos, etc. El (Ella) se compromete a hacerlo.

D. **Te llamaré todos los días.** Trabajo en parejas.
Situación: Su novio(a) ha sido trasladado(a) a una oficina en otra ciudad y Uds. están muy tristes. Los dos se hacen una serie de promesas para mantenerse en contacto: llamarse todos los días, verse los fines de semana, salir juntos de vacaciones, etc.

Segunda situación

Así se dice *Cómo se expresa indiferencia y sarcasmo*

Cómo se expresa indiferencia

¡A mí qué! – *I don't care!*
Como quiera(s) / prefiera(s). – *Whatever you want / prefer.*
Ese no es mi problema. – *That's none of my business.*
Me da igual. – *I don't care.*
Me es indiferente. – *Whatever.*
Ni me va ni me viene. – *I don't care one way or the other.*
No es para tanto. – *It's not that bad.*
No le hace. – *It doesn't matter.*
No le haga(s) caso. – *Don't pay attention to him / her.*
No merece la pena. / No tiene importancia. – *It is not important.*
Páselo / Pásalo por alto. – *Overlook it.*
¡Qué más da! – *What's the difference!*
¡Qué me importa! – *Who cares!*
¡Qué sé yo! – *How should I know?*

Cómo se expresa sarcasmo

Es la última rueda del coche. – *He / She / It is the least important thing.*
Está en la luna. – *He / She / You is / are not paying attention.*
No se / te haga(s). – *Stop pretending.*
No vale un pito / la pena. – *It's not worth it.*
¡Qué nombrecito! – *What a cute little name!*
Se / Te cree(s) mucho, pero vale(s) poco. – *You have a high self-esteem, but you are not worth much.*

Dichos y refranes

Aunque la mona se vista de seda, mona se queda.	*You can't make a silk purse out of a sow's ear.*
De noche todos los gatos son pardos.	*All cats are alike in the dark.*
Eso me huele a cuerno quemado.	*There's something fishy there.*
La carne de burro no es transparente.	*I can't see through you.*
No lo tome(s) a pecho.	*Don't take it so hard.*
No se / te haga(s) mala sangre.	*Don't let it get to you.*
Se hace el (la) de la boca chiquita.	*He / She is fussy.*
Se tragó el anzuelo.	*He / She / You fell for it.*

Práctica y conversación

¡OJO! La revisión de los puntos gramaticales y ejercicios presentados al final de este capítulo le puede ser útil para hacer los siguientes ejercicios.

A. **Busque las correspondencias.** Trabajo individual.
¿Qué frases o expresiones de la columna B usaría Ud. para responder a las situaciones descritas en la columna A?

A

1. El dueño de una tienda lo(a) agarra robando una prenda de vestir. Ud. no cree que es nada serio.
2. Su amigo está amargado porque su novia lo dejó; Ud. le aconseja que no piense en ello.
3. Ud. le habla a su compañera, pero ella no le contesta porque está pensando en otra cosa.
4. Su vecino ganó la lotería y ahora no le habla. Es un engreído.
5. Le dicen que su ex esposo(a) tiene un(a) nuevo(a) compañero(a), pero a Ud. le da igual.
6. La persona delante de Ud. no lo(a) deja ver la película.

B

a. ¡Qué nombrecito!
b. Está en la luna.
c. Se tragó el anzuelo.
d. La carne de burro no es transparente.
e. ¡A mí qué!
f. ¡Qué sé yo!
g. No vale un pito.
h. No te hagas mala sangre.
i. No es para tanto.
j. Se cree mucho pero vale poco.

B. **¿Cómo diría Ud.?** Trabajo individual.
¿Cuál de las expresiones o refranes mencionados usaría Ud. en las siguientes situaciones?

1. Su compañero(a) le está acusando de arruinarle su computadora. Ud. cree que exagera.

   Ud. dice: Es la última rueda del coche.
2. Su hermano menor está muy triste porque uno de sus amigos le insultó.

   Ud dice: No le hagas caso.
3. Ud. le mintió a su jefe y éste le creyó.

   Ud. dice: ______
4. Su compañero(a) de trabajo es muy arrogante y le trata muy mal.

   Ud. dice: ______
5. Le ofrecen usar una Macintosh o una IBM pero Ud. no tiene ninguna preferencia.

   Ud. dice: Me es indifirente
6. Una persona muy fastidiosa le pregunta por algo que Ud. no sabe ni le importa.

   Ud. dice: ¿Qué sé yo?

C. **Pero, ¡no molestes!** Trabajo en parejas.
Situación: Su amigo(a) le dice que Ud. fuma, come, duerme demasiado. Ud. muestra indiferencia ante sus advertencias y no sigue sus consejos.

D. **¡No es para tanto!** Trabajo en parejas.
Situación: Ud. ha ido al cine con sus amigos y está conversando en voz alta y riéndose escandalosamente. La persona que está sentada detrás de Ud. le reclama su comportamiento y lo(a) trata como a un criminal. Ud. no está de acuerdo con él (ella), pues piensa que exagera. → behavior

¿Dónde estaba Ud. el día del crimen?

Antes de escuchar

Recuerde y use la técnica de recontar la historia de lo que occurió cuando escuche la siguiente conversación.

Ud. va a escuchar una parte de un interrogatorio en un juicio. Antes de escuchar el interrogatorio, haga el siguiente ejercicio.

1. Liste tres razones por las cuales una persona puede ser llevada a la corte. ____

____

____

2. Nombre las personas que trabajan en una corte. ____________________

____

____

3. ¿Qué es lo que una persona tiene que hacer antes de sentarse en el banco de los testigos? ____

____

4. ¿Cuáles son algunas penas que una persona puede recibir? __________

____

____

Ahora, escuche y responda

A. **La idea general.** Escuche la conversación y diga cuál es la idea general.

B. **Reconstrucción de la historia.** Escuche nuevamente el interrogatorio del fiscal a los testigos y al acusado. Tome los apuntes que considere necesarios en una hoja de papel y haga el siguiente resumen.

El asunto discutido en la corte es un asunto de tipo ________________. La fiscal llama a declarar a ________ ________ quien es acusado de ________________. El acusado en su defensa dice que estaba en ________________ ________ porque era ________________________. La fiscal presenta como prueba acusatoria ________________ pero el acusado responde que ________________ ________. La fiscal responde que la gorra estaba en ________ ________ y tiene ________________ del acusado, a lo cual él responde que ________________________.

A continuación, la fiscal llama a declarar a ________________ quien dice que mientras ________________________, ella vio ________________ acompañado de ________________ y los dos ________________________.

Posteriormente, la fiscal llama a declarar a ________________ quien dice que ________________________. Beto (el acusado) le había prometido ________________ pero solamente le dio ________________. Torres dice que él nunca ________ ________________ y la razón por la cual se vio envuelto es porque ________________________. Despues de oír estas declaraciones el juez ________________ ________. Todo parece indicar que como resultado de estas declaraciones el juez decidirá que ________________ ________.

Para su información

La honradez

Uno de los estereotipos de los hispanos es la percepción que los hispanos son poco honrados y como consecuencia hay mucho crimen en el mundo hispano. La realidad es que la mayoría de los países hispanos, a pesar de su inmensa pobreza, tienen un índice de crimen menos alto que los EE.UU.

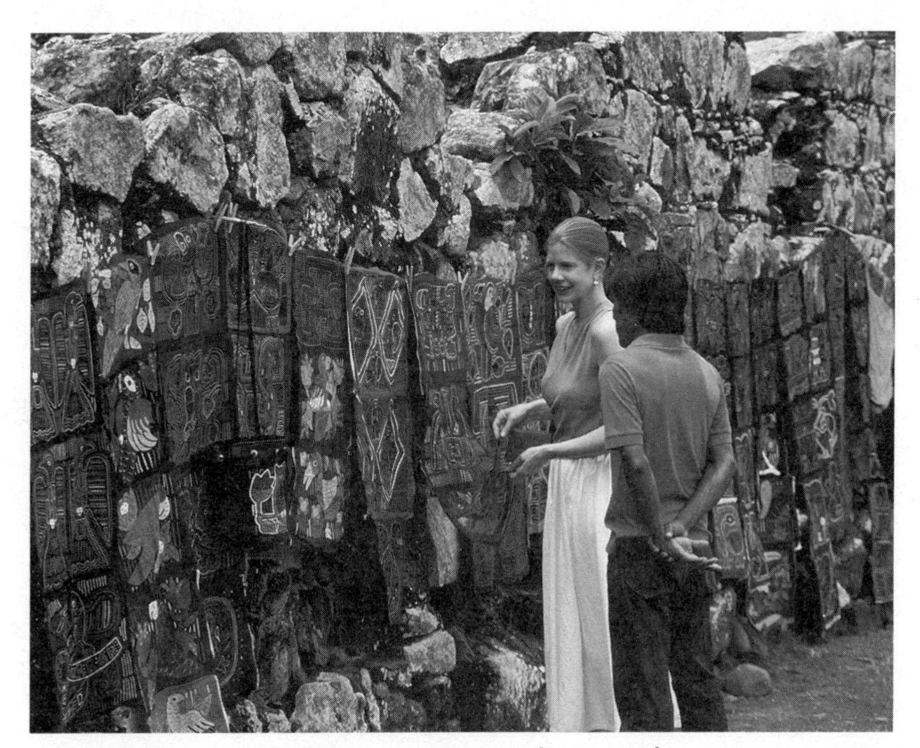

De compras en un mercado artesanal

Se podría pensar que los hispanos son poco honrados si no se comprende su concepción de la honradez. Por ejemplo, en una situación social es importante que la persona que habla diga lo que piensa que la otra persona espera oír, aunque no sea la verdad. Por eso, ante las personas de autoridad, los hispanos no dirían la verdad si pensaran que la otra persona quiere oír algo diferente. También mentirían para proteger la honra de la familia. A veces dirían algo erróneo o falso para no confesar su ignorancia y perder la dignidad. Todo esto es muy distinto de la idea norteamericana de decir la verdad siempre en cualquier situación.

Si un turista le pide direcciones al museo a un hispano, posiblemente la respuesta sea: «El museo está por allá, muy cerca». Al descubrir que en realidad el museo queda muy lejos, el turista piensa que el hispano le ha mentido. Pero, lo cierto es que el hispano pensaba que el turista estaría muy contento de oír que el museo estaba cerca, o simplemente no quería confesar que no sabía dónde se encontraba el museo.

Práctica

Escuche de nuevo el diálogo de esta situación y busque ejemplos del concepto hispano de la honradez. Explique el crimen según este concepto.

Práctica y conversación

A. **A mí qué me importa.** Trabajo de toda la clase.
Situación: Un(a) estudiante hace el papel de abogado(a), otro(a) de juez, otro(a) de fiscal, dos de testigos y uno(a) de acusado(a). Decidan de qué crimen lo(a) van a acusar. Desarrollen un simulacro de juicio, presentando evidencia y llamando a diferentes testigos. El (La) acusado(a) y su abogado(a) expresarán sarcasmo ante las acusaciones y llamarán a sus testigos. El resto de la clase decidirá si el (la) acusado(a) es inocente o culpable.

B. **¡No vales un pito!** Trabajo en parejas.
Situación: Su hermano(a) mayor presume de ser más inteligente que Ud. porque recibió un premio en la escuela por una historia que escribió para el periódico. Además, presume de ser mucho más atractivo(a) que Ud., ser mejor atleta y saber manejar mejor que Ud. Tanta presunción le enoja a Ud., por eso le habla y le dice que en realidad vale poco.

C. **¡Qué más da!** Trabajo en parejas.
Situación: Ud. y su compañero(a) deben comprar los muebles para la casa (cocina, sala, comedor, dormitorio) donde van a vivir el próximo año. El (Ella) le presenta opciones pero a Ud. todo le da igual o las opciones presentadas no le agradan.

D. **¡Qué me importa!** Trabajo en parejas.
Situación: Su hermano(a) siempre lleva la ropa sucia y arrugada, además nunca lleva ropa que combina bien. Ud. insiste en que debe vestirse mejor, que la gente lo(a) critica. A él (ella) no le interesa lo que la gente piensa y dice que el aspecto físico no es importante. Además le expresa sarcasmo por la forma en que Ud. se viste.

Estructuras

Cómo se narra en el futuro

Los tiempos que expresan actividades futuras

En español se puede expresar una actividad, situación o idea futura en tres maneras.

A. El tiempo presente + una frase temporal
Para expresar una acción que tendrá lugar en el futuro inmediato se puede usar el presente del indicativo. El adverbio u otra frase temporal indica cuándo tendrá lugar la acción.

Mañana **compramos** la comida para la fiesta y la **preparamos** el viernes. — *We are buying the food for the party tomorrow and we'll prepare it on Friday.*

B. *Ir a* + infinitivo
Se puede usar el verbo **ir** en el presente del indicativo + **a** + el infinitivo del verbo principal para dar la idea de una acción futura.

Antes que nada tenemos que decidir dónde **vamos a hacer** la fiesta. — *Before anything, we have to decide where we're going to have the party.*

C. El tiempo futuro

El futuro de los verbos regulares		
-AR **organizar**	**-ER** **ofrecer**	**-IR** **asistir**
organizaré	ofreceré	asistiré
organizarás	ofrecerás	asistirás
organizará	ofrecerá	asistirá
organizaremos	ofreceremos	asistiremos
organizaréis	ofreceréis	asistiréis
organizarán	ofrecerán	asistirán

1. Para formar el tiempo futuro de los verbos regulares se agregan las terminaciones **-é, -ás, -á, -emos, -éis, -án** al infinitivo entero.

2. Hay tres categorías de verbos que no usan el infinitivo como la raíz para el tiempo futuro.

El futuro de los verbos irregulares					
Verbos que eliminan la vocal del infinitivo		**Verbos que usan *-d* en lugar de la vocal del infinitivo**		**Raíz irregular**	
haber	habr-	poner	pondr-	decir	dir-
poder	podr-	salir	saldr-	hacer	har-
querer	querr-	tener	tendr-		
saber	sabr-	valer	valdr-		
		venir	vendr-		

3. El futuro de **hay (haber)** es **habrá** = *there will be.*

El sábado **habrá** una fiesta sorpresa para Teresa. — *On Saturday there will be a surprise party for Teresa.*

D. En la conversación o la narración es normal usar una combinación de tiempos para expresar actividades futuras. No se usa tanto el tiempo futuro como la construcción **ir a** + infinitivo o el presente. El uso del tiempo futuro indica más obligación por parte de la persona que habla que el uso de las otras dos construcciones.

—**Vamos a organizarle** una fiesta sorpresa para el cumpleaños de Teresa. ¿Qué te parece? — *We're going to organize a surprise party for Teresa's birthday. What do you think?*

—Buena idea. Esta noche **llamo** a su mamá para obtener el nombre y el teléfono de algunas de sus amigas íntimas. Estoy segura que todos **estarán** de acuerdo con la idea. — *Good idea. This evening I'll call her mother to get the name and phone number of some of her close friends. I'm sure everyone will agree with that idea.*

E. Es importante recordar que la palabra inglesa *will* no indica siempre el uso de un tiempo futuro en español.

1. *will* = el tiempo futuro

Asistiremos a la fiesta de Teresa.
Vamos a asistir a la fiesta de Teresa.
} *We'll (We will) attend Teresa's party.*

2. *will* = el presente del subjuntivo
   Cuando hay una expresión de duda, sugerencia, recomendación, deseo o mandato se usa el presente del subjuntivo en la cláusula subordinada. A veces este subjuntivo se expresa en inglés con *will.*

Es posible que Miguel asista a la fiesta también.	*It's possible that Miguel will attend the party also.*
Esperamos que todos nos ayuden a organizar la fiesta.	*We hope that everyone will help us organize the party.*

3. *will* = un pedido o mandato

¿Quieres ayudarme con la fiesta?	*Will you help me with the party?*
¿Sería tan amable de encargarse de la música para la fiesta?	*Will you please take charge of the music for the party?*

El futuro perfecto

Haber	**+ Participio pasado**	
habré habrás habrá habremos habréis habrán	organizado ofrecido asistido	(Verbo en **-ar**) (Verbo en **-er**) (Verbo en **-ir**)

A. El futuro perfecto es un tiempo compuesto formado del tiempo futuro del verbo auxiliar **haber** + el participio pasado del verbo principal.

B. Se forma el participio pasado de los verbos regulares que terminan en **-ar** agregándose **-ado** a la raíz:

   organizar → organiz- → organizado

C. Se forma el participio pasado de los verbos regulares que terminan en **-er** o **-ir** agregándose **-ido** a la raíz:

   ofrecer → ofrec- → ofrecido
   asistir → asist- → asistido

D. Algunos verbos tienen un participio pasado irregular.

abrir	**abierto**
cubrir	**cubierto**
decir	**dicho**
escribir	**escrito**
hacer	**hecho**
morir	**muerto**
poner	**puesto**
resolver	**resuelto**
romper	**roto**
ver	**visto**
volver	**vuelto**

¡OJO! Los verbos compuestos de los verbos citados arriba muestran las mismas irregularidades en el participio pasado:

envolver → **envuelto**
descubir → **descubierto**

E. Se pone acento en la **i** de la terminación de los verbos en **-er** e **-ir** cuya raíz termina en **-a, -e, -o:**

traer → tra- → traído
leer → le- → leído
oír → o- → oído

F. Se colocan los pronombres reflexivos y los pronombres de complemento directo o indirecto delante del verbo **haber.**

Nelly y Mirta **les** habrán enviado las invitaciones a los amigos de Teresa para el martes.	*Nelly and Mirta will have sent the invitations to Teresa's friends by Tuesday.*

G. Se emplea el futuro perfecto para expresar una acción futura que tendrá lugar antes de otras acciones futuras.

Las amigas de Teresa **habrán ido** al cine antes de la fiesta.	*Teresa's friends will have gone to the movies before the party.*
Habremos preparado toda la comida cuando lleguen los invitados.	*We will have prepared all the food when the guests arrive.*

Práctica de estructuras

A. **Una fiesta sorpresa.** Ud. y cinco de sus compañeros de clase van a organizar una fiesta sorpresa para su profesor(a) y cada persona va a explicar lo que hará para ayudar con los preparativos. La primera persona explicará su tarea. La segunda persona repetirá la respuesta de la primera persona y añadirá una actividad. La tercera persona repetirá lo que ha dicho la segunda persona y añadirá una actividad más.

MODELO Estudiante 1: Compraré los refrescos.
Estudiante 2: Compraré los refrescos y prepararé una torta.
Estudiante 3: Compraré los refrescos, prepararé una torta y escribiré las invitaciones.

B. **Su vida futura.** Explíquele a un(a) compañero(a) de clase lo que Ud. hará dentro de 5, 10 ó 25 años. Su compañero(a) le explicará su vida futura también. Compare las actividades y prepare una lista de las actividades que Ud. y su compañero(a) harán.

C. **Dentro de diez años.** Haga una lista mental de ocho cosas que un(a) compañero(a) de clase habrá hecho dentro de diez años. Después, pregúntele a su compañero(a) si las habrá hecho. Su compañero(a) le dirá si tiene razón o no.

A escribir

A. **Una visita futura al Perú.** Ud. es un(a) guía turístico(a) para una agencia de viajes. El mes próximo Ud. va a acompañar a un grupo al Perú por quince días. Escríbales a todos los miembros del grupo, explicándoles lo que harán durante la excursión. Incluya información sobre la comida, el alojamiento, los medios de transporte, los lugares que visitarán y las otras actividades del viaje.

B. **El año 2050.** Describa cómo será el mundo para el año 2050. Incluya descripciones de las diversiones y los deportes, la vivienda, la comida, el trabajo, las ciudades y la gente.

Capítulo 8

Las preferencias y la persuasión

La Universidad Católica, Santiago de Chile

Asimilación cultural — *Chile*

Situación geográfica

Chile está situado en la parte sur y occidental de la América del Sur entre los Andes y el océano Pacífico. Limita al norte con el Perú, al este con Bolivia y la Argentina, al sur con los mares del sur, al oeste con el océano Pacífico.

Ciudades importantes

Entre las ciudades importantes cabe mencionar las siguientes.

- Santiago, la capital, está situada en la parte central del país, a 600 metros de altura sobre el nivel del mar. Debido a su situación, Santiago tiene fácil acceso tanto a las playas del Pacífico, como a los famosos balnearios de esquí en los Andes. Santiago es la quinta ciudad más grande de la América del Sur. Algunos lugares de interés en Santiago son El Cerro Santa Lucía en cuya cima se encuentra la fortaleza Batería Hidalgo; el Parque O'Higgins que tiene un pequeño lago, canchas de tenis, piscina, teatro al aire libre, parque de diversiones y hasta un hipódromo; el Museo Arqueológico de Santiago que presenta exhibiciones de arqueología, de antropología chilena y de arte precolombino. Cerca de Santiago se encuentran Lagunillas y Farellones, famosos balnearios para practicar el esquí sobre la nieve.
- Valparaíso, Viña del Mar, Iquique.

Moneda

El peso chileno

Comidas típicas

Algunas comidas típicas chilenas son empanadas (pastelitos de carne o pollo con cebolla, pimentón, pasas y aceitunas); cazuela de ave (guiso de pollo con papas, cebollas y pimentón verde, servido con arroz); parillada de mariscos.

Bebidas típicas

Algunas bebidas típicas en Chile son vinos; cerveza; cola de mono (mezcla de aguardiente, café, leche y vainilla); chicha cocida (jugo de uva fermentado y hervido).

Personalidades famosas

Pablo Neruda, ganador del Premio Nobel de Literatura en 1971, autor del *Canto General* y *Odas Elementales,* entre otros; Isabel Allende, famosa escritora, autora de *La casa de los espíritus, Eva Luna.*

Práctica y conversación

Usando la información presentada, haga el siguiente ejercicio.

1. ¿Dónde se encuentra situado Chile? ¿Con qué países limita?
2. ¿Cuáles son algunas ciudades importantes de Chile?
3. ¿Cuál es una de las ventajas que tiene la capital chilena?
4. ¿Cuál es la moneda de Chile?
5. ¿Qué famoso museo se encuentra en Santiago? ¿Qué tipo de exhibiciones tiene?
6. Mencione un parque famoso y las diferentes atracciones que se encuentran en él.
7. Si a Ud. le interesa esquiar, ¿adónde podría ir en Chile?
8. ¿Cuáles son algunas comidas y bebidas típicas de Chile?
9. Nombre un escritor chileno que haya recibido el Premio Nobel de Literatura.
10. ¿Ha leído Ud. la obra de algún escritor chileno? ¿Cuál? ¿Quién es el autor? Haga un pequeño resumen de la obra.

Información lingüística

El dialecto chileno

Por lo general, se puede decir que el dialecto chileno no presenta muchas similitudes con otros dialectos hablados en otras zonas de América del Sur.

Podemos señalar los siguientes rasgos: la aspiración u omisión del sonido /**s**/ al final de una sílaba o en posición intervocálica (por ejemplo, **nojotroh** por *nosotros*); la pronunciación de /**r**/ como si fuera una combinación entre /**r**/ y /**s**/ en posición intervocálica, en palabras como **carro** y **perro.** Quizás una de las características más resaltantes es la inclusión del sonido /**j**/ delante de **e,** cuando ésta sigue una **g** o **j.** Como resultado *gente* suena **giente,** *mujer* suena **mujier.**

También cabe destacar la preferencia por las frases verbales en lugar de los verbos simples. Así, «voy a escribir» en vez de «escribiré» «echar una mirada» en vez de «miraré».

Regionalismos

Déjate de leseras.	*Stop fooling around.*
Está sin chaucha.	*He / She is broke.*
Hablar a calzón quitado.	*To speak frankly.*
Hacer San Lunes.	*To skip work / class on Monday.*
Hizo la cimarra.	*He / She cut classes.*
Me cae penca.	*I dislike him / her / it.*
Me fue como el ajo.	*I flunked the exam.*
No me venga con paliques.	*Don't come to me with lies.*
Se puso como Quique.	*He / She got furious.*
¡Ya sacó la culebra!	*He / She already started talking nonsense.*

Práctica y conversación

Usando la información presentada, haga el siguiente ejercicio.

1. ¿Se asemeja el español hablado en Chile al hablado en otros países de la América del Sur?
2. ¿Cuándo se aspira el sonido /**s**/ en el español chileno? Dé un ejemplo.
3. ¿Cuándo se pronuncia la /**r**/ como una mezcla de **r** y **s**? Dé un ejemplo.
4. ¿Qué uso es más común en Chile, el de los verbos simples o las frases verbales? Dé un ejemplo.
5. ¿Cómo le diría a alguien que le miente mucho?
6. ¿Qué diría Ud. en Chile si su amiga no va a clases?
7. ¿Qué frase usaría Ud. en Chile para expresar que no tiene dinero?
8. ¿Qué se le puede decir a alguien que dice tonterías?
9. Si alguien lo(a) fastidia mucho, ¿qué le puede decir Ud.?
10. Si Ud. quiere que alguien le hable francamente, ¿qué le diría?

 Primera situación

Así se dice *Cómo se expresa preferencias*

Cómo se expresa preferencias

En mi parecer...	*From my point of view . . .*
Es más bonito(a) / elegante éste(a) que aquél(la).	*This is prettier / more elegant than that one.*
Es mejor éste(a) que aquél(la).	*This one is better than that one.*
Es mi favorito(a).	*It's my favorite one.*
Es muy adecuado(a) / apropiado(a) / oportuno(a).	*It's very suitable / appropriate / fitting.*
Este(a) me parece perfecto(a) / magnífico(a) / estupendo(a).	*This one seems perfect / wonderful / fantastic to me.*
Este(a) sería más conveniente.	*This would be more convenient.*
Me encanta(n).	*I love it / them.*
Me gusta más éste(a) que aquél(la).	*I like this one better than that one.*
Me hubiera gustado.	*I would have liked it.*
Me quedo con éste(a) / éstos(as).	*I am keeping this one / these.*
Mejor no podía ser.	*It couldn't be better.*
Prefiero / Preferiría...	*I prefer / would prefer . . .*

Cómo se expresa desagrado

Es horrible / pésimo.	*It's horrible / terrible.*
Es malo.	*It's bad.*
Es peor que...	*It's worse than . . .*
Me desagrada.	*I don't like it.*
Me disgusta mucho.	*I dislike it a lot.*
No conviene.	*It's not convenient.*
No es de mi estilo.	*It's not my style.*
No me gusta.	*I don't like it.*

Dichos y refranes

A caballo regalado no se le mira el diente.	*Don't look a gift horse in the mouth.*
Entre gustos y colores no han escrito los autores.	*One person's meat is another person's poison.*
Está a pedir de boca.	*It's exactly as desired.*
Escoba nueva barre bien.	*A new broom sweeps clean.*
Más reluce el humo en mi tierra que el fuego en la ajena.	*Smoke in my land sparkles more than fire in other people's land.*

Más vale malo conocido que bueno por conocer.	*The devil you know is better than the one you don't.*
No es oro todo lo que reluce.	*All that glitters is not gold.*

Práctica y conversación

¡OJO! La revisión de los puntos gramaticales y ejercicios presentados al final de este capítulo le puede ser útil para hacer los siguientes ejercicios.

A. **Busque las correspondencias.** Trabajo individual.
¿Qué frases o expresiones de la columna B corresponden a las situaciones descritas en la columna A?

A

1. Un trabajo que parecía muy interesante resultó ser muy aburrido y mal pagado.
2. Ud. entra en una tienda y compra el carro de sus sueños.
3. Ud. prefiere no cambiar de trabajo aunque no está contento(a) con el que tiene.
4. A Ud. le regalan un suéter / vestido pero está un poco viejo.
5. Su jefe piensa lanzar una campaña de promoción de algunos artículos, pero a Ud. no le parece oportuno.
6. Ud. quiere seguir estudiando en vez de ir de vacaciones.

B

a. Está a pedir de boca.
b. Me quedo con éste.
c. No es oro todo lo que reluce.
d. Preferiría ir a la universidad.
e. En mi parecer, no es oportuno.
f. Más vale malo conocido que bueno por conocer.
g. Esto sería más conveniente.
h. A caballo regalado no se le mira el diente.
i. Escoba nueva barre bien.

B. **¿Cómo diría Ud.?** Trabajo individual.
¿Cuál de las expresiones o refranes mencionados usaría Ud. en las siguientes situaciones?

1. Ud. le pide a su empleado que llegue más temprano y salga más tarde.

   Ud. dice: ______________________________

2. Ud. le dice a su secretaria que va a contratar a otra persona para que le ayude en su trabajo.

   Ud. dice: ______________________________

3. Un empleado nuevo que Ud. acaba de contratar está haciendo un trabajo estupendo.

   Ud. dice: ______________________________

4. Un amigo le dice que más le gustaba su carro viejo que el nuevo que Ud. se acaba de comprar.

   Ud. dice: ______________________________

5. El semestre terminó. Ud. sacó excelentes notas y sus padres le ofrecen un magnífico regalo.

   Ud. dice: ______________________________

6. Ud. se encuentra en el extranjero y nada le parece bien: no le gusta la comida, tiene problemas con el transporte, no se lleva bien con la gente, etc.

   Ud. dice: ______________________________

C. **Con los amigos.** Trabajo en grupo de cuatro.
Situación: Ud. y sus amigos van a alquilar una casa para vivir juntos el próximo año. Antes de empezar a buscar, se reúnen y discuten el tipo de vivienda que prefieren. Cada uno de Uds. tiene diferentes preferencias (y muy buenas razones para defenderlas) en cuanto a la situación, el tamaño y distribución de la vivienda, lo equipada que deberá estar la cocina, el precio, etc.

D. **Con su esposo(a).** Trabajo en parejas.
Situación: Ud. y su esposo(a) se acaban de casar y están decorando su nuevo hogar. Cada uno tiene ideas muy diferentes de cómo arreglar las diferentes habitaciones. Discutan sus gustos en cuanto al estilo, calidad, color de los muebles (del salón, del comedor y del dormitorio), la decoración de las paredes (papel, pintura) y del suelo (alfombras, madera, cerámica). Finalmente, lleguen a un acuerdo.

Agusto, ¿cuál de estas dos ofertas te parece mejor?

Técnica de comprensión

Para entender lo que Ud. escucha, Ud. puede usar ayudas visuales. Estas pueden ser objetos concretos que Ud. ve alrededor suyo o imágenes mentales que Ud. se ha formado como consecuencia de sus experiencias previas. Por ejemplo, si alguien le habla de una casa vieja y en mal estado, Ud. se forma una imagen mental de esa casa. De igual manera si alguien le habla de una mansión lujosa en un barrio muy elegante de su ciudad, Ud. también se forma una imagen mental de esa mansión. En este capítulo Ud. va a usar imágenes mentales o visuales que le van a ayudar a comprender una conversación.

Antes de escuchar

La conversación que Ud. va a escuchar es entre Fernando, jefe de una empresa de compra y venta de inmuebles, y Agusto, uno de sus empleados de más confianza. Antes de escuchar la conversación, conteste las siguientes preguntas.

1. Si una compañía está a cargo de comprar y vender edificios, ¿qué tipo de personal debe tener y por qué? ______________________
____
____
____

2. ¿Qué factores se deben tomar en cuenta antes de comprar un inmueble? ______________________________________
____
____

3. ¿Qué debe hacer para poder vender su casa o apartamento fácilmente? ______________________________________
____
____

4. ¿Cuáles son las ventajas y desventajas de usar los servicios de una compañía de compra-venta de inmuebles? ________________
____
____
____

5. ¿Cuáles son algunos factores que hacen una propiedad más o menos atractiva para comprar o vender? ____________________
____
____
____

Ahora, escuche y responda

A. **La idea general.** Escuche la conversación y diga cuál es la idea general.

B. **Los gráficos.** Escuche nuevamente la conversación entre Fernando y Agusto. Tome los apuntes que considere necesarios en una hoja de papel y complete el siguiente gráfico.

Ofrecido por la compañía:

____

Ventajas: ____________________

Desventajas: _________________

____

Ofrecido por la compañía:

____

Ventajas: ____________________

Desventajas: _________________

____

Para su información

El concepto del tiempo

En la cultura estadounidense el tiempo es como un producto de mucho valor; se dice que «El tiempo es dinero». Por eso los estadounidenses tratan de no perder el tiempo, de no llegar tarde y de terminar la tarea a tiempo porque si no funcionan así, no ganan dinero. Muchos hispanos que no comprenden bien la importancia del dinero en la cultura estadounidense dicen que los estadounidenses son prisioneros del reloj.

Caminando por las calles de Santiago

En la cultura hispánica las relaciones personales y familiares tienen más importancia que cumplir con un trabajo. Por ejemplo, si es la hora de ir a trabajar y un hispano ve a un viejo amigo, probablemente se quedará a hablar con su amigo unos minutos en vez de llegar al trabajo a tiempo. El anglo, al contrario, probablemente irá a trabajar diciéndole a su amigo que se pueden reunir al final del día laboral. Para algunos estadounidenses esta actitud hispana se traduce en una falta de iniciativa o un desprecio al trabajo y no comprenden que se valoren las relaciones personales y familiares por encima del trabajo.

A pesar de la actitud relajada hacia el tiempo en algunas situaciones, en el mundo tecnológico y comercial predominan las horas fijas. En el mundo hispano los medios de transporte público generalmente salen y llegan con exactitud. Los programas de televisión o de radio también empiezan y terminan según el horario fijo. En el mundo de los negocios, especialmente en las compañías multinacionales, se es consciente de que para tener éxito en el mercado internacional hay que cumplir con los deberes a una hora fija.

Pero de todos modos el hispano hará todo lo posible para mantener sus relaciones con otras personas y dedicarles su tiempo aún cuando esto signifique llegar tarde para una cita o no terminar su trabajo a tiempo.

Práctica

Escuche de nuevo el diálogo de esta situación y busque ejemplos del concepto hispano del tiempo. ¿Van a llegar a la reunión a tiempo Fernando y Agusto? Explique porque sí o no.

Práctica y conversación

A. **¿Adónde vamos?** Trabajo en grupos de cuatro.
Situación: Ud., su esposo(a) y unos amigos están planificando un viaje de vacaciones juntos por la América del Sur. Ud. y su esposo(a) prefieren ir al Perú y Bolivia; sus amigos prefieren ir a Chile. Discutan y justifiquen sus preferencias haciendo una descripción de los diferentes lugares que quieren visitar. Además, preparen un itinerario para cada viaje y comparen y contrasten los beneficios de uno y otro.

B. **Este cuarto es muy incómodo.** Trabajo en parejas.
Situación: Su compañero(a) de cuarto ha estado ocupando mucho espacio en la habitación y Ud. se siente muy incómodo(a). Dígale qué es lo que Ud. quiere y necesita (tener más espacio en el ropero, mover el escritorio junto a la ventana, que su compañero recoja sus pertenencias). Su compañero(a) le hará preguntas y ofrecerá algunas soluciones.

C. **Tenemos mucho trabajo.** Trabajo en parejas.
Situación: Ud. habla con su supervisor(a) y le dice que él (ella) le da mucho trabajo, y que es imposible completar todo lo que le exige. Dígale qué es lo que Ud. quiere (tener más tiempo, menos trabajo, centrarse en sólo un tipo de trabajo, que el (la) supervisor(a) esté disponible cuando Ud. tenga dudas). El (Ella) le hará preguntas y ofrecerá algunas alternativas o cambios.

D. **Con un(a) vendedor(a) de pólizas de seguro.** Trabajo en parejas.
Situación: Ud. habla con un(a) vendedor(a) de pólizas de seguro. Ud. le dice qué tipos de seguro desea para Ud. y su familia, y cuánto puede pagar. El (Ella) le hará varias propuestas (seguro individual o familiar; seguro de salud, de vida o de propiedad), le dirá los precios y formas de pago. Ud. indicará sus preferencias dentro de sus posibilidades y necesidades.

Segunda situación

Así se dice *Cómo se persuade*

Cómo se persuade

Considere / Considera que...	*Consider that . . .*
¿No cree(s) que sería mejor... ?	*Don't you think it would be better . . . ?*
No hay que olvidar que...	*You can't forget that . . .*
¿No le / te parece que... ?	*Don't you think that . . . ?*
No se / te olvide(s) que...	*Don't forget that . . .*
Pero si tiene(s) en cuenta que...	*But if you take into account that . . .*
Piense / Piensa bien en las consecuencias.	*Think about the consequences.*
Sería mejor que...	*It'd be better that . . .*
Si bien por un lado..., por el otro...	*If on one hand . . . , on the other . . .*
Si es verdad que..., también es cierto que...	*If it is true that . . . , it is also true that . . .*
Tiene(s) que tomar en cuenta que...	*You have to take into account that . . .*
Todos estos factores entran en juego.	*All these factors come into play.*

Dichos y refranes

A todo trance.	*At all costs.*
Bien está lo que bien acaba.	*All's well that ends well.*
El que no arriesga, no gana.	*Nothing ventured, nothing gained.*
Hay que ver las dos caras de la moneda.	*You have to see both sides of the coin.*
No hay peor ciego que el que no quiere ver.	*There is no one quite so blind as he who will not see.*
Quien ignora, no duda.	*Ignorance is bliss.*
Quien mucho abarca, poco aprieta.	*His/Her reach exceeds his/her grasp.*

Práctica y conversación

¡OJO! La revisión de los puntos gramaticales y ejercicios presentados al final de este capítulo le puede ser útil para hacer los siguientes ejercicios.

A. **Busque las correspondencias.** Trabajo individual.
¿Qué frases o expresiones de la columna B corresponden a las situaciones descritas en la columna A?

A	B
1. Su vecina quiere perder peso y sólo come toronjas.	a. Considera que eres joven todavía.
2. Ud. le aconseja a su primo que no se divorcie de su esposa, pues tienen dos niños pequeños.	b. Bien está lo que bien acaba.
3. Ud. es una persona de gran decisión: va a poner todos sus ahorros en un negocio muy arriesgado.	c. ¿No te parece que deberías buscar consejo médico?
4. Un familiar suyo bebe mucho. Ud. le advierte de las consecuencias negativas de su comportamiento, pero él no le hace caso.	d. Quien mucho abarca, poco aprieta.
5. Su hermana enviudó a los treinta años y no quiere ni pensar en volver a casarse.	e. Piensa en las consecuencias.
6. Su empresa atravesó por dificultades, pero ahora está estable y ganando mucho dinero.	f. ¿No te parece que deberíamos ir ahora mismo?
	g. El que no arriesga, no gana.
	h. Quien ignora, no duda.
	i. No hay peor ciego que el que no quiere ver.

B. **¿Cómo diría Ud.?** Trabajo individual.
¿Cuál de las expresiones o refranes mencionados usaría Ud. en las siguientes situaciones?

1. Ud. es médico(a) y piensa que sería mejor que su paciente hiciera ejercicio en vez de ver televisión todo el día.

   Ud. dice: ______________________________

2. Ud. es ingeniero(a) y le explica a su cliente las ventajas y desventajas de poner una piscina en el jardín.

   Ud. dice: ______________________________

3. Ud. es profesor(a) de español y quiere convencer a su suegro(a) que aprenda este idioma.

   Ud. dice: ______________________________

4. Ud. es dentista y trata de convencer a su paciente de las ventajas de usar hilo dental.

   Ud. dice: ______________________________

5. Ud. quiere comprar un automóvil, pero antes de hacerlo tiene que considerar el precio, tamaño, y potencia del motor.

   Ud. dice: ______________________________

6. Ud. es jefe de personal y quiere convencer a un(a) posible empleado(a) de que acepte la oferta de sueldo que Ud. le hace.

   Ud. dice: ______________________________

C. **¡Compre la IBM!** Trabajo en parejas.
Situación: Ud. trabaja para una tienda de computadoras. Un(a) cliente viene a la tienda y no sabe qué computadora comprar. Sólo si Ud. vende una IBM, Ud. recibirá una comisión bastante grande. Convénzalo(a) para que compre la IBM, indicándole sus ventajas frente a computadoras de otras marcas. Indíquele que, si bien tiene algunos inconvenientes (el precio, el sistema de archivo de datos), tiene ventajas indiscutibles (mayor capacidad, mejor software).

D. **Unanse a los...** Trabajo en grupos de cuatro.
Situación: Ud. pertenece a un partido político y está reclutando nuevos miembros. Hable con sus compañeros(as) y convénzalos(as) de las ventajas de pertenecer a su partido. Infórmeles acerca de los programas que Uds. tienen (de salud, de bienestar social, control de armas, plan de comercio exterior), y qué es lo que han hecho en los últimos años. Compare los logros y metas de su partido con los de otros partidos.

La importancia de aprender idiomas extranjeros

Antes de escuchar

Recuerde y utilice la técnica de usar ayudas visuales de objetos concretos o imágenes mentales para comprender la siguiente conferencia.

Ud. va a escuchar una conferencia académica acerca de la enseñanza de idiomas. Antes de escuchar la conferencia, conteste las siguientes preguntas.

1. ¿Cuáles son algunas ventajas de saber más de un idioma? ________

   ____

   ____

2. ¿Cuáles son algunos problemas que se le presentan al estudiante cuando está estudiando una lengua extranjera? ________________

____

____

3. ¿Quiénes, en su opinión, deberían aprender lenguas extranjeras?

____

____

4. ¿A qué edad, piensa Ud., se debería empezar la enseñanza de lenguas extranjeras? ____

____

5. ¿Por qué está Ud. estudiando español? ¿Hay alguna persona que le motivó a hacerlo? ¿Quién fue y cómo le motivó? ______________

____

____

Ahora, escuche y responda

A. **La idea general.** Escuche la conferencia y diga cuál es la idea general.

B. **Los gráficos.** Escuche nuevamente la conferencia académica acerca de la enseñanza de idiomas extranjeros. Tome los apuntes que considere necesarios en una hoja de papel, haga el siguiente ejercicio y complete el gráfico.

   1. ¿Qué dicen los neurolingüistas acerca de la lateralización del cerebro?
   2. Según los sicólogos, ¿qué ventajas tienen los niños sobre los adultos para aprender idiomas extranjeros?
   3. ¿Cuáles son algunos problemas que las autoridades señalan para la implantación de programas de enseñanza de idiomas extranjeros?
   4. ¿Qué beneficios puede traer el aprendizaje de idiomas extranjeros, según la profesora Núñez de Polo?
   5. ¿Cuál es la recomendación que hace la profesora Núñez de Polo?
   6. Haga una lista de los beneficios que puede traerle a un individuo el aprender un idioma extranjero.

Ventaja: ________
____
Ventaja: ________
____
Ventaja: ________
____
Desventaja: ______
____

Ventaja: ________
____
Ventaja: ________
____
Ventaja: ________
____
Desventaja: ______
____

Ventaja: ________
____
Ventaja: ________
____
Ventaja: ________
____
Desventaja: ______
____

Ventaja: ________
____
Ventaja: ________
____
Ventaja: ________
____
Desventaja: ______
____

Para su información

El sistema de enseñanza

Aunque el sistema de enseñanza varía mucho entre los países del mundo hispánico, se puede describir la idea general y lo que todos los sistemas tienen en común.

Como en los Estados Unidos, hay tres niveles básicos de enseñanza: el primario, el secundario y el universitario. En realidad, el sistema empieza con los jardines de infancia para los niños de dos a seis años. Pero los jardines no son obligatorios; además son privados y costosos y por eso muy pocos niños asisten.

La primera etapa obligatoria es el nivel primario donde los estudiantes de seis a doce años aprenden las materias básicas: aritmética, lenguaje, estudios sociales y ciencias naturales. Al salir de la escuela primaria reciben un certificado de sexto grado. En Hispanoamérica muchos estudiantes dejan de asistir a la escuela en este punto.

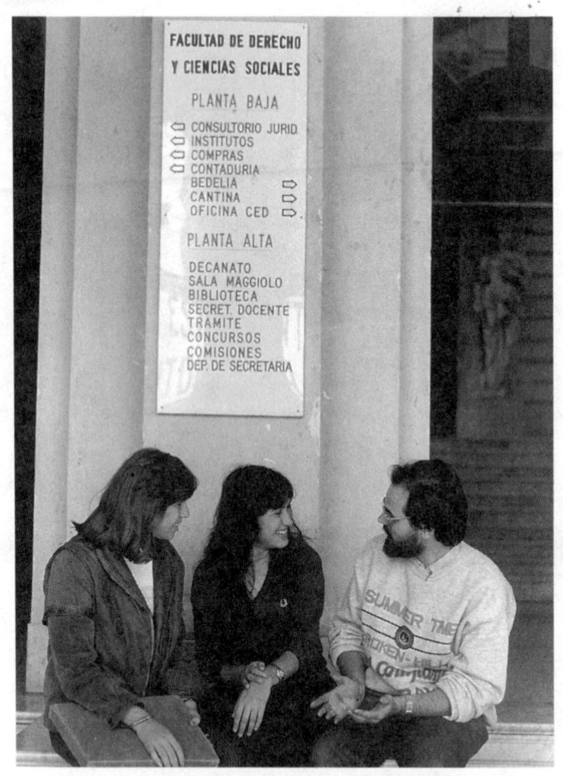

Estudiantes universitarios

Los estudiantes que pueden continuar pasan al nivel secundario y asisten al colegio o al liceo, según el país. Por lo general, en Hispanoamérica esta etapa consiste en cinco o seis años de estudios divididos en dos partes. El primer ciclo termina en el bachillerato elemental y el segundo en el bachillerato. Solamente los estudiantes que quieren asistir a la universidad continúan hasta recibir el bachillerato.

En el colegio o liceo los estudiantes no pueden escoger ni sus clases ni su horario. El Ministerio de Educación en cada país determina qué materias se deben estudiar en cada año. Así todos los estudiantes de primer año de secundaria estudian exactamente las mismas materias.

Las universidades están divididas en facultades como la Facultad de Medicina, la Facultad de Filosofía y Letras o la Facultad de Ingeniería. Los estudiantes empiezan a especializarse inmediatamente que entran en la universidad e ingresan en la facultad donde quieren estudiar. Generalmente, la licenciatura lleva cinco o seis años de estudio. Al graduarse los estudiantes reciben un título profesional cuyo nombre varía según la facultad: los que se gradúan de la Facultad de Medicina son médicos; los de la Facultad de Derecho son abogados o licenciados en derecho, y los de la Facultad de Ingeniería son ingenieros. Pocas personas realizan estudios de maestría o de doctorado.

Práctica

Escuche de nuevo el diálogo de esta situación y busque referencias a los niveles de enseñanza en la conferencia que dicta la profesora. ¿Cuáles son las ventajas de empezar el estudio de lenguas en cada nivel?

Práctica y conversación

A. **Tiene que operarse.** Trabajo en parejas.
Situación: Ud. es un(a) cirujano(a) y trata de convencer a su paciente de la necesidad de operarse de la vesícula (*gall bladder*). Dígale las ventajas que tal operación le traería (no más pastillas, dolores, ni dieta especial) y los problemas que el no hacerlo le representaría (complicación de otros órganos, gravedad). El (Ella) no se da cuenta de la gravedad de su caso y no quiere hacerlo.

B. **Unamos nuestras compañías.** Trabajo en parejas.
Situación: Ud. es un(a) ejecutivo(a) de una compañía multinacional muy grande y poderosa y quiere adquirir una compañía más pequeña. Hable con uno(a) de los ejecutivos y trate de convencerlo(a) de las ventajas que la unión de las empresas representaría (mayores beneficios, apoyo de la empresa mayor, intercambio de tecnología y personal, reducción de la competencia entre ambos) e inconvenientes (menor independencia, etc.). El (Ella) no está muy convencido(a). Ud. le relata lo que ha ocurrido con otras compañías pequeñas que se han asimilado a la suya.

C. **Soy muy buen(a) artista.** Trabajo en parejas.
Situación: Ud. es un(a) artista de teatro y ha tenido una entrevista con un(a) director(a) para trabajar en una obra que a Ud. le interesa muchísimo. Trate de convencerlo(a) de que Ud. sería la persona más indicada para el trabajo. Infórmele de su experiencia previa y éxitos que ha tenido.

D. **Necesito el dinero.** Trabajo en parejas.
Situación: Ud. necesita dinero para pagar sus estudios y se entrevista con el (la) gerente de un banco. El (Ella) no está muy convencido(a) de la ventaja de darle el préstamo que Ud. solicita. Infórmele de otros préstamos que Ud. ha solicitado y cómo los ha pagado.

Estructuras

Cómo se expresan las preferencias

Hay cuatro tiempos del subjuntivo que se usan en el español actual: el presente, el imperfecto, el presente perfecto y el pluscuamperfecto. En el Capítulo 5 se explicaron el presente del subjuntivo y los usos del subjuntivo.

El presente perfecto del subjuntivo

	Haber + Participio pasado	
que	haya hayas haya hayamos hayáis hayan	comprado vendido asistido

A. Se forma el presente perfecto del subjuntivo con el presente del subjuntivo del verbo auxiliar **haber** y el participio pasado del verbo principal. (Se puede repasar la formación del participio pasado en el Capítulo 7.)

B. Se usa el presente perfecto del subjuntivo en la cláusula subordinada para expresar una acción o situación que ya ha terminado. El verbo de la cláusula principal está en el presente o el futuro y exige el subjuntivo.

PRESENTE DEL SUBJUNTIVO
Espero que **lleguen** pronto. — *I hope they arrive soon.*

PRESENTE PERFECTO DEL SUBJUNTIVO
Espero que ya **hayan llegado.** — *I hope they have already arrived.*

El imperfecto del subjuntivo

Los verbos regulares		
-AR **hablar**	**-ER** **aprender**	**-IR** **asistir**
hablara	aprendiera	asistiera
hablaras	aprendieras	asistieras
hablara	aprendiera	asistiera
habláramos	aprendiéramos	asistiéramos
hablarais	aprendierais	asistierais
hablaran	aprendieran	asistieran

A. Para formar el imperfecto del subjuntivo de los verbos regulares se elimina **-ron** de la tercera persona plural del pretérito y se agrega uno de los dos grupos de terminaciones:

1. **-ra, -ras, -ra, -´ramos, -rais, -ran**
2. **-se, -ses, -se, -´semos, -seis, -sen**

En las Américas se usan más las terminaciones de **-ra** mientras que en España se usan los dos grupos.

B. No hay excepciones en la formación del imperfecto del subjuntivo. El imperfecto del subjuntivo muestra las mismas irregularidades que ocurren en el pretérito.

1. Verbos en **-aer, -eer, -oír, -uir**

INFINITIVO	PRETÉRITO	IMPERFECTO DEL SUBJUNTIVO
caer	cayeron	cayera
construir	construyeron	construyera
creer	creyeron	creyera
leer	leyeron	leyera
oír	oyeron	oyera

2. Verbos en **-ducir** como **conducir, introducir, producir, reducir, traducir**

INFINITIVO	PRETÉRITO	IMPERFECTO DEL SUBJUNTIVO
traducir	tradujeron	tradujera

3. Verbos en **-ir** que cambian la vocal radical

	INFINITIVO	PRETÉRITO	IMPERFECTO DEL SUBJUNTIVO
e → i	pedir	pidieron	pidiera
o → u	dormir	durmieron	durmiera

4. Otros verbos irregulares en el pretérito

INFINITIVO	PRETÉRITO	IMPERFECTO DEL SUBJUNTIVO
andar	anduvieron	anduviera
caber	cupieron	cupiera
dar	dieron	diera
decir	dijeron	dijera
estar	estuvieron	estuviera
haber	hubieron	hubiera
hacer	hicieron	hiciera
ir	fueron	fuera
poder	pudieron	pudiera
poner	pusieron	pusiera
querer	quisieron	quisiera
saber	supieron	supiera
ser	fueron	fuera
tener	tuvieron	tuviera
traer	trajeron	trajera
venir	vinieron	viniera

C. Las expresiones de duda, preferencia, recomendación, deseo o mandato que exigen el uso del presente del subjuntivo en la cláusula subordinada, también exigen el uso del imperfecto del subjuntivo. Cuando el verbo en la cláusula principal está en un tiempo pasado y exige el subjuntivo, se usa el imperfecto del subjuntivo en la cláusula subordinada.

Era necesario que la compañía **comprara** otro edificio.	*It was necessary for the company to buy another building.*
Querían que el nuevo edificio **tuviera** más espacio.	*They wanted the new building to have more space.*
Dudaban que **encontraran** un nuevo edificio fácilmente.	*They doubted they would find a new building easily.*

El pluscuamperfecto del subjuntivo

	***Haber* + Participio pasado**	
que	hubiera hubieras hubiera hubiéramos hubierais hubieran	comprado vendido asistido

A. Se forma el pluscuamperfecto del subjuntivo con el imperfecto del subjuntivo del verbo auxiliar **haber** y el participio pasado del verbo principal. (Se puede repasar la formación del participio pasado en el Capítulo 7.)

B. Se usa el pluscuamperfecto del subjuntivo en la cláusula subordinada para expresar una acción o situación que ya ha terminado anterior a la acción de la cláusula principal. El verbo de la cláusula principal está en un tiempo pasado y exige el subjuntivo.

IMPERFECTO DEL SUBJUNTIVO

Dudábamos que **compraran** otro edificio.	*We doubted that they would buy another building.*

PLUSCUAMPERFECTO DEL SUBJUNTIVO

Dudábamos que ya **hubieran comprado** otro edificio.	*We doubted that they had already bought another building.*

C. También se usa el pluscuamperfecto del subjuntivo para expresar una acción o situación hipotética en el pasado. El verbo de la cláusula principal está en el condicional o condicional perfecto y exige el uso del subjuntivo en la cláusula subordinada.

—Según tu parecer, ¿qué edificio habría sido mejor que hubiéramos comprado?	*In your opinion, which building would it have been better for us to buy?*
—Habría sido mejor que hubiéramos comprado un edificio con más facilidades.	*It would have been better for us to have bought a building with more facilities.*

La concordancia de los tiempos del subjuntivo

El tiempo del subjuntivo en la cláusula subordinada depende del tiempo del verbo en la cláusula principal.

A. Se usa el presente del subjuntivo en la cláusula subordinada cuando el verbo en la cláusula principal está en el presente, el presente perfecto, el futuro o el imperativo (un mandato). La acción o la situación de la cláusula subordinada tiene lugar al mismo tiempo o después de la acción del verbo principal.

Presente	Les **pido** que **lleguen** a tiempo.
Futuro	Les **pediré** que **lleguen** a tiempo.
Presente perfecto	Les **he pedido** que **lleguen** a tiempo.
Mandato	**Pídales** que **lleguen** a tiempo.

B. Se usa el presente perfecto del subjuntivo en la cláusula subordinada cuando el verbo en la cláusula principal está en el presente, el futuro o el imperativo. La acción o la situación de la cláusula subordinada tuvo lugar antes de la acción de la cláusula principal.

Presente	**Me alegro** que **hayan llegado** a tiempo.
Futuro	**Me alegraré** que **hayan llegado** a tiempo.
Mandato	**Alégrate** que **hayan llegado** a tiempo.

C. Se usa el imperfecto del subjuntivo en la cláusula subordinada cuando el verbo en la cláusula principal está en un tiempo pasado (el imperfecto, el pretérito, el presente perfecto, el pluscuamperfecto) o el condicional. La acción o la situación de la cláusula subordinada tuvo lugar al mismo tiempo o después de la acción del verbo principal.

Imperfecto	Les **pedía** que **llegaran** a tiempo.
Pretérito	Les **pedí** que **llegaran** a tiempo.
Presente perfecto	Les **he pedido** que **llegaran** a tiempo.

Pluscuamperfecto	Les **había pedido** que **llegaran** a tiempo.
Condicional	Les **pediría** que **llegaran** a tiempo.

D. Se usa el pluscuamperfecto del subjuntivo en la cláusula subordinada cuando el verbo en la cláusula principal está en un tiempo pasado o condicional. La acción o la situación de la cláusula subordinada tuvo lugar antes de la acción de la cláusula principal.

Imperfecto	**Me alegraba** que **hubieran llegado** a tiempo.
Pretérito	**Me alegré** que **hubieran llegado** a tiempo.
Condicional	**Me alegraría** que **hubieran llegado** a tiempo.
Condicional perfecto	**Me habría alegrado** que **hubieran llegado** a tiempo.

Resumen de la concordancia de tiempos del subjuntivo

Cláusula principal **Indicativo**	**Cláusula subordinada** **Subjuntivo**
Presente Presente perfecto Futuro Mandato	**Presente**—la acción tiene lugar al mismo tiempo o después de la acción del verbo principal
Presente Futuro Mandato	**Presente perfecto**—la acción tuvo lugar antes de la acción del verbo principal
Imperfecto Pretérito Presente perfecto Pluscuamperfecto Condicional	**Imperfecto**—la acción tuvo lugar al mismo tiempo o después de la acción del verbo principal
Imperfecto Pretérito Condicional Condicional perfecto	**Pluscuamperfecto**—la acción tuvo lugar antes de la acción del verbo principal

Práctica de estructuras

A. **Esperanzas.** Dígale a un(a) compañero(a) de clase lo que Ud. espera que él (ella) haya hecho dentro de cinco años. Incluya por lo menos seis cosas relacionadas con su carrera universitaria, su familia, su trabajo o su vida personal.

B. **En la escuela secundaria.** Prepare una lista mental de ocho cosas que sus padres preferían o querían que Ud. hiciera o no hiciera mientras asistía a la escuela secundaria. Después hable con un(a) compañero(a) de clase para determinar qué preferencias tienen en común.

C. **Un debate.** En grupos de cuatro Uds. van a preparar un debate sobre su universidad. Dos personas están muy contentas con todos los aspectos de la universidad y van a hablar de su felicidad, empezando sus opiniones con frases como **estoy contento(a) que / me alegro que / es bueno que / es conveniente que.** Dos personas no están contentas y van a hablar de cambios, empezando sus opiniones con frases como **sería mejor que / siento que / me gustaría que / es una lástima que / me enoja que.**

A escribir

A. **Una carta al director.** Ud. vive en Santiago de Chile, y uno de los periódicos locales acaba de publicar un artículo diciendo que es necesario que todos los estudiantes en las escuelas primarias y secundarias estudien por lo menos una lengua extranjera. Escríbale una carta al director del periódico expresando su opinión sobre esta idea.

B. **Un(a) estudiante de intercambio.** Alejandro(a) Valera es el (la) estudiante de intercambio que vivía con su familia el año pasado. El (Ella) regresó a Valparaíso, Chile, hace seis meses pero acaba de escribirle una carta a su familia en la cual explica que todo va muy bien con su familia, que recibió una beca para continuar sus estudios de ingeniería, que tiene un(a) novio(a) y una compañía le ofreció un buen puesto después de graduarse. Escríbale una carta a Alejandro(a) expresando sus opiniones acerca de estos acontecimientos en su vida.

Capítulo 9

Las disculpas y las quejas

Las cataratas de Iguazú

Asimilación cultural — *El Uruguay y el Paraguay*

Situación geográfica

El Uruguay y el Paraguay se encuentran en la parte oriental de la América del Sur. El Uruguay es el país de habla española más pequeño de la América del Sur y está situado en la costa oriental del continente, entre la Argentina y el Brasil. El Paraguay es uno de los dos países en la América del Sur que no tiene salida al mar (el otro es Bolivia). Se encuentra rodeado por Bolivia al norte, la Argentina al sur y al oeste y el Brasil al este.

Ciudades importantes

Entre las ciudades importantes cabe mencionar las siguientes.
En el Uruguay:

- Montevideo, la capital, está situada en la parte sur del país en la costa del océano Atlántico. Algunos lugares de interés en Montevideo son el Palacio Salvo en la Plaza de la Independencia; la Plaza Matriz, alrededor de la cual se encuentran la Catedral y la Municipalidad; el Palacio Municipal, dentro del cual se encuentran el Museo de Historia del Arte, y el Museo de Arte Precolombino y Arte Colonial; los parques El Prado y Rodó. En este último se encuentran un teatro al aire libre, un parque de diversiones y un lago salpicado de islotes.
- Punta del Este, Colonia de Sacramento, Paysandú, Salto, Rivera.

En el Paraguay:

- Asunción, la capital, a las orillas del río Paraguay, es una ciudad construida al estilo colonial español, en forma rectangular. Sus avenidas están bordeadas de naranjos y jacarandás (árboles de flor celeste). Algunos lugares de interés en Asunción son el Jardín Botánico, a lo largo del río Paraguay cerca del cual hay también un campo de golf y un pequeño zoológico; el Museo Nacional de Bellas Artes que tiene una colección de arte español así como también una colección de arte paraguayo del siglo XX; el Museo Dr. Andrés Barbero que tiene una buena colección de armas y herramientas de las diferentes culturas guaraní. El Parque Ybicuy, a cuatro horas de Asunción, que cuenta con hermosos campos para acampar, numerosas caídas de agua y un museo.

- Concepción, Villa Rica, el Chaco.

Monedas

El Uruguay: el peso uruguayo; el Paraguay: el guaraní

Comidas típicas

- En el Uruguay se come asado campero o criollo; lomo; chivitos (hamburguesas); puchero (carne con vegetales, tocino, frijoles y salchicha); morcilla dulce (salchicha blanca de sabor dulce).
- En el Paraguay se encuentra chipas (pan de yuca hecho con queso y huevo); soyo (sopa hecha con una variedad de carnes y vegetales); bori bori (sopa hecha con pedazos de carne, vegetales y bolitas de maíz).

Bebidas típicas

Algunas bebidas típicas son:

- En el Uruguay, mate, caña, grappa, clérico (mezcla de vino, jugos de fruta y frutas).
- En el Paraguay, terere (mate con hierbas digestivas), mosto (jugo de caña de azúcar), aguardiente de caña.

Personalidades famosas

- Del Uruguay: José Enrique Rodó, escritor, autor de *Ariel;* Mario Benedetti, novelista; Juan Manuel Blanes, pintor; Eduardo Fabini, músico.
- Del Paraguay: Feliz Pérez Cardoso, Digno García, Luis Alberto del Paraná, músicos; José María Rivarola Matto, Augusto Roa Bastos, escritores.

Práctica y conversación

Usando la información presentada, haga el siguiente ejercicio.

1. ¿Dónde está situado el Uruguay? ¿y el Paraguay? ¿Cuál es una de las características geográficas del Paraguay?
2. ¿Cuáles son algunas ciudades importantes en el Uruguay? ¿y en el Paraguay?
3. ¿Qué monedas tienen en estos países?
4. ¿Qué lugar en el Uruguay le gustaría visitar? ¿Por qué?
5. ¿Qué se puede encontrar en el Parque Rodó?
6. ¿Qué museos de interés se encuentran en Montevideo? ¿y en Asunción?
7. Nombre algunos parques o jardínes en el Paraguay y diga qué se puede hacer en ellos.
8. Nombre dos personalidades uruguayas y dos personalidades paraguayas famosas.
9. Si Ud. fuera al Uruguay, ¿qué pediría para comer y beber? ¿y si fuera al Paraguay?
10. ¿Sabe Ud. algo del Paraguay que no ha sido mencionado aquí? Compártalo con sus compañeros(as).

Información lingüística

El dialecto uruguayo

El dialecto uruguayo se asemeja mucho al dialecto hablado en el área de Buenos Aires.

Una de las características más resaltantes en el dialecto uruguayo es la pronunciación de **y** y **ll** como una **ll** muy fuerte. También la **j** se pronuncia con much fuerza y la **rr** como vibrante.

También podemos destacar el uso del voseo con las terminaciones **-ás, -és, -ís** para los verbos en **-ar, -er, -ir** respectivamente (vos cant**ás,** vos beb**és**, vos viv**ís**).

El dialecto paraguayo

El Paraguay es un país bilingüe, donde se habla tanto el español como el guaraní, una lengua indígena. Como resultado, el guaraní tiene mucha influencia en el español paraguayo.

En el Paraguay, a diferencia del Uruguay, sí se hace distinción entre **y** y **ll**. Además la **rr** se pronuncia como una combinación de **r** y **s** y la **j** se aspira.

El voseo usado en el Paraguay es igual al usado en el Uruguay.

Regionalismos

En el Uruguay

Es un berreta.	*He / She has no taste.*
Lo(a) relajé todito(a).	*I insulted him / her.*
Maula.	*Lazy.*
Me quedé chocha.	*I was delighted.*
Me vas a hacer pasar calores.	*You are going to make it unpleasant for me.*
Sós un mersa / cabeza de choclo.	*You're an idiot!*
'Tá	*Okay.*
Te voy a dar una piña / un roscazo.	*I'll hit you.*

En el Paraguay

Es un caigue.	*He / She is lazy.*
Es un(a) tirado(a).	*He / She is someone who lives off others.*
Es un valle.	*He / She is a person without any education.*
Está al otro lado.	*He / She is totally drunk.*
Nembotavy.	*Pretend to be a fool.*
No seas pendex.	*Don't be spoiled.*

Práctica y conversación

Usando la información presentada, haga el siguiente ejercicio.

1. ¿A qué dialecto se asemeja el dialecto hablado en el Uruguay? ¿Por qué?
2. ¿En qué se asemeja el español hablado en el Uruguay al español hablado en el Paraguay?
3. ¿En qué se diferencia el español hablado en el Uruguay del español hablado en el Paraguay?
4. ¿Qué idioma ha influido mucho en el español paraguayo? ¿Por qué?
5. ¿Cómo se pronuncian la **y** y **ll** en el Uruguay?
6. ¿Cómo se dice en el Uruguay cuando una persona es floja? ¿y en el Paraguay?
7. ¿Qué frase se puede usar en el Uruguay para insultar a una persona?
8. Si alguien le pone muchos problemas para resolver un asunto, ¿qué puede decir Ud.?
9. ¿Cómo se le puede llamar a una persona que no quiere trabajar ni estudiar y quiere que sus familiares la mantengan?
10. ¿Cómo se le dice en el Paraguay a una persona que se hace el (la) tonto(a) para evitar hacer algo?

Primera situación

Así se dice *Cómo se pide y se acepta disculpas*

Cómo se pide disculpas

Cuánto lo siento.	*I am very sorry.*
Discúlpeme si lo(a) ofendí / Discúlpame si te ofendí.	*Forgive me if I offended you.*
Es / Fue mi culpa.	*It is / was my fault.*
Fue sin culpa.	*I didn't mean to do it.*
Fue una falta de delicadeza de mi parte.	*It was lack of consideration on my part.*
Le / Te suplico que me perdone(s).	*I beg you to forgive me.*
Lo hice sin querer.	*I didn't mean to do it.*
No lo tome(s) a mal.	*Don't take it the wrong way.*
No me di cuenta.	*I didn't realize (what I was doing).*
No quise molestarle(te) / ofenderle(te) / hacerle(te) daño.	*I didn't want to bother / offend / hurt you.*
No se / te enoje(s) conmigo.	*Don't get upset with me.*
Perdone / Perdona el malentendido.	*Excuse the misunderstanding.*
Perdóneme / Perdóname, por favor.	*Forgive me, please.*
Qué torpeza de mi parte.	*How inconsiderate of me.*
Quiero disculparme.	*I want to apologize.*
Quiero pedirle(te) perdón por lo que hice.	*I want to apologize for what I did.*
Saqué conclusiones precipitadas.	*I jumped to conclusions.*

Cómo se acepta disculpas

A todos nos pasa eso.	*It happens to all of us.*
Descuide / Descuida.	*Don't worry.*
En realidad, no es / fue nada.	*It is / was nothing, really.*
Está bien.	*It's fine.*
Esto le puede pasar a cualquiera.	*This can happen to anybody.*
La culpa es / fue mía.	*It is / was my fault.*
Lo que pasó, pasó.	*What happened, happened.*
No hay problema.	*No problem.*
No se / te preocupe(s) / No tenga(s) cuidado.	*Don't worry.*
No tiene(s) por qué disculparse(te)	*You don't have to apologize.*

Dichos y refranes

(Creo que) metí la pata.	*(I think) I put my foot in my mouth.*
Eso sucede en las mejores familias.	*This happens in the best of families.*
Estoy entre la espada y la pared.	*I'm between a rock and a hard place.*
Me equivoqué de medio a medio.	*I was completely wrong.*
Me salí de mis casillas.	*I flew off the handle.*
No hagas al prójimo lo que no quieres que te hagan a ti.	*Do unto others as you would have them do unto you.*
Se me pasó / fue de la cabeza.	*It slipped my mind.*

Práctica y conversación

¡OJO! La revisión de los puntos gramaticales y ejercicios presentados al final de este capítulo le puede ser útil para hacer los siguientes ejercicios.

A. **Busque las correspondencias.** Trabajo individual.
¿Qué frases o expresiones de la columna B corresponden a las situaciones descritas en la columna A?

A

1. Ud. ofendió a su amiga y se disculpa.
2. Ud. se disculpa por haber gritado e insultado a su compañero(a) de cuarto.
3. Ud. se disculpa porque se olvidó de llamar a su amiga y ella se quedó esperándolo(a).
4. Ud. derramó accidentalmente una taza de café encima de su amigo y se disculpa.
5. Ud. acepta las disculpas de su amiga que no fue a su fiesta.
6. Su novio(a) le pide disculpas por haber chocado su carro.

B

a. Quiero pedirte perdón por lo que hice. Pagaré los gastos.
b. ¡Qué torpeza de mi parte!
c. Esto sucede en las mejores familias.
d. Estoy entre la espada y la pared.
e. Discúlpame si te ofendí.
f. Saqué conclusiones precipitadas.
g. No te preocupes.
h. Cuánto lo siento, pero me olvidé.
i. Me salí de mis casillas.

B. **¿Cómo diría Ud.?** Trabajo individual.
¿Cuál de las expresiones o refranes mencionados usaría Ud. en las siguientes situaciones?

1. Ud. prometió ir a estudiar con un(a) amigo(a) pero no fue y su amigo(a) quedó esperándolo(a).

   Ud. dice: Que torpeza de mi parte
2. Ud. se levantó de mal humor y fue muy descortés con su compañero(a) de cuarto.

   Ud. dice: ______
3. Ud. puso el televisor a todo volumen cuando su compañero(a) estaba durmiendo y lo(a) despertó.

   Ud. dice: ______
4. Ud. atropelló a la mascota de su vecino(a).

   Ud. dice: ______
5. Ud. acudió a la cita con su amigo(a) media hora más tarde.

   Ud. dice: ______
6. Ud. dijo cosas muy negativas acerca de su mejor amigo(a).

   Ud. dice: ______

C. **Con su vecino(a).** Trabajo en parejas.
Situación: Ud. había oído que su vecino(a) había estado criticándolo(a) a Ud. Como repuesta Ud. le trató con distanciamiento y brusquedad. Pero después, Ud. oyó que todo había sido falso. Acérquese a su vecino(a), cuéntele lo que ocurrió y discúlpese. Su vecino(a) le hará algunas preguntas y luego decidirá si le disculpa o no.

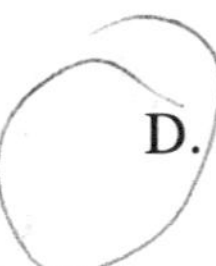

D. **En la autopista.** Trabajo en parejas.
Situación: Ud. estaba conversando con una amiga, no se dio cuenta que un carro salía de un estacionamiento y chocó. Hable con el (la) chofer del otro carro, explíquele qué le ocurrió y pídale disculpas. El (Ella) acepta sus disculpas, pero mantiene que el seguro de Ud. debe pagar la reparación de su carro. Ud. asegura que así será.

Discúlpame por no haber ido

Técnica de comprensión

Muchas veces cuando Ud. escucha algo, Ud. tiene que tomar apuntes, por ejemplo cuando asiste a una clase o conferencia, cuando pide direcciones para ir a algún sitio y cuando alguien le da una receta. El tomar apuntes le ayuda a recordar lo que se dijo. En este capítulo Ud. va a practicar a tomar apuntes para recordar lo que se dijo en la siguiente conversación.

Antes de escuchar

La conversación que Ud. va a escuchar es entre dos estudiantes de abogacía, Maribel y Rosario. Antes de escuchar la conversación, conteste las siguientes preguntas.

1. ¿Qué actividades realiza Ud. con sus compañeros de estudio?

____

____

____

2. Si Ud. estudiara abogacía, ¿cuáles serían algunos de los cursos que posiblemente tomaría? ______________________________

____

____

3. ¿Cómo es la vida del estudiante de abogacía? ______________________________

____

____

____

4. ¿Dónde cree Ud. que los estudiantes universitarios latinoamericanos se reúnen para estudiar? ______________________________

____

____

Ahora, escuche y responda

A. **La idea general.** Escuche la conversación y diga cuál es la idea general.

B. **Los apuntes.**
Escuche nuevamente la conversación entre Maribel y Rosario. Revise los apuntes incompletos que se presentan a continuación y complételos con la información necesaria. (No es necesario que utilice las palabras exactas.)

__________ llama por teléfono a __________ para __________. __________ pudo / no pudo ir a estudiar con __________. __________ fue a la casa de __________ porque __________ quería que __________ lo llevara al __________. Su hermano había tenido __________. __________ y __________ estudiaron hasta __________. __________ y __________ tienen un examen importante de ______________ ______________.

A ______________ le hizo falta ______________

porque él (ella) es un(a) experto(a) en ______________

______________. ______________ y ______________

se volverán a reunir ______________ a ______________.

Las amigas están / no están disgustadas.

Para su información

La vida estudiantil

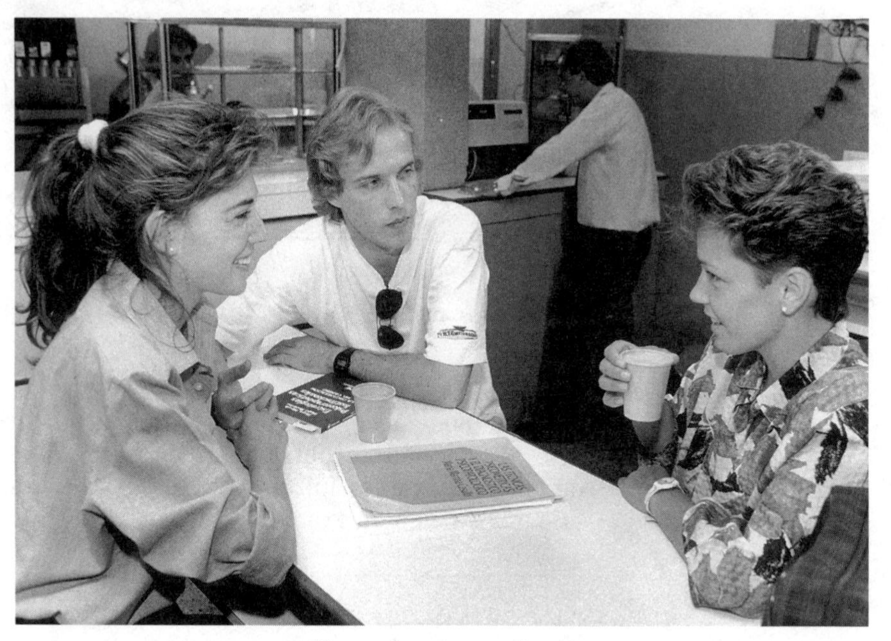

Una cafetería estudiantil

La mayoría de las universidades públicas en el mundo hispano mantienen sus antiguas tradiciones. Generalmente las universidades se encuentran en el centro de la ciudad y como consecuencia la vida estudiantil está ligada a la vida urbana. Hay pocas residencias estudiantiles y por eso los estudiantes viven en casa o en hostales o apartamentos cerca de la universidad. Puesto que las universidades públicas son gratis o muy baratas, pocos estudiantes trabajan. El número de estudiantes en cada universidad puede ser enorme; hay, por ejemplo, unos 300.000 estudiantes que asisten a la Universidad Nacional Autónoma de México.

Para ganarse la vida muchos de los profesores de Latinoamérica tienen que trabajar a tiempo parcial en varias universidades. Como están muy ocupados, llegan a clase, dictan una conferencia y salen para otro trabajo. Hay poco tiempo para la atención individual. Así, los estudiantes forman grupos de estudios de dos a seis personas; se reúnen frecuentemente y se ayudan los unos a los otros.

Los métodos de enseñanza no han cambiado mucho durante siglos; los profesores dictan una conferencia, los estudiantes toman apuntes y aprenden la materia de memoria; hay poca oportunidad para la discusión en clase. Por lo general, las notas están basadas completamente en un examen final; es raro tener exámenes u otra tarea durante el año. Los estudiantes no tienen una buena idea sobre si aprenden o no lo que necesitan saber para aprobar el curso. Por eso durante la época de los exámenes los estudiantes están bastante preocupados porque un solo examen puede determinar el éxito de un año entero.

La mayoría de los estudiantes universitarios son muy conscientes de los problemas económicos y sociales de sus países. Muchas veces los estudiantes son el elemento más progresista del país; a menudo critican el gobierno federal o local con manifestaciones, protestas y huelgas estudiantiles. A veces las universidades se cierran por unos días hasta semanas o meses durante una huelga seria.

La vida estudiantil hispana también tiene su lado divertido. Después de clases los estudiantes se reúnen en los cafés cercanos a la universidad. Ahí charlan con amigos, discuten de política, escuchan música o descansan. Y como sus equivalentes en los EE.UU. también hacen fiestas, bailan en discotecas y van al cine.

Práctica

Escuche de nuevo el diálogo de esta situación y busque ejemplos de las características de la vida estudiantil hispana. ¿Cuáles son únicas en el mundo hispano y cuáles se encuentran también en los EE.UU.?

Práctica y conversación

A. **Hablando con sus compañeros de estudios.** Trabajo en parejas.
Situación: Ud. quedó en estudiar con sus compañeros todo el día de ayer pero decidió no ir y quedarse a dormir y descansar. Ellos estaban contando con Ud. Esta mañana uno(a) de ellos lo(a) llama. Explíquele qué le ocurrió y discúlpese. El (Ella) responderá como corresponda dependiendo de su explicación.

B. **Discusión con su hermano(a).** Trabajo en parejas.
Situación: Ud. y su hermano(a) tuvieron una pelea bastante fuerte en la que se insultaron el (la) uno(a) al (a la) otro(a). Acérquese a su hermano(a), explíquele qué ocurrió y discúlpese. El (Ella) hará lo mismo.

C. **¡Cuánto lo siento!** Trabajo en parejas.
Situación: Ud. tenía una cita con su novio(a) pero llegó tarde porque tuvo una serie de problemas: salió tarde del trabajo, su carro se echó a perder, no encontró taxi, hubo un accidente en la autopista. Ud. le explica todo lo que le pasó y luego le pide disculpas. El (Ella) le acepta sus disculpas.

D. **En la cafetería.** Trabajo en parejas.
Situación: Ud. tiene su bandeja completamente llena de comida, se tropieza y derrama toda su comida encima de uno(a) de los estudiantes. Discúlpese y explíquele qué le ocurrió.

Segunda situación

Así se dice *Cómo se presenta una queja*

Cómo se presenta una queja

¡Es un desastre!	*It's a disaster!*
¡Es Ud. un(a) incompetente!	*You are incompetent!*
Están equivocados(as).	*You are wrong.*
Esto debe de ser un error.	*This must be a mistake.*
¡Esto es excesivo / demasiado!	*This is too much!*
¡Esto es intolerable!	*This is intolerable!*
¡Esto está todo al revés!	*This is all backwards!*
¡Esto no puede ser!	*This can't be!*
¡Esto no puede seguir así!	*This can't go on like this!*
No sirve para nada.	*It's good for nothing.*
Pero, ¿cómo pueden hacer esto?	*But, how can they do this?*
Pero, ¡qué falta de responsabilidad!	*But, how irresponsible!*
¡Qué desfachatez!	*What nerve!*
¡Que sea ésta la última vez!	*(I demand) that this be the last time!*

Dichos y refranes

Es como buscar una aguja en un pajar.	*It's like looking for a needle in a haystack.*
¡Esta es la última gota!	*This is the last straw!*

¡Esto es el colmo!	*This is too much!*
No vale un pito.	*It's not worth it at all.*
¡Uds. hacen lo que quieren y uno es el pagano!	*You do what you want, but I pay!*
Vamos de Guatemala a Guatepeor.	*We go from bad to worse.*
Voy a poner el grito en el cielo.	*I'm going to hit the ceiling.*

Práctica y conversación

¡OJO! La revisión de los puntos gramaticales y ejercicios presentados al final de este capítulo le puede ser útil para hacer los siguientes ejercicios.

A. **Busque las correspondencias.** Trabajo individual.
¿Qué frases o expresiones de la columna B corresponden a las situaciones descritas en la columna A?

A

1. Ud. se queja de que la situación del país está empeorando.
2. Su novio(a) olvidó hacerle un depósito en el banco y ahora Ud. tiene graves problemas con su cuenta.
3. Ud. va al automercado a comprar pero ellos ya no quieren aceptar sus cheques.

4. Ud. está muy molesto(a) porque su profesor les pidió encontrar un artículo de un autor desconocido.

5. La compañía que le alquila su apartamento le ha subido el alquiler en un 50% por segunda vez este año. Ud. ya no puede pagarlo.

6. La compañía de teléfonos le cancela su línea por un error de uno de sus empleados.

B

a. Pero, ¡qué falta de responsabilidad la tuya!
b. ¡Esto no puede ser!
c. ¡Esto ya cuesta un ojo de la cara!
d. Es como buscar una aguja en un pajar.
e. Esta es la última gota.
f. Uds. son unos ineptos.
g. Esto está todo al revés.
h. Esto no tiene ni pies ni cabeza.
i. Vamos de Guatemala a Guatepeor.

B. **¿Cómo diría Ud.?** Trabajo individual.
¿Cuál de las expresiones o refranes mencionados usaría Ud. en las siguientes situaciones?

1. Su hermano menor viene llegando tarde a casa durante toda la semana. Ud. le dice que de ahora en adelante eso tiene que cambiar.

   Ud. dice: ¡Esto no puede seguir así!
2. La compañía de energía eléctrica le cancela el servicio debido a un error burocrático.

   Ud. dice: Esto debe de ser un error
3. Ud. se da cuenta que además de cancelarle el servicio eléctrico le han cancelado el servicio de gas.

   Ud. dice: ______________________________
4. Ud. recibe una cuenta de la compañía de teléfono que incluye llamadas de larga distancia que Ud. no ha hecho.

   Ud. dice: ______________________________
5. Ud. se da cuenta que un vecino ha estado usando su teléfono para hacer muchas llamadas al extranjero cuando Ud. estaba ausente.

   Ud. dice: ______________________________
6. Ud. lee en el periódico que han suspendido la ruta de autobuses que Ud. toma para ir a trabajar.

   Ud. dice: ______________________________

C. **En la peluquería.** Trabajo en parejas.
Situación: El (La) peluquero(a) le acaba de cortar el pelo, pero cuando Ud. se mira en el espejo se da cuenta que su pelo está tan mal cortado que se pueden ver pedazos del cuero cabelludo y le dan una apariencia grotesca. Ud. está muy disgustado(a) y se queja. El (Ella) le responde.

D. **¡De Guatemala a Guatepeor!** Trabajo en parejas.
Situación: Ud. ha recibido una cuenta exorbitante de la compañía de gas que no corresponde a su consumo. Además, cuando va a la cocina se da cuenta que le han suspendido el servicio. Ud. va a la compañía y presenta su queja. El (La) empleado(a) admite un error y se disculpa.

¿Por qué me han cancelado el servicio telefónico?

Antes de escuchar

Recuerde y use la técnica de tomar apuntes cuando escuche la siguiente conversación.

La conversación que Ud. va a escuchar es entre la Sra. Nadramia, una cliente de la Compañía de Teléfonos, y un empleado. Antes de escuchar la conversación, haga el siguiente ejercicio.

1. ¿Cómo se llaman las compañías que proveen los siguientes servicios en su comunidad?

   Servicio telefónico: ______________________________

   Servicio eléctrico: ______________________________

   Servicio de gas: ______________________________

2. Mencione tres problemas que Ud. pueda llegar a tener con cualquiera de estas compañías. ______________________________

   ____

   ____

   ____

3. ¿Qué haría Ud. para solucionar estos problemas? ______________

   ____

   ____

   ____

4. ¿Cuánto tiempo calcula Ud. que esas compañías se tomarían para solucionar esos problemas? ______________________________

   ____

   ____

   ____

   ____

5. ¿Qué similitudes/diferencias cree Ud. que existen entre los problemas y la forma de solucionarlos en los Estados Unidos y otros países? ____

____

____

____

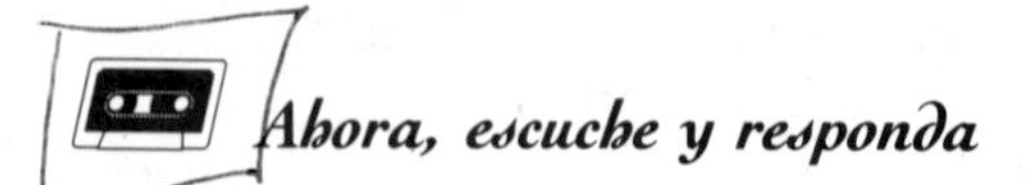

Ahora, escuche y responda

A. **La idea general.** Escuche la conversación y diga cuál es la idea general.

B. **Los apuntes.** Escuche nuevamente la conversación entre la señora Nadramia y un empleado de la Compañía de Teléfonos. Revise los apuntes incompletos que se presentan a continuación y complételos con la información necesaria. (No es necesario que utilice las palabras exactas.)

1. El problema de la Sra. Nadramia es que ______________________
____.
2. El número de teléfono de la Sra. Nadramia es ______________.
3. El empleado dice que el problema fue causado por __________
____.
4. Según el empleado, el problema será solucionado ___________
____.
5. La Sra. Nadramia está/no está satisfecha con esta solución porque______________________________________
____.
6. El empleado justifica la actuación de la compañía porque _____
____.
7. La Sra. Nadramia reacciona diciendo que _________________
____
____.
8. Escriba ahora sus conclusiones: _________________________
____
____
____

Para su información

La naturaleza y las comunicaciones en Hispanoamérica

Como hemos señalado antes, la diversidad geográfica de Hispanoamérica es su mejor recurso natural y a la vez su mayor problema. Aunque Hispanoamérica es una región inmensa, la naturaleza ha contribuido poco al bienestar de la gente. La vida es una lucha constante contra la naturaleza: las selvas, los desiertos y las montañas. Hay poca tierra adecuada para la producción agrícola y ganadera.

La naturaleza dificulta las comunicaciones. En México y la América Central las montañas separan los países así como las regiones dentro de un mismo país. En Sudamérica los Andes forman una barrera que separa la costa del Pacífico del interior del continente. En toda Hispanoamérica hay ríos grandes que no son útiles ni para la transportación ni para la

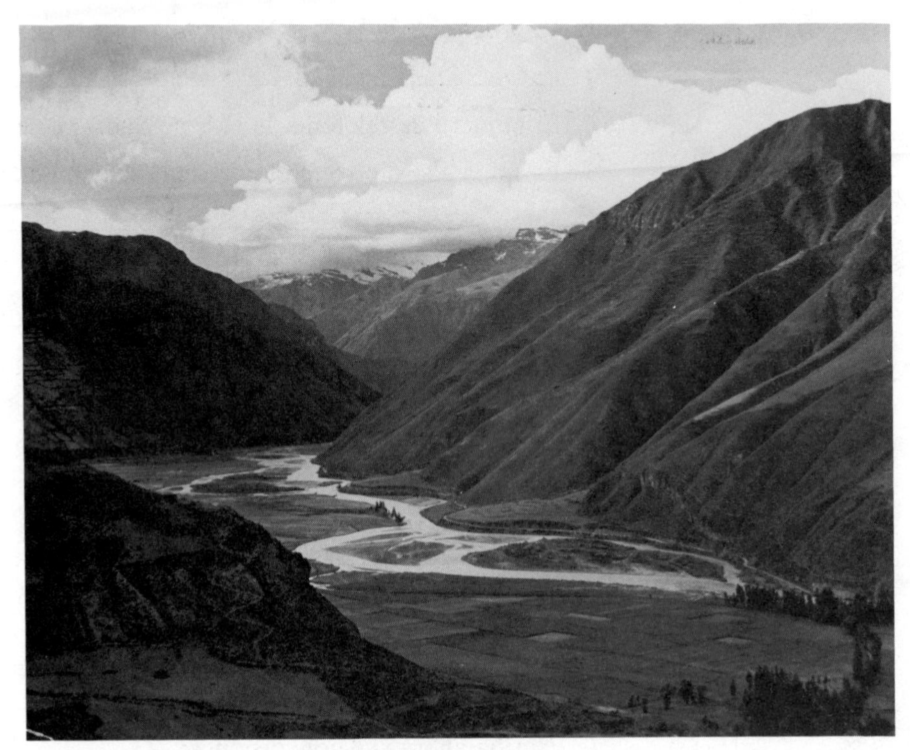

La naturaleza imponente

agricultura. La cuenca del Amazonas, un río de 3.900 millas de longitud, es una selva tropical que es casi impenetrable.

También es difícil construir carreteras dentro de las montañas, y las que existen son estrechas y llenas de curvas peligrosas. Es igual con el transporte ferroviario. Por eso no es sorprendente aprender que en Hispanoamérica dependen del transporte aéreo. Tampoco es sorprendente notar que la primera línea aérea nacional fue Avianca de Colombia o que hay más aeropuertos que estaciones de tren en Bolivia.

La naturaleza también impide la comunicación telefónica tanto internacional como doméstica. El servicio muchas veces es malo y hay largas demoras causadas por problemas climatológicos o catástrofes naturales. En México el terremoto de 1985 destruyó muchos cables y fue difícil repararlos.

Práctica

Escuche de nuevo el diálogo de esta situación y determine cuál es el problema con las comunicaciones. ¿Qué causó el problema?

Práctica y conversación

A. **En la compañía de teléfonos.** Trabajo en parejas.
Situación: Ud. recibe una cuenta de teléfonos con una serie de llamadas al extranjero que Ud. no hizo. Hable con un(a) empleado(a), presente su queja y trate de encontrar una solución. El (La) empleado(a) no coopera mucho con Ud.

B. **En la agencia de viajes.** Trabajo en parejas.
Situación: Ud. hizo sus reservaciones para ir al Uruguay y al Paraguay con mucha anticipación. Días antes de su viaje, Ud. va a la agencia de viajes y se entera que todo ha sido cancelado (pasajes, hoteles, excursiones). Hable con el (la) jefe de la agencia y preséntele su queja ante esta situación. El (Ella) lo(a) culpa a Ud. por no haber ido a la agencia antes.

C. **En el hotel.** Trabajo en parejas.
Situación: Ud. se encuentra en un hotel de lujo pero encuentra que los servicios son muy deficientes. Hable con el (la) gerente y preséntele sus quejas.

D. **Con el (la) conserje del edificio.** Trabajo en parejas.
Situación: Ud. se acaba de mudar a su apartamento pero tiene una serie de problemas: la calefacción (el aire acondicionado) no funciona, los vecinos hacen fiestas hasta altas horas de la madrugada, los ascensores no funcionan, los pasillos están siempre llenos de basura, etc. Hable con el (la) conserje y preséntele sus quejas. El (La) conserje no coopera mucho con Ud.

Estructuras

Cómo se emplean los pronombres

Los pronombres sujetos

yo	*I*	nosotros(as)	*we*
tú	*you*	vosotros(as)	*you*
él	*he*	ellos	*they*
ella	*she*	ellas	*they*
Ud.	*you*	Uds.	*you*

A. En las Américas se usa **ustedes** como la forma plural de **tú** y de **usted**. En España se usa **vosotros(as)** como la forma plural de **tú**. En algunas regiones de Hispanoamérica se usa **vos** en vez de **tú**. (Véase página 46 para una explicación del uso de **vos**.)

B. En español generalmente se omite el pronombre sujeto puesto que el verbo indica la persona y el número.

C. Se usa el pronombre sujeto en los siguientes casos.

1. Para evitar ambigüedad y confusión cuando el verbo no indica claramente la persona.

—¿Quién llamó, Maribel o Mariano?	*Who called—Maribel or Mariano?*
—**Ella** llamó a las ocho y **él** llamó después a eso de las nueve.	*She called at 8:00 and he called later at about 9:00.*

2. Para dar énfasis al sujeto.

Yo llamaré a la oficina, no él.	*I'll call the office, not him.*

3. Para seguir con las normas de cortesía se emplean las formas **Ud.** y **Uds.,** especialmente en preguntas.

Un árbol cayó en el poste del teléfono. Por eso **Uds.** no tienen teléfono.	*A tree fell on the telephone pole. That's why you are without phone service.*
¿Puede **Ud.** darme su nombre y número de teléfono?	*Can you give me your name and phone number?*

D. Para indicar a una persona se usa el pronombre sujeto después del verbo **ser**. Al contrario del inglés, en estos casos el verbo concuerda con el sujeto.

Soy yo.	*It is I / It's me.*
Eres tú.	*It's you.*
Es él.	*It is he / It's him.*
Es ella.	*It is she / It's her.*
Es Ud.	*It's you.*
Somos nosotros(as).	*It is we / It's us.*
Sois vosotros(as).	*It's you.*
Son ellos(as).	*It is they / It's them.*
Son Uds.	*It's you.*

Los pronombres preposicionales

mí	*me*	nosotros(as)	*us*
ti	*you*	vosotros(as)	*you*
él	*him*	ellos	*them*
ella	*her*	ellas	*them*
Ud.	*you*	Uds.	*you*

A. Se usan los pronombres preposicionales después de una preposición. Con la excepción de **mí** y **ti,** las formas son iguales a los pronombres sujetos.

Esta llamada telefónica es para **ti,** Rosario.	*This phone call is for you, Rosario.*

B. El pronombre preposicional **sí** es reflexivo; **sí** = *himself, herself, yourself, yourselves, themselves* y se usa cuando el sujeto del verbo está en la tercera persona singular o plural.

Maribel y Rosario son amigas íntimas y hablan entre **sí** a menudo.	*Maribel and Rosario are close friends and they talk among themselves frequently.*

C. El pronombre preposicional **ello** se refiere a una idea u oración que se ha expresado anteriormente o a algo indefinido cuyo género no se sabe.

Me gustaría estudiar con Uds. pero no tengo tiempo para **ello**.	*I would like to study with you but I don't have time for it.*

D. Las pronombres **mí, ti** y **sí** se convierten en formas especiales después de la preposición **con:** con + mí = **conmigo;** con + ti = **contigo;** con + sí = **consigo**.

—¿Cómo van todos a la fiesta?	*How is everyone going to the party?*
—Roberto va a ir **conmigo** y Eduardo y Tomás van a ir **contigo.** Mariano va a ir solo porque necesita llevar muchas cosas **consigo** en su coche.	*Roberto is going to go with me and Eduardo and Tomás are going to go with you. Mariano is going to go alone because he needs to take a lot of things with him in his car.*

E. Después de las preposiciones **como, entre, incluso, menos** y **según** se usa el pronombre sujeto en vez del pronombre preposicional en la primera y segunda persona singular.

Entre tú y yo, creo que Mariano es idiota.	*Between you and me, I think that Mariano is an idiot.*

Los pronombres reflexivos

me	*myself*	nos	*ourselves*
te	*yourself*	os	*yourselves*
se	{ *himself* / *herself* / *yourself*	se	{ *themselves* / *yourselves*

A. Se usan los pronombres reflexivos con los verbos reflexivos. Se puede identificar un verbo reflexivo por el infinitivo que termina en **-se**: acostar**se** (*to go to bed*); levantar**se** (*to get up*); quejar**se** (*to complain*).

B. Los pronombres reflexivos preceden al verbo conjugado y al mandato negativo. Siguen y van unidos al mandato afirmativo, al infinitivo y al gerundio. Cuando hay un verbo conjugado seguido por un infinitivo o un gerundio, el pronombre reflexivo puede preceder al verbo conjugado o seguir y unirse al infinitivo o gerundio.

VERBO CONJUGADO

Ana **se** levanta pronto. — *Ana is getting up soon.*

MANDATOS

Ana, levánta**te** ahora. — *Ana, get up now.*
Ana, no **te** levantes tarde. — *Ana, don't get up late.*

VERBO CONJUGADO + INFINITIVO

Ana va a levantar**se** pronto. / Ana **se** va a levantar pronto. — *Ana is going to get up soon.*

VERBO CONJUGADO + GERUNDIO

Ana está levantándo**se** ahora. / Ana **se** está levantando ahora. — *Ana is getting up now.*

C. Se puede usar los pronombres reflexivos **nos** y **se** con cualquier verbo para expresar una acción recíproca. En estos casos **nos** y **se** = *each other.*

Maribel y Rosario **se** hablan por teléfono cada día. — *Maribel and Rosario talk to each other on the phone every day.*

Si existe una ambigüedad se puede aclarar la oración añadiendo una forma de la frase **el uno al otro.**

AMBIGÜEDAD

Las chicas **se** hablan. — *The girls talk to themselves.* / *The girls talk to each other.*

CLARIFICACION

Las chicas **se** hablan **la una a la otra**. — *The girls talk to each other.*

¡OJO! Las chicas se hablan la una a la otra significa que hay dos chicas. **Las chicas se hablan las unas a las otras** significa que hay más de dos chicas.

Los pronombres de complemento directo

me	*me*	nos	*us*
te	*you*	os	*you*
lo	*him, you, it*	los	*them, you*
la	*her, you, it*	las	*them, you*

A. El pronombre de complemento directo indica a la persona o cosa que recibe la acción del verbo.

—¿Viste a Manolo hoy?	*Did you see Manolo today?*
—Sí, **lo** vi esta mañana.	*Yes, I saw him this morning.*

B. Se puede aclarar una ambigüedad o dar más énfasis al pronombre de complemento directo con la frase **a** + pronombre preposicional.

—¿Viste a Manolo hoy?	*Did you see Manolo today?*
—Sí, lo vi **a él** y también a Roberto.	*Yes, I saw him and Robert also.*

C. Se usa **lo** como pronombre invariable o neutral para referirse a una idea o un concepto que se ha expresado anteriormente.

—¿Vas a estudiar para el examen de Ley Mercantil?	*Are you going to study for the Business Law exam?*
—**Lo** haré mañana.	*I'll do it tomorrow.*
—Maribel es muy simpática, ¿verdad?	*Maribel is very nice, isn't she?*
—Sí, **lo** es.	*Yes, she is.*

D. Cuando una forma del adjetivo de cantidad **todo** es el complemento directo de un verbo, se añade también el pronombre de complemento directo **lo, la, los, las**.

—¿Qué pasó con la torta de chocolate que compré ayer?	*What happened to the chocolate cake I bought yesterday?*
—**La** comimos **toda.**	*We ate it all up.*

E. En España y algunas regiones de Hispanoamérica se usa **le** / **les** en vez de **lo** / **los** cuando se refieren a personas.

—¿Viste a Manolo hoy?	*Did you see Manolo today?*
—Sí, **le** vi.	*Yes, I saw him.*

Los pronombres de complemento indirecto

me	*(to) me*	nos	*(to) us*
te	*(to) you*	os	*(to) you*
le	*(to) him* / *(to) her* / *(to) you*	les	*(to) them* / *(to) you*

A. El pronombre de complemento indirecto indica a quién o para quién se hace una acción.

¿A quién **le** vas a hablar? ¿A Rosario? — *To whom are you going to speak? (To) Rosario?*

B. En español se puede usar el pronombre de complemento **le** / **les** junto con el complemento indirecto.

Maribel **le** habló **a Rosario.** — *Maribel talked to Rosario.*

C. Se puede aclarar una ambigüedad o dar más énfasis al pronombre de complemento indirecto con la frase **a** + pronombre preposicional.

—¿Vas a dar**le** el regalo a Raúl? — *Are you going to give the gift to Raúl?*

—No, no voy a dar**le** el regalo **a él,** te lo doy **a ti**. — *No, I'm not going to give the gift to him, I'm giving it to you.*

La posición de los pronombres de complemento directo e indirecto

Como los pronombres reflexivos, los pronombres de complemento directo e indirecto preceden al verbo conjugado y al mandato negativo. Siguen y se unen al mandato afirmativo, al infinitivo y al gerundio. Cuando hay un verbo conjugado seguido de un infinitivo o un gerundio, el pronombre puede preceder al verbo conjugado o seguir y unirse al infinitivo o al gerundio.

Dos pronombres en la misma oración

A. El pronombre de complemento indirecto precede al pronombre de complemento directo.

—¿Quién te regaló ese suéter? — *Who gave you that sweater?*

—Mi mamá **me lo** dio. — *My mom gave it to me.*

B. El pronombre reflexivo precede al pronombre de complemento directo o indirecto.

—Mami, ¿por qué tengo que ponerme los guantes?	*Mommy, why do I have to put on gloves?*
—Porque hace frío. Bien, pón**telos** ahora mismo.	*Because it's cold. Okay, put them on right now.*

C. Los pronombres **le** / **les** se convierten en **se** delante de los pronombres **lo, la, los, las**

—¿Cuándo le enviaste la carta a Pablo?	*When did you send the letter to Pablo?*
—**Se la** envié ayer.	*I sent it to him yesterday.*

D. Es normal usar una combinación de pronombres en la conversación o la narración.

—Hola, Maribel. ¿Cómo estás? ¿Qué **te** pasó anoche? **Te** estuvimos esperando hasta tarde. **Vos** dijiste que ibas a venir.	*Hi, Maribel. How are you? What happened to you last night? We were waiting for you until (it got) late. You said you were going to come.*
—Por eso **te** llamo. ¡Anoche tuve muchos problemas! Imagína**te,** estaba ya lista para ir a estudiar con **Uds.** cuando Mariano **se** presentó a mi casa.	*That's why I'm calling you. Last night I had a lot of problems. Just imagine, I was all ready to go to study with you when Mariano showed up at my house.*

Resumen de los pronombres

Sujeto	Reflexivo	Complemento directo	Complemento indirecto	Preposicional
yo	me	me	me	mí
tú	te	te	te	ti
él ella Ud.	se	lo la	le	él ella Ud.
nosotros(as)	nos	nos	nos	nosotros(as)
vosotros(as)	os	os	os	vosotros(as)
ellos ellas Uds.	se	los las	les	ellos ellas Uds.

Práctica de estructuras

A. **Ya lo he hecho.** Su compañero(a) de cuarto es bastante quejumbroso(a) y para evitar problemas con él (ella) Ud. hace todos los quehaceres domésticos muy pronto cada día. Así, cuando su compañero(a) le pregunta acerca de los quehaceres, Ud. puede contestar que ya los ha hecho. Con un(a) compañero(a) dramatice la situación; incluya por lo menos seis quehaceres domésticos. Utilice pronombres de complemento directo en las respuestas.

MODELO Compañero(a): ¿Has lavado los platos?
Usted: Sí, ya los he lavado.

B. **La librería.** A causa de las quejas estudiantiles contra la librería universitaria, la librería tuvo que devolverle $10.000 a la universidad. Un comité estudiantil tiene que repartir el dinero entre varios departamentos, profesores y estudiantes. Con un(a) compañero(a) de clase decida a quiénes les van a dar el dinero y cuánto les van a dar. Utilice pronombres de complemento indirecto en su discusión.

C. **Una llamada telefónica.** Ud. y tres amigos(as) han formado un grupo para estudiar química juntos(as). Como mañana hay un examen, el grupo hizo planes para estudiar anoche; cada miembro del grupo iba a preparar un resumen de uno de los capítulos. Desgraciadamente, Sandra Meléndez, una estudiante floja, no preparó su resumen y no vino a estudiar con Uds. Ud. tiene que llamarla para expresar las quejas del grupo; Sandra pide disculpas. Utilice una variedad de pronombres en la conversación.

A escribir

A. **Un pedido.** Hace un mes Ud. pidió un suéter negro de talla 40 de un catálogo. Al recibir el suéter ayer Ud. se dio cuenta que está sucio y una manga está descosida; además el suéter es talla 42. Ud. está furioso(a) porque el suéter es un regalo especial para el cumpleaños de su padre. Escríbale una carta a la compañía quejándose de los problemas. Dígales si Ud. prefiere que le devuelvan el dinero o que le cambien el suéter.

B. **La compañía de teléfonos.** Anteayer la compañía de teléfonos vino a su vecindad para reparar unos cables. Durante la reparación los obreros destruyeron su jardín, mataron unas rosas especiales y plantas exóticas. También rompieron una estatua de cerámica y dejaron la basura del almuerzo por todas partes. Ud. está verdaderamente irritado(a) con la compañía telefónica. Escríbales una carta presentándoles sus quejas y pidiendo soluciones.

Capítulo 10

Las explicaciones, la cólera y el malhumor

Bariloche, Argentina

Asimilación cultural — *La Argentina*

Situación geográfica	La Argentina es el segundo país más grande de la América del Sur. Limita al norte con Bolivia y el Paraguay, al este con el Paraguay, el Brasil, el Uruguay y el océano Atlántico, al sur con parte de Chile y al oeste con Chile.
Ciudades importantes	Entre las ciudades importantes cabe mencionar las siguientes. • Buenos Aires, la capital, está situada en la costa del Atlántico. Algunos lugares de interés en Buenos Aires son el pintoresco barrio de La Boca donde se encuentra el Museo de Bellas Artes, los parques de Palermo famosos por sus jardines de rosas y el famoso y majestuoso Teatro Colón para los amantes de conciertos, ópera y ballet. • Córdoba, Rosario.
Moneda	El peso argentino
Comidas típicas	Algunas comidas típicas argentinas son asado (carne cocinada a la parrilla), empanada (pastel de carne), chorizo (salchicha bastante condimentada).
Bebidas típicas	Algunas bebidas típicas en la Argentina son yerba mate, vinos argentinos.
Personalidades famosas	Jorge Luis Borges, tal vez la figura literaria más estimada de la Argentina, autor de *Ficciones* y *El tamaño de mi esperanza;* Mercedes Sosa, famosa cantante; Gabriela Sabatini, tenista; Diego Armando Maradona, futbolista.

Práctica y conversación

Usando la información presentada, haga el siguiente ejercicio.

1. ¿Dónde está situada la Argentina?
2. ¿Qué parques le gustaría visitar en Buenos Aires?
3. ¿Por qué es famoso el barrio La Boca?

4. Si a Ud. le gusta la ópera y los conciertos, ¿adónde puede ir en Buenos Aires?
5. Además de Buenos Aires, ¿qué otras ciudades le gustaría visitar?
6. ¿Cuál es la moneda nacional de la Argentina?
7. Si Ud. fuera a Buenos Aires, ¿qué pediría para comer y beber?
8. ¿Por qué es famoso Diego Armando Maradona?
9. Nombre un famoso escritor argentino.
10. ¿Sobre qué otra persona famosa de la Argentina ha oído Ud.?

Información lingüística

El dialecto argentino

Como en todos los países hispanos, no se puede generalizar las características del dialecto argentino. Aquí nos limitaremos al dialecto hablado en Buenos Aires.

Desde el punto de vista fonético una de las características más resaltantes del dialecto bonaerense es que no se distingue entre la pronunciación de la **y** y la **ll** y que las dos se pronuncian como una **ll** fuerte.

También podemos destacar que al igual que en el Uruguay, en Buenos Aires se usa el voseo con las terminaciones **-ás, -és, -ís** para los verbos en **-ar, -er, -ir** respectivamente. El voseo afecta la segunda persona del presente del indicativo (vos cant**á**s, vos beb**é**s, vos viv**í**s); el presente del subjuntivo (vos cant**é**s, vos beb**á**s, vos viv**á**s); y el imperativo (cant**á**, beb**é**, viv**í**). Los verbos con cambio en la raíz (**acostarse, jugar, dormir, mentir,** etc.) mantienen la vocal radical sin cambio (vos te ac**o**stás, vos j**u**gás, vos d**o**rmís, vos m**e**ntís, etc.).

Regionalismos

¡Bárbaro! / ¡Macanudo! / ¡Fenómeno!	*Great!*
¡Ché!	*Hey (you)!*
De hoy en más.	*Never again.*
¡Eso es un quemo!	*That's a shame!*
Eso es un batacazo.	*That's a stroke of luck.*
Hacerse problema.	*To make things difficult for oneself.*
Meter el perro.	*To cheat.*
¡No te mandes la parte!	*Don't exaggerate!*
Pibe.	*Child, young man.*
¡Pucha! / ¡A la pucha!	*Gosh!*

Práctica y conversación

Usando la información presentada, haga el siguiente ejercicio.

1. ¿A qué dialecto se asemeja el dialecto bonaerense?
2. Mencione una característica del dialecto bonaerense.
3. ¿Cómo es el voseo bonaerense?
4. Usando el voseo, diga cuál es la forma imperativa de los siguientes verbos: servir, vestirse, corregir, pedir, sonreír, conseguir.
5. ¿Cómo se dice en la Argentina cuando algo le impresiona mucho a uno?
6. ¿Cómo se le llama a un niño?
7. ¿Qué diría Ud. en la Argentina si alguien que Ud. conoce gana la lotería?
8. ¿Cómo se dice si alguien engaña o miente?
9. ¿Qué le diría Ud. a un amigo que exagera mucho acerca de la belleza de su pueblo?
10. ¿Qué diría Ud. para asegurarle a alguien que nunca más va a volver a hacer algo?

Primera situación

Así se dice *Cómo se explica*

Cómo se explica

Así es cómo se hace.	*That's the way you do it.*
Bueno, vamos a ver, ¿por dónde comienzo / comenzamos?	*Well, let's see, where do I / we start?*
Como ilustración / muestra...	*As a way of illustrating / showing you . . .*
Déjeme / Déjame explicarle(te).	*Let me explain it to you.*
En primer / segundo / tercer lugar...	*In the first / second / third place . . .*
Es necesario / importante...	*It is necessary / important . . .*
Esto es porque / debido a que...	*This is because / due to the fact that . . .*
Finalmente,...	*Finally, . . .*
Hay que...	*One has to . . .*
Lo primero que tienes que hacer es...	*The first thing you have to do is . . .*
No hace falta ni decirlo.	*That goes without saying.*
Permítame / Permíteme explicar...	*Let me explain . . .*
Por ejemplo,...	*For example, . . .*
Por eso...	*That is why . . .*

Dichos y refranes

Cada quien tiene su manera de matar pulgas.	*There's more than one way to skin a cat.*
Del dicho al hecho, hay mucho trecho.	*It's easier said than done.*
Doy por sentado que...	*I take for granted that . . .*
Nadie es sabio por lo que supo su padre.	*Nobody is wise on account of his father's knowledge.*

Práctica y conversación

¡OJO! La revisión de los puntos gramaticales y ejercicios presentados al final de este capítulo le puede ser útil para hacer los siguientes ejercicios.

A. **Busque las correspondencias.** Trabajo individual.
¿Qué frases o expresiones de la columna B corresponden a las situaciones descritas en la columna A?

A	B
1. A Ud. le han enseñado cómo se redacta un ensayo; ahora tiene que ponerlo en práctica.	a. Déjame explicarte...
2. Ud. le explica a su amiga cómo usar su procesadora de palabras.	b. Nadie es sabio por lo que supo su padre.
3. Ud. explica el primer paso para preparar su postre favorito.	c. Finalmente,...
4. Ud. quiere explicarle una situación difícil a su amiga pero no sabe cómo empezar.	d. Esto es porque...
5. El hijo de un famoso profesor trata de explicar un complicado problema de geometría pero comete muchos errores.	e. Por ejemplo,...
6. Ud. explica el último paso para resolver un problema difícil.	f. Del dicho al hecho, hay mucho trecho.
	g. En primer lugar,...
	h. Vamos a ver, ¿por dónde comienzo?
	i. Doy por sentado que...

B. **¿Cómo diría Ud.?** Trabajo individual.
¿Cuál de las expresiones o refranes mencionados usaría Ud. en las siguientes situaciones?

1. Ud. se ofrece para explicar algo.
   Ud. dice: Permítame explicar
2. Ud. señala tres etapas que se tienen que cumplir para hacer algo.
   Ud. dice: En tercer lugar?
3. Ud. no sabe cómo empezar a hacer algo.
   Ud. dice: Bueno, vamos a ver, ¿Por dónde comienzo?
4. Ud. indica que es necesario realizar todos los pasos de un experimento científico.
   Ud. dice: R
5. Ud. quiere que alguien omita los detalles y dé la información principal.
   Ud. dice: No hace falta ni decirlo.
6. Ud. quiere ilustrar algo.
   Ud. dice: Como ilustración

C. **Jugando Nintendo.** Trabajo en parejas.
Situación: Ud. le explica a su amigo(a) cómo se juega Nintendo. El (Ella) le hace preguntas. Empleen el voseo.

MODELO Estudiante 1: ¡Ché, pibe! Permití que te explique. En primer lugar, tenés que agarrar este aparato de esta manera. Luego...
Estudiante 2: ¿Cómo decís?

D. **¿Cómo funciona esta máquina?** Trabajo en grupos de cinco.
Situación: Ud. trabaja en una tienda que ofrece una serie de servicios a estudiantes universitarios. Varios clientes le piden ayuda: una persona quiere sacar varias copias, otra quiere agrandar unas páginas de un libro, otra quiere sacar copias a colores y la otra quiere usar la computadora. Explíquele a cada una de estas personas cómo usar las diferentes máquinas.

¡Mirá! Así se prepara el arroz con chancho

Técnica de comprensión

Cuando Ud. escucha una conversación, una conferencia o un anuncio y alguien le pregunta qué escuchó, Ud. no tiene que recordar palabra por palabra lo que se dijo. Ud. puede parafrasear, es decir, usar otras palabras o frases para recontar lo dicho. Aplique esta técnica después de escuchar la conversación que sigue.

Antes de escuchar

La conversación que Ud. va a escuchar es entre dos amigas, Emma y Gabriela, que están compartiendo una receta de cocina. Antes de escuchar la conversación, haga el siguiente ejercicio.

1. ¿Qué comidas típicas hispanas conoce Ud.? ____________________

   ____

   ____

   ____

2. ¿Qué ingredientes generalmente están presentes en las comidas hispanas que Ud. conoce? ____________________

   ____

   ____

3. Generalmente, ¿qué información se da primero cuando se da una receta de cocina? ____________________

   ____

4. Mencione tres expresiones que se pueden usar para dar una receta o para explicar cómo se hace algo. ____________________

   ____

   ____

5. ¿Sabe Ud. preparar algún plato hispano? ¿Cuál? ¿Cómo es? ________

   ____

   ____

   ____

Ahora, escuche y responda

A. **La idea general.** Escuche la conversación y diga cuál es la idea general.

B. **La paráfrasis.** Escuche nuevamente la conversación entre Emma y Gabriela. Tome los apuntes que considere necesarios en una hoja de papel y haga el siguiente ejercicio.

1. ¿Cuál es la actitud de Emma hacia Gabriela? ¿respetuosa? ¿arrogante? ¿amigable? ¿Qué frases o expresiones en la conversación apoyan su opinión?
2. ¿Cuál es la actitud de Gabriela con respecto a Emma? ¿agresiva? ¿complaciente? ¿Qué frases o expresiones en la conversación apoyan su opinión?
3. Cuando Emma dice «nadie aprende con experiencia ajena», quiere decir que Gabriela...
   a. recibirá ayuda ajena.
   b. va a cocinar.
   c. no tiene experiencia.
4. Describa las personalidades de Gabriela y Emma. ¿Qué frases o expresiones en la conversación apoyan su opinión?

5. Diga, en sus propias palabras, cómo se prepara el arroz con chancho. Señale primero los diferentes ingredientes que se necesitan. Luego, diga los pasos que hay que seguir.

   Ingredientes:

   ____________________ ____________________

   ____________________ ____________________

   ____________________ ____________________

   ____________________ ____________________

   Pasos:

   ____

   ____

   ____

   ____

   ____

   ____

Para su información

La diversidad étnica y lingüística

Entre los estadounidenses existe la tendencia de agrupar a todas las personas de habla española como si no existieran diferencias entre ellos. Esta tendencia se revela en los nombres que se emplean; a veces llaman «Spanish» a todas las personas de habla española o las llaman «latinos» sin darse cuenta que hay grandes distinciones étnicas, nacionales y regionales.

Los hispanos están orgullosos de su patria y generalmente se identifican por su país o región, no por la herencia hispana. Así hay que recordar que el nombre «español» se refiere solamente a los habitantes de España y no a todos los de habla española. En segundo lugar, el concepto del regionalismo es muy importante. Los españoles suelen referirse a sí mismos por su «patria chica», su ciudad o la región de origen. A la pregunta «¿De dónde es Ud.?», el español responde con frecuencia «Soy catalán / gallego / madrileño / sevillano» en vez de decir «Soy español». Igualmente los habitantes de otros países probablemente responderían primero con el nombre de la ciudad o la región donde viven o posiblemente con el nombre de su patria. Sería muy raro que alguien respondiera con «Soy hispano».

Orgullo hispano

Además de estas distinciones nacionales y regionales hay muchos grupos étnicos en España y en Hispanoamérica. Durante su larga historia España fue habitada por iberos, celtas, griegos, romanos y árabes. Estos grupos se mezclaron entre sí dando lugar al «español». En Hispanoamérica hay aún más variedad étnica. Antes de la llegada de los españoles al Nuevo Mundo, había varias tribus indígenas como los aztecas en México, los mayas en Centroamérica y los incas en la América del Sur, pueblos que fueron colonizados por los españoles. Más tarde vinieron los esclavos negros. Estas razas se combinaron produciendo nuevos grupos étnicos como los mestizos, personas con sangre india y europea.

En las diferentes regiones los diversos grupos preservaron su herencia étnica, lo que se puede observar hoy en día en la lengua, la comida y otros aspectos de la vida diaria. Así la carne de cerdo se conoce como **lechón** en Cuba, el **chancho** en Centroamérica y el **cochinillo** en otros lugares. Lo que los españoles llaman **guisantes** son **arvejas** en las Américas, y las **patatas** de España son las **papas** en Hispanoamérica. En su mayor parte esta variedad lingüística es un producto de la diversidad étnica.

Práctica

Escuche de nuevo el diálogo de esta situación y decida de dónde son las dos mujeres. ¿Qué comida sabe preparar Gabriela? Explique. ¿Por qué no sabe preparar arroz con chancho?

Práctica y conversación

A. **En la biblioteca.** Trabajo en parejas.
Situación: Ud. está en la biblioteca y ve a un(a) estudiante que no sabe cómo usar los ficheros o la computadora de la biblioteca para buscar unos libros que necesita. Ofrézcale ayuda. El (Ella) le pedirá información adicional.

B. **En la cafetería.** Trabajo en parejas.
Situación: Un(a) estudiante extranjero(a) no sabe cómo funciona el sistema de las cafeterías de las residencias estudiantiles y le pide ayuda. Ofrézcale ayuda y explíquele lo que tiene que hacer (hacer cola, escoger el plato de su preferencia, escoger algo para beber, etc.).

C. **En la Oficina de Administración.** Trabajo en parejas.
Situación: Ud. está inscribiéndose en los cursos que va a tomar el próximo semestre y ve a un(a) estudiante que no sabe cómo hacerlo y le pide ayuda. Explíquele detalladamente lo que tiene que hacer. El (Ella) le hará preguntas adicionales.

D. **En la cocina.** Trabajo en parejas.
Situación: Su amigo(a) va a invitar a unos amigos muy especiales a cenar este fin de semana. Como él (ella) no sabe cocinar, le pide ayuda a Ud. Déle la receta de su plato favorito. El (Ella) le hará preguntas de cómo prepararlo. Explíquele.

Segunda situación

Así se dice *Cómo se expresa cólera y malhumor*

Cómo se expresa cólera y malhumor

¡De ninguna manera voy a aceptar esto!	*There's no way that I'm going to accept this!*
No estoy para bromas.	*I'm not in the mood for jokes.*
No me hace gracia.	*It's not funny.*
Pero, ¿con qué derecho hace(s) eso?	*(But,) what right do you have to do that?*
Pero, ¡qué barbaridad!	*(But,) this is terrible!*
Pero, ¿Ud. / tú cree(s) que yo soy tonto(a)?	*(But,) do you think I'm a fool?*
Pero, ¿Ud. / tú está(s) loco(a)?	*(But,) are you crazy?*
¿Qué se / te ha(s) creído Ud. / tú?	*Who do you think you are?*
¡Ud. / tú está(s) loco(a) si cree(s) que yo voy a pagar esto!	*You have to be crazy if you think I'm going to pay for this!*

Cómo se reacciona a una expresión de cólera y malhumor

Bueno, ¡pero no es para tanto!	*Well, it's not that bad!*
Cálmese / Cálmate. ¡Que le / te hace daño!	*Calm down. That's not good for you!*
Cuando se / te calme(s), hablamos.	*When you calm down, we'll talk.*
¡Mantenga / Mantén su / tu compostura!	*Keep yourself under control!*
¡No se / te moleste(s)!	*Don't get mad!*
¡Pero no se / te ponga(s) así!	*Well, don't get bent out of shape!*
Pero, ¡tampoco la cosa es así!	*But it's not that bad!*

Dichos y refranes

A lo hecho, pecho.	*It's no use crying over spilt milk.*
A mal tiempo, buena cara.	*Grin and bear it.*
Bueno es culantro, pero no tanto.	*Enough is enough.*
Le / Te voy a cantar las verdades.	*I'll give him / her a piece of my mind.*
Ojo por ojo, diente por diente.	*An eye for an eye, and a tooth for a tooth.*
¡Qué [nuevo] ni qué ocho cuartos / ni que niño muerto!	*It's [new], so what?*
¡Váyase / Vete a freír monos!	*Go take a hike!*

Práctica y conversación

¡OJO! La revisión de los puntos gramaticales y ejercicios presentados al final de este capítulo le puede ser útil para hacer los siguientes ejercicios.

A. **Busque las correspondencias.** Trabajo individual.
¿Qué frases o expresiones de la columna B corresponden a las situaciones descritas en la columna A?

A	B
1. Ud. mandó a reparar su aspiradora y le cobran más de lo que cuesta una aspiradora nueva.	a. ¡Mantén tu compostura!
2. Ud. llega tarde a un examen porque su compañero(a) le apagó su despertador.	b. A mal tiempo, buena cara.
	c. No me hace gracia.
	d. Bueno es culantro, pero no tanto.
	e. Pero, ¿Ud. cree que soy tonto(a)?
	f. Pero, ¡no es para tanto!

3. Su vecino comienza a dar gritos porque Ud. accidentalmente destrozó sus rosas; Ud. cree que su reacción es excesiva.
4. Su vecino quiere que Ud. le compre nuevas plantas y que se las siembre.
5. Su jefe le dio una evaluación de su trabajo muy negativa; Ud. lo acepta y no se lo toma muy mal.
6. Su novio(a) está muy irritado(a) y desea discutir un asunto. Ud. piensa que es mejor discutirlo cuando él (ella) esté más tranquilo(a).

g. Cuando te calmes, hablamos.
h. No estoy para bromas.
i. Pero, ¿con qué derecho haces eso?

B. **¿Cómo diría Ud.?** Trabajo individual.
¿Cuál de las expresiones o refranes mencionados usaría Ud. en las siguientes situaciones?

1. Su hermano quiere que Ud. le prepare la comida, le lave la ropa, le tienda la cama y le haga la tarea.

   Ud. dice: ______________________________

2. Su compañero(a) de cuarto se puso su suéter sin pedírselo y se lo manchó.

   Ud. dice: ______________________________

3. Ud. salió muy mal en un examen y su amiga se burla de Ud.

   Ud. dice: ______________________________

4. Alguien ha estado diciendo mentiras acerca de Ud.

   Ud. dice: ______________________________

5. Su compañero(a) de cuarto se molesta mucho y comienza a gritar cuando Ud. prende el televisor.

   Ud. dice: ______________________________

6. Su amigo se pone a llorar porque sacó una C+ en un examen.

   Ud. dice: ______________________________

C. **¡Eso sí que no!** Trabajo en parejas.
Situación: Ud. y su hermano(a) habían hecho un acuerdo mientras sus padres estaban fuera de la ciudad: él (ella) limpiaba la casa y Ud. cocinaba. Ud. ha cocinado todos los días pero él (ella) sólo limpió la casa una vez. Sus padres llegan mañana y Ud. está furioso(a). Su hermano(a) trata de tranquilizarlo(a).

D. **¡Basta ya!** Trabajo en parejas.
Situación: Ud. trabaja en una compañía y frecuentemente tiene que hacer presentaciones a la junta directiva. Cada vez que Ud. lo hace, uno(a) de sus compañeros le hace preguntas rebuscadas, lo(a) pone en ridículo y lo(a) interrumpe. Hable con él (ella).

Pero, ¡mi auto no funciona!

Antes de escuchar

Recuerde y use la técnica de parafrasear para relatar lo que escucha en la siguiente conversación.

La conversación que Ud. va a escuchar es entre un hombre de negocios y un mecánico. El hombre de negocios está muy enojado. Antes de escuchar la conversación, haga el siguiente ejercicio.

1. ¿Qué tipo de relación cree Ud. que existe entre un cliente y un mecánico? ¿formal? ¿informal? ¿amigable? ¿respetuosa? ____________

   ____

2. ¿Hay alguna diferencia de poder o autoridad entre el cliente y el mecánico? Explique. ____________________

   ____

   ____

3. Escriba tres cosas que Ud. piensa que el cliente diría si estuviera enojado con el mecánico. ____________________

   ____

   ____

   ____

4. ¿Por qué cree Ud. que el cliente está enojado con el mecánico?

   ____

   ____

Ahora, escuche y responda

A. **La idea general.** Escuche la conversación y diga cuál es la idea general.

B. **La paráfrasis.** Escuche nuevamente la conversación entre el cliente y el mecánico. Tome los apuntes que considere necesarios en una hoja de papel y haga el siguiente ejercicio.

1. ¿Cuál es la actitud del Sr. Ramírez con respecto a Hernán? ¿respetuosa? ¿confrontacional? ¿amigable? ¿Qué frases o expresiones en la conversación apoyan su opinión?
2. ¿Cuál es la actitud de Hernán con respecto al Sr. Ramírez? ¿agresiva? ¿complaciente? ¿amigable? ¿Qué frases o expresiones en la conversación apoyan su opinión?
3. Cuando el Sr. Ramírez dice «no me vas a meter el perro», quiere decir que espera que Hernán no...
   a. le compre un perro.
   b. le eche a perder el carro.
   c. le engañe.
4. Diga, en sus propias palabras, cuál es el problema que tiene el Sr. Ramírez.
5. Describa a los personajes de esta conversación. Diga qué tipo de relación tienen y hace cuánto tiempo que se conocen. Explique.

Para su información

El personalismo y los negocios

Como hemos explicado antes, el personalismo es uno de los conceptos más importantes en la cultura hispana. Es la creencia en el valor del individuo y el respeto que se debe a cada ser humano. Tiene que ver con la dignidad personal y la confianza que se pone en otras personas, especialmente en las personas de autoridad. Los hispanos piensan que una persona de autoridad puede resolver los problemas mejor que las instituciones o el sistema. Por esta razón los hispanos tratan de establecer una red de familiares y amigos que pueden ayudarlos como intermediarios dentro de la burocracia.

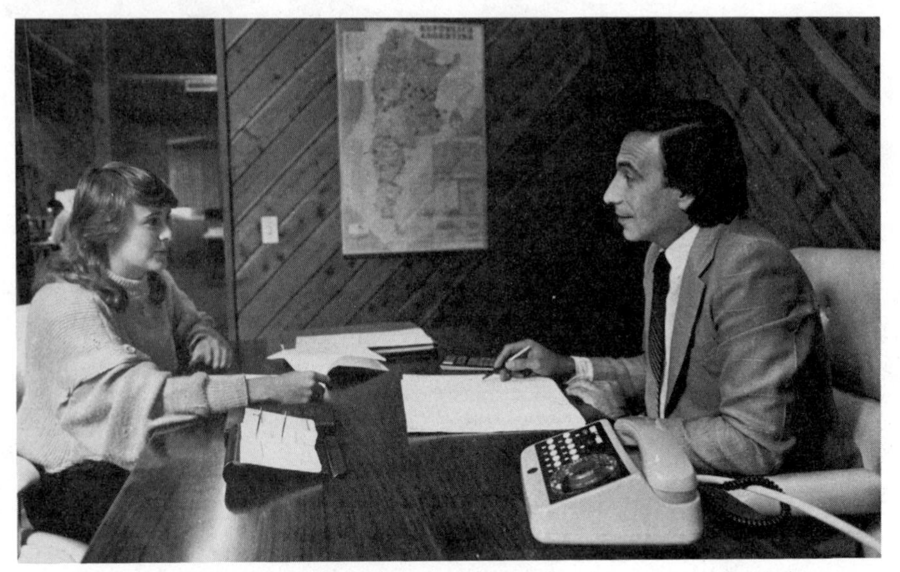

El personalismo

Por su parte las personas de autoridad deben ser honradas y respetar a los demás. Este respeto mutuo es muy importante en el mundo de los negocios.

Para tener éxito el hombre o la mujer de negocios necesita ser una persona honrada; tiene que cumplir con sus deberes y con su palabra. Así los hispanos no dependen de los contratos escritos tanto como en la cultura estadounidense. Para llegar a un acuerdo, la palabra de honor puede ser suficiente en muchos casos. Si una persona rompe el contrato verbal, la palabra de honor, es tal vez peor que romper un contrato escrito. Significa que el comerciante no es honrado y que no respeta a su cliente. En muy poco tiempo el comerciante perdería su puesto de autoridad y posiblemente su negocio.

Práctica

Escuche de nuevo el diálogo de esta situación y explique el problema que surge teniendo en cuenta el concepto del personalismo.

Práctica y conversación

A. **En la oficina.** Trabajo en parejas.
Situación: Ud. ha estado trabajando muy duro últimamente. Sin embargo, su jefe lo(a) llama y le da más trabajo. Ud. sabe que hay otros en su oficina que no hacen ni la mitad del trabajo que Ud. pero ganan más. Ud. protesta y le da un recuento a su jefe de todo lo que Ud. ha hecho. El (Ella) responde.

B. **En la casa.** Trabajo en parejas.
Situación: Ud. llega a casa y se da cuenta que su suegro(a) ha ido a su casa mientras Ud. estaba ausente y ha cambiado todas las cosas de su lugar. Ud. habla con él (ella). El (Ella) trata de calmarlo(a) y le explica por qué hizo lo que hizo.

C. **En una reunión.** Trabajo en parejas.
Situación: Ud. está en una reunión social y se encuentra con un(a) compañero(a) de trabajo que no le tiene mucha simpatía. El (Ella) «accidentalmente» le derrama una copa de vino; no le pide disculpas sino más bien se burla de su apariencia. Ud. está muy disgustado(a) y le habla y le recuerda todas las otras cosas negativas que le ha hecho a Ud. en el pasado. El (Ella) responde.

D. **En el aeropuerto.** Trabajo en grupos de cuatro.
Situación: Ud. y sus dos amigos(as) están en el aeropuerto y han estado haciendo cola para poder pasar por inmigración por una hora. De pronto ven que dos personas pasan rápidamente y se ponen al frente de la cola sin esperar. Uds. protestan. Ellos responden.

Estructuras

Cómo se expresa la rutina diaria y las preferencias

Los verbos reflexivos

Los verbos reflexivos son los que usan un pronombre reflexivo para indicar que la acción del verbo recae en el sujeto que la efectúa. Los infinitivos de los verbos reflexivos terminan en **-se**: levanta**rse** (*to get up*), preocupar**se** (*to be worried*). En las conjugaciones de los verbos reflexivos se emplea siempre la forma apropiada del pronombre reflexivo.

levantarse	***to get up***		
me levanto	*I get up*	nos levantamos	*we get up*
te levantas	*you get up*	os levantáis	*you get up*
se levanta	*he, she, you get(s) up*	se levantan	*they, you get up*

A. Entre los verbos reflexivos hay verbos regulares e irregulares y verbos con cambios de radical o cambios ortográficos.

B. Hay ciertos verbos que se usan siempre en la forma reflexiva.

arrepentirse (ie, i) de	*to repent*	empeñarse en	*to insist on*
atreverse a	*to dare to*	fijarse en	*to notice*
ausentarse de	*to be absent*	quejarse de	*to complain*
burlarse de	*to make fun of*	resignarse a	*to resign oneself*
darse cuenta de	*to realize*	suicidarse	*to commit suicide*

C. Hay otros verbos que se emplean en la forma reflexiva y la forma no reflexiva. Entre estos verbos hay los que tienen que ver con la rutina diaria.

acostarse (ue)	*to go to bed*	levantarse	*to get up*
afeitarse	*to shave*	maquillarse	*to put on makeup*
arreglarse	*to get ready*	peinarse	*to comb one's hair*
bañarse	*to take a bath*	ponerse	*to put on (clothing)*
cepillarse	*to brush*	quitarse	*to take off (clothing)*
despertarse (ie)	*to wake up*	secarse	*to dry oneself*
dormirse (ue, u)	*to go to sleep*	sentirse (ie) bien / mal	*to feel good / bad*
ducharse	*to take a shower*	vestirse (i, i)	*to get dressed*
lavarse	*to wash oneself*		

Otros verbos que tienen una forma reflexiva y no reflexiva son:

alegrarse de	*to be happy*	irse	*to go away*
casarse con	*to get married*	llamarse	*to be named*
dedicarse a	*to be dedicated*	preocuparse por	*to worry about*
despedirse (i, i)	*to say good-bye*	probarse (ue)	*to try on*
divertirse (ie, i)	*to have a good time*	sentarse (ie)	*to sit down*
hacerse	*to become*		

D. Los pronombres reflexivos preceden al verbo conjugado y al mandato negativo. Siguen y se unen al mandato afirmativo, al infinitivo y al gerundio. Cuando hay un verbo conjugado seguido de un infinitivo o un gerundio, el pronombre reflexivo puede preceder al verbo conjugado o seguir y unirse al infinitivo o al gerundio.

VERBO CONJUGADO

Paco **se** despierta a las siete.	*Paco wakes up at 7:00.*

MANDATOS

Paco, despiérta**te** ahora mismo.	*Paco, wake up right now.*
Paco, no **te** levantes tarde.	*Paco, don't get up late.*

VERBO CONJUGADO + INFINITIVO

Paco va a poner**se** un suéter. Paco **se** va a poner un suéter.	*Paco is going to put on a sweater.*

VERBO CONJUGADO + GERUNDIO

Paco está arreglándo**se** ahora. Paco **se** está arreglando ahora.	*Paco is getting ready now.*

E. Se puede usar la forma no reflexiva de un verbo cuando recae la acción sobre otras personas. En estos casos la persona (o la cosa) sobre quien recae la acción tiene la función de complemento directo.

—Gabriela se despertó y después despertó a su hija.	*Gabriela woke up and then she woke up her daughter.*
—¿Despertó Gabriela a su hijo Tomás también?	*Did Gabriela wake up her son Tomás also?*
—Sí, lo despertó hace una hora.	*Yes, she woke him up an hour ago.*

F. Se puede usar los pronombres **nos** y **se** con cualquier verbo para expresar una acción recíproca; en esos casos **nos** / **se** = *each other.*

Miguel y yo no **nos** vemos a menudo.	*Miguel and I don't see each other very often.*
Gabriela y Emma **se** hablan todos los días.	*Gabriela and Emma talk to each other every day.*

G. Se usa el **se** reflexivo para expresar una acción sin indicar quién la efectúa. En esta construcción el verbo se conjuga como la tercera persona pero se convierte en forma impersonal.

Para preparar el chancho, **se** corta la carne en trozos y **se** agregan arvejas y plátanos.	*To prepare pork, the meat is cut into chunks and peas and plantains are added.*

Los verbos como gustar

A mí	me	gusta el arroz.	*I like rice.*
A ti	te	gusta el arroz.	*You like rice.*
A él	le	gusta el arroz.	*He likes rice.*
Al hombre	le	gusta el arroz.	*The man likes rice.*
A ella	le	gusta el arroz.	*She likes rice.*
A Delia	le	gusta el arroz.	*Delia likes rice.*
A Ud.	le	gusta el arroz.	*You like rice.*
A nosotros(as)	nos	gusta el arroz.	*We like rice.*
A Ana y a mí	nos	gusta el arroz.	*Ana and I like rice.*
A vosotros(as)	os	gusta el arroz.	*You like rice.*
A ellos	les	gusta el arroz.	*They like rice.*
A los chicos	les	gusta el arroz.	*The boys like rice.*
A ellas	les	gusta el arroz.	*They like rice.*
A Paco y a Ana	les	gusta el arroz.	*Paco and Ana like rice.*
A Uds.	les	gusta el arroz.	*You like rice.*

A. Con los verbos como **gustar** el sujeto en inglés se convierte en un complemento indirecto en español.

Me gusta el arroz.
I like rice.

Generalmente, el sujeto sigue al verbo. Es el sujeto que determina si el verbo es singular o plural.

Me **gusta** el chorizo. — *I like sausage.*
Me **gustan** las empanadas. — *I like empanadas.*

B. Para aclarar o dar más énfasis al pronombre de complemento indirecto, se agrega **a** + el pronombre preposicional.

A mí no me gustan los plátanos, pero **a ella** le gustan mucho. — *I don't like plantains, but she likes them a lot.*

Se puede usar **a** + un nombre o un sustantivo con los pronombres **le / les.**

A Emma le gusta cocinar. — *Emma likes to cook.*
A mis amigos no les gusta la comida china. — *My friends don't like Chinese food.*

C. Otros verbos que funcionan como **gustar** incluyen los siguientes.

caer bien / mal	*to suit / to not suit*	fascinar	*to fascinate*
disgustar	*to annoy, upset, displease*	importar	*to be important; to matter*
		interesar	*to interest, be interesting*

doler (ue)	*to hurt, ache*	molestar	*to bother, annoy*
encantar	*to adore, delight, love*	parecer	*to seem*
		quedar	*to remain, have left*
faltar	*to be missing, lacking, to need*		

D. Se puede emplear los verbos como **gustar** en los otros tiempos.

Clara vio la nueva película de Almodóvar y le **encantó.** ¿Te **gustaría** ir conmigo para verla? — *Clara saw Almodóvar's new movie and loved it. Would you like to go to see it with me?*

Práctica de estructuras

Ud. necesita encontrar un(a) compañero(a) para compartir su apartamento incluyendo los gastos y los quehaceres. Haga los siguientes ejercicios con el propósito de encontrar un(a) compañero(a).

A. **Su rutina diaria.** Como su apartamento tiene un solo cuarto de baño, Ud. y su compañero(a) no pueden arreglarse al mismo tiempo. Haga por lo menos seis preguntas a su futuro(a) compañero(a) para que él (ella) le explique su rutina diaria y así eviten problemas.

MODELO Usted: ¿A qué hora te levantas generalmente?
Compañero(a): Me levanto a las siete.

B. **Los gustos.** Prepare una lista mental de lo que prefiere comer y beber para cada una de las tres comidas diarias. Usando esta lista, pregúntele a su futuro(a) compañero(a) si le gusta cada una de las cosas en su lista y él (ella) responderá. ¿Qué comidas y bebidas tienen en común?

C. **El tiempo libre.** Explíquele a su futuro(a) compañero(a) lo que a Ud. le gusta o le encanta hacer en su tiempo libre. También explíquele lo que le disgusta o le molesta. Su compañero(a) va a decirle si está de acuerdo o no.

D. **Los resultados.** Ahora Ud. y su futuro(a) compañero(a) le explican a la clase lo que Uds. dos tienen en común y si pueden compartir el apartamento fácilmente o no.

A escribir

A. **Su nuevo(a) compañero(a).** A pesar de sus planes y las entrevistas que tuvo para conseguir un(a) nuevo(a) compañero(a), Ud. tiene muchos problemas con él / ella. Es muy sucio(a) y nunca ayuda con los quehaceres domésticos. Ud. acaba de regresar al apartamento y descubrió que él (ella) lo dejó todo en desorden después de arreglarse en el baño. Puesto que Ud. tiene que ir a trabajar, escríbale una nota expresando su cólera. Dígale lo que debe hacer después de cumplir con las actividades de su rutina diaria.

B. **Los gustos y preferencias.** Escríbale una carta a su amigo(a) en otra universidad describiendo a su nuevo(a) compañero(a). Explíquele lo que le gusta, disgusta, molesta e interesa acerca de esta persona. Incluya explicaciones sobre la rutina diaria de su compañero(a).

Capítulo 11

Las hipótesis y las acusaciones

La Plaza de España, Madrid

Asimilación cultural *España*

Situación geográfica

España limita al norte con el océano Atlántico, al noreste con Francia, al sur y al este con el mar Mediterráneo y al oeste con Portugal.

Ciudades importantes

Entre las ciudades importantes cabe mencionar las siguientes.

- Madrid, la capital, está situada en la parte central del país. Algunos lugares de interés en Madrid son el Museo del Prado donde entre muchas otras obras de arte de valor mundial se puede encontrar *Las Meninas* de Velázquez; la Puerta del Sol en el centro de la ciudad; el Parque del Retiro.
- Barcelona, Sevilla, Valencia, Bilbao.

Moneda

La peseta

Comidas típicas

Algunas comidas típicas españolas son caldo gallego (sopa hecha de pollo, carne de res y vegetales); fabada asturiana (frijoles con morcilla, chorizo y vegetales); tortilla de patatas; paella valenciana.

Bebidas típicas

Algunas bebidas típicas en España son sangría (vino con fruta, ginger ale y canela); sidra (jugo de manzana fermentado); vinos españoles.

Personalidades famosas

Camilo José Cela, ganador del Premio Nobel de Literatura en 1989; Pablo Picasso, famoso pintor, creador del cubismo; Plácido Domingo, cantante de ópera; Julio Iglesias, cantante popular.

Práctica y conversación

Usando la información presentada, haga el siguiente ejercicio.

1. ¿Dónde está situada España?
2. ¿Cuáles son algunas ciudades españolas importantes y dónde están situadas?
3. ¿Qué museo podría visitar en Madrid para ver obras de renombre internacional?

4. Si a Ud. le gustan los parques, ¿a qué parque iría en Madrid?
5. ¿Cuál es la moneda nacional de España?
6. Si Ud. fuera a España, ¿qué pediría para comer y beber?
7. Nombre un famoso escritor español.
8. ¿Qué cantantes españoles conoce Ud.?
9. ¿Por qué es famoso Picasso?
10. ¿Sabe Ud. algo más de España o conoce a alguna otra personalidad española que no se ha mencionado aquí?

Información lingüística

El dialecto castellano

La información que se presenta aquí corresponde al español hablado en Castilla, la zona central de España. Sin embargo, existen variedades regionales (el español extremeño, el andaluz) que se distinguen entre sí básicamente por la entonación y pronunciación. Existen también otras lenguas que se hablan en España además del español: el catalán, en el este; el gallego, en el noroeste; el vascuence, en el norte.

En el dialecto castellano se pueden destacar las siguientes características: el uso de la /θ/ para la pronunciación de **z** y de **c** (antes de **i** y **e**); y, la fuerte pronunciación de **j** y de **g** (delante de **i** y **e**).

También hay que mencionar el uso del pronombre **vosotros** para la segunda persona del plural en toda España. **Vosotros** marca informalidad y está en contraste con **ustedes** que denota formalidad. Las terminaciones verbales que corresponden a **vosotros** son: **-áis, -éis, -ís** para los verbos en **-ar, -er, -ir** (vosotros cant**áis,** vosotros com**éis,** vosotros re**ís**).

Regionalismos

Dar calabazas.	*To reject (a marriage / romantic proposal).*
Es muy majo(a).	*He's / She's a very nice person.*
¡Ese(a) sabe más que Lepe!	*He's / She's smart!*
¡Está emperrado(a)!	*He / She is being stubborn!*
¡Me han cateado!	*They've flunked me!*
¡Vale!	*Okay!*
Vamos de copas.	*Let's go have a drink.*
¡Vamos de juerga / cachondeo!	*Let's party!*

Práctica y conversación

Usando la información presentada, haga el siguiente ejercicio.

1. ¿Qué otras lenguas se hablan en España además del español?
2. ¿Cómo se pronuncian la **c** antes de **i** y **e** y la **z** en España?
3. ¿Cuándo se usa el pronombre **vosotros**?
4. ¿Qué expresión se puede usar para invitar a alguien a ir a una fiesta?
5. ¿Cómo se dice que un hombre es muy agradable y simpático?
6. ¿Cómo se dice que una persona es muy inteligente?
7. ¿Cómo se dice cuando una persona no acepta una propuesta de matrimonio?
8. ¿Cómo se le dice a una persona que no cede aunque esté equivocada?
9. ¿Cómo podría decir Ud. en España que salió mal en un examen?
10. ¿Qué diría Ud. si quiere ir a divertirse?

Primera situación

Así se dice *Cómo se presenta una hipótesis*

Cómo se presenta una hipótesis

A despecho de...	*In spite of . . .*
En caso de...	*In case of . . .*
En el supuesto caso que...	*In the supposed case that . . .*
En el supuesto negado que...	*In the false supposition that . . .*
Que yo sepa...	*As far as I know . . .*
Si acaso...	*If perhaps . . .*
Si consideráramos...	*If we considered . . .*
Si por casualidad...	*If by chance . . .*
Si pudiera / tuviera...	*If I could / had . . .*
Si se tiene en cuenta que...	*If one considers that . . .*
Si se quisiera...	*If one wanted to . . .*
Si todo anda bien...	*If everything goes all right . . .*
Si tuviéramos en cuenta...	*If we took into account . . .*
Suponiendo que...	*Supposing that . . .*

Dichos y refranes

Quien mal empieza, mal acaba.	*He who lives by the gun, dies by the gun.*
Si mi abuelita no se hubiera muerto, todavía viviría.	*If wishes were horses, beggars would ride.*
Si no cuidas la gotera, cuidarás la casa entera.	*An ounce of prevention is worth a pound of cure.*

Práctica y conversación

¡OJO! La revisión de los puntos gramaticales y ejercicios presentados al final de este capítulo le puede ser útil para hacer los siguientes ejercicios.

A. **Busque las correspondencias.** Trabajo individual.
¿Qué frases o expresiones de la columna B corresponden a las situaciones descritas en la columna A?

A

1. Ud. quiere comprarse un coche nuevo pero no sabe si va a recibir un aumento de sueldo o no.
2. Ud. no sabe si podrá ir de vacaciones este año.
3. Ud. está seguro(a) de que tendrá un buen trabajo aunque todavía no tiene nada.
4. Ud. piensa que su novio(a) está en casa, pero no está seguro(a).
5. Su hermano(a) menor siempre se mete en problemas y Ud. está muy preocupado(a).
6. Su vecino siempre piensa en lo que habría podido hacer si no se hubiera casado tan joven.

B

a. Si consideráramos todas las opciones, no tendríamos ningún problema.
b. Quien mal empieza, mal acaba.
c. Suponiendo que lo reciba, me lo compraré.
d. A despecho de no tener nada seguro, estoy seguro(a) que pronto recibiré una oferta.
e. Que yo sepa, está ahí.
f. Si mi abuelita no se hubiera muerto, todavía viviría.
g. En el supuesto negado que me despidan, me iré de esta ciudad.
h. Si acaso puedo, iré a Sevilla.
i. Si no cuidas la gotera, cuidarás la casa entera.

B. **¿Cómo diría Ud?** Trabajo individual.
¿Cuál de las expresiones o refranes mencionados usaría Ud. en las siguientes situaciones?

1. Ud. le pide a su esposo(a) que si se encuentra casualmente con Marta, la invite a la fiesta que han organizado.

   Ud. dice: ____________________
2. Ud. piensa que si no surge ningún problema podrá recibir una A en todos sus cursos.

   Ud. dice: ____________________
3. Ud. quiere preparar a sus padres por si recibe malas notas.

   Ud. dice: Si por casualidad recibo malas notas

4. Ud. cree que conseguirá un puesto excelente cuando termine la universidad porque ha tenido una educación excelente.

   Ud. dice: ____________________

5. Si Ud. tuviera dinero, se iría de vacaciones a México.

   Ud. dice: ____________________

6. Ud. tiene otros planes en caso que rechacen su solicitud de trabajo en una empresa multinacional.

   Ud. dice: ____________________

C. **¿Qué harías con un millón de dólares?** Trabajo en parejas.
Situación: Ud. y su compañero(a) han comprado un billete de lotería y hablan de lo que harían si fueran los(as) ganadores(as): qué comprarían, adónde irían, a quién ayudarían, etc.

D. **¿Qué harías si consiguieras trabajo en Hong Kong?** Trabajo en parejas.
Situación: Ud. y su compañero(a) están hablando de sus planes para el futuro. Ninguno(a) de los(as) dos sabe exactamente qué hacer ni qué decisiones tomar. Han escrito muchas solicitudes y han postulado a muchos trabajos pero no saben nada con certeza. Discutan lo que harían si ciertos planes resultan.

¿Dónde querrías trabajar?

Técnica de comprensión

Muchas veces cuando Ud. participa en una conversación, escucha una conferencia o un anuncio radial o en la televisión, es importante que Ud. recuerde la información concreta que se da: nombres, fechas, direcciones, números de teléfono, etc. Para hacer esto es útil tomar apuntes ya sea escritos o mentales de la información recibida. Practique esta técnica al escuchar la conversación que sigue.

Antes de escuchar

La conversación que Ud. va a escuchar es entre dos amigos que van a graduarse de la universidad muy pronto. Antes de escuchar la conversación, conteste las siguientes preguntas.

1. ¿Qué tipo de preocupaciones tiene un(a) estudiante del último año de universidad? ____________________

   ____

   ____

2. ¿Qué hace un(a) estudiante del último año de universidad para asegurar su estabilidad en el futuro? ______

3. ¿Qué va a hacer Ud. cuando se gradúe? ______

4. ¿Dónde piensa Ud. vivir después de graduarse? ______

5. ¿Qué problemas cree Ud. que puede encontrar para entrar en el mundo del trabajo? ______

Ahora, escuche y responda

A. **La idea general.** Escuche la conversación y diga cuál es la idea general.

B. **Los apuntes.** Escuche nuevamente la conversación entre Rafael y Manuel. Tome los apuntes que considere necesarios en una hoja de papel y llene el siguiente esquema con la información correcta.

Rafael

Campo en el que busca trabajo: ______________________________

Plan principal: ______________________________

Actividades realizadas: ______________________________

Problemas anticipados o reales: ______________________________

____

Plan alternativo: ______________________________

Personas que pueden ayudarlo: ______________________________

Manuel

Campo en el que busca trabajo: ______________________________

Plan principal: ______________________________

Actividades realizadas: ______________________________

Problemas anticipados o reales: ______________________________

____

Plan alternativo: ______________________________

Personas que pueden ayudarlo: ______________________________

Para su información

Las diversiones

Además de las fiestas religiosas y nacionales, los deportes son diversiones populares para los hombres y las mujeres hispánicos. El fútbol es el deporte preferido y los hispanos de casi todas las edades improvisan una cancha en cualquier lugar, desde la calle hasta los clubes atléticos. Los equipos, patrocinados por universidades, negocios y asociaciones, compiten en campeonatos regionales, nacionales e internacionales. Cada cuatro años el Campeonato Mundial tiene lugar en un país diferente. Los mejores equipos del mundo compiten; entre ellos muchas veces se puede ver los equipos del Perú, México, la Argentina y España. Hay mucha rivalidad entre los aficionados que a veces reaccionan con violencia si no les gusta el resultado final.

Un partido de fútbol

La corrida de toros es una diversión popular en España, México, Colombia, el Perú, Venezuela y otros países hispanos. Muchos dicen que la corrida no es un deporte sino una exhibición que representa el triunfo de la inteligencia humana sobre la fuerza bruta del animal. En España hay corridas los domingos y los días festivos desde mayo hasta octubre.

El golf es el deporte que crece más rápidamente en popularidad en España hoy en día. Otros deportes populares en España son el jai alai o la pelota vasca que también se juega en México, Cuba y la Florida; el ciclismo; el esquí; el tenis; la pesca y la caza.

Claro que no le interesan los deportes a toda la población. Otras diversiones hispanas son la televisión, el cine y la lectura. Se considera el cine español, mexicano y argentino entre los mejores del mundo. Los directores españoles Luis Buñuel, Carlos Saura y Pedro Almodóvar y el argentino Luis Puenzo han ganado fama internacional por sus películas.

Muchos españoles pasan tiempo en los cafés leyendo un periódico o una revista y discutiendo de política. Entre los periódicos de circulación nacional en España están *La Vanguardia, ABC* y *El País*. *El País* se publicó por primera vez en 1976 con el propósito de presentar las noticias españolas e internacionales con un criterio independiente. Es el periódico más prestigioso que apareció después del régimen de Franco. También hay revistas de noticias como *Cambio 16* o *Panorama*.

Práctica

Escuche de nuevo el diálogo de esta situación y explique lo que Manuel estudió en la universidad y dónde quiere conseguir trabajo. Explique por qué le interesa tanto este trabajo y cuál es la relación de este trabajo con el artículo sobre las diversiones. También repase el concepto de personalismo relacionado con este diálogo.

Práctica y conversación

A. **¿Qué harías si... ?** Trabajo en parejas.
Situación: Ud. y su compañero(a) son estudiantes de relaciones internacionales y mercadeo. Los(as) dos han postulado a puestos muy interesantes con grandes posibilidades de conseguirlos. Discutan qué harían si consiguieran estos trabajos: mudarse a la ciudad donde los(as) envíen, hacer amistades, participar en las actividades de la comunidad, ser creativo(a), dedicarse seriamente a su trabajo, etc.

B. **Ganarías mucho dinero, pero...** Trabajo en parejas.
Situación: Su hijo(a) ha recibido un contrato muy tentador para trabajar en un país que no tiene estabilidad política ni económica. Discutan los problemas y complicaciones que pudieran surgir (revuelta política, control de entrada y salida del país, inflación) y las posibles formas de solucionarlos (contacto con el consulado de su país, vivir en una zona segura, no tomar riesgos innecesarios, etc.).

C. **La guerra contra las drogas.** Trabajo en parejas.
Situación: Uds. han recibido una oferta de trabajo del FBI en la división de la lucha contra las drogas. Discutan los problemas y peligros que pudieran enfrentar y lo que harían para enfrentarlos. Discutan también qué pasaría si les dieran otro tipo de trabajo dentro de la misma institución.

D. **Matrimonio a distancia.** Trabajo en parejas.
Situación: Es posible que Ud. y su esposo(a) reciban ofertas de trabajo en dos ciudades muy distantes, Nueva York y San Luis. Por lo tanto discuten los posibles problemas que enfrentarían al tener que mantener un matrimonio a distancia (dos casas que mantener, viajes constantes, largas cuentas telefónicas, soledad) y lo que harían para evitarlos y/o solucionarlos (pasar los fines de semana y las vacaciones juntos, subscribirse en una compañía telefónica que ofrezca precios cómodos, etc.).

 Segunda situación

Así se dice *Cómo se acusa y se reacciona a una acusación*

Cómo se acusa

¡Basta ya de mentiras!	*Stop lying!*
¡Diga / Di la verdad!	*Tell the truth!*
Es Ud. / Eres tú un(a) perezoso(a) / inútil.	*You are lazy / good for nothing.*
Es Ud. / Eres tú un(a) sinvergüenza / embustero(a) / ladrón(ona).	*You are a scoundrel / liar / thief.*
Esto no es lo que yo le / te pedí que hiciera(s).	*This is not what I asked you to do.*
No ha(s) mantenido su / tu palabra.	*You haven't kept your word.*
Nos ha(s) engañado.	*You have lied to us.*
Nunca escucha(s) lo que digo.	*You never listen to what I say.*
Siempre hace(s) lo que quiere(s).	*You always do what you want.*

Cómo se reacciona ante una acusación

Aquí debe haber habido un error.	*There must have been a mistake.*
Con todo el respeto que le debo...	*With all due respect . . .*
Está(s) en un error.	*You are wrong.*
¡No pierda(s) los estribos!	*Don't lose your temper!*
No tiene(s) razón.	*You are not right.*
¿Qué hay de malo en eso?	*What's wrong with that?*
Tenga / Ten presente que...	*Bear in mind that . . .*
Todo lo contrario.	*Exactly the opposite.*
Yo creo que se / te ha(s) equivocado.	*I think you have made a mistake.*

Dichos y refranes

Ahora, te vas a echar atrás.	*Now, you are going to back out.*
Déjese / Déjate de cuentos.	*Stop beating around the bush.*
Los agarramos con las manos en la masa.	*We caught you with your hands in the till (red-handed).*
No se / te haga(s) el sordo.	*Don't pretend not to hear.*
Se pasó / pasaron de listo(s).	*You / He / She / They went too far.*
Ud. / Tú nos ha(s) hecho una mala pasada.	*You pulled a fast one on us.*
Ud. / Uds. como si tal cosa.	*You behave as if nothing happened.*

Práctica y conversación

¡OJO! La revisión de los puntos gramaticales y ejercicios presentados al final de este capítulo le puede ser útil para hacer los siguientes ejercicios.

A. **Busque las correspondencias.** Trabajo individual.
¿Qué frases o expresiones de la columna B corresponden a las situaciones descritas en la columna A.

A

1. La mueblería le vendió unos muebles viejos al precio de nuevos.
2. Unos parientes vinieron a visitarlo(a) por tres días, pero se han quedado en su casa un mes y no tienen intenciones de irse.
3. Ud. encontró a un ladrón robando en su casa.
4. Su amiga le prometió prestarle un tocadiscos para una fiesta muy importante, pero ahora le pone muchos pretextos y Ud. cree que no quiere prestárselo.
5. Ud. le dice a su novio(a) que está cansado(a) de que le mienta siempre.
6. Su compañero(a) de cuarto no sabe hacer nada y Ud. siempre tiene que ayudarlo(a).

B

a. Déjate de cuentos.
b. Están con las manos vacías.
c. Lo agarré con las manos en la masa.
d. ¡Eres un inútil!
e. Basta ya de mentiras.
f. Se pasaron de listos.
g. No te hagas el sordo.
h. Ahora se va a echar atrás.
i. Nos han hecho una mala pasada.

B. **¿Cómo diría Ud.?** Trabajo individual.
¿Cuál de las expresiones o refranes mencionados usaría Ud. en las siguientes situaciones?

1. El periódico local publica un escándalo en el que se descubre que un representante del gobierno se robó un millón de dólares.

   Ud. dice: ______________________________

2. Las autoridades locales prometieron reparar las carreteras pero no han hecho nada.

   Ud. dice: ______________________________

3. La comunidad reclama ante las autoridades escolares la falta de maestros pero las autoridades no responden.

   Ud. dice: ______________________________

4. Un atleta de fama internacional fue descubierto haciendo tráfico de drogas.

   Ud. dice: Aquí debe haber habido un error.

5. Ud. es un(a) político(a) muy famoso(a) y lo(a) acusan falsamente de robar dinero del estado.

   Ud. dice: No tiene razon

6. Ud. es un(a) miembro muy activo de la Junta de Profesores pero le acusan de falta de interés en su trabajo.

   Ud. dice: ______________________________

C. **Pero, ¿qué es esto?** Trabajo en parejas.
Situación: Su novio(a) es muy celoso(a). Un día lo(a) siguió y vio que Ud. estaba con otro(a) hombre (mujer). Lo(a) acusa a Ud., pero Ud. se defiende diciendo que esa persona era sólo un(a) amigo(a).

D. **¡Arriba las manos!** Trabajo en parejas.
Situación: Ud. es un(a) excelente detective y ha agarrado a un(a) famoso(a) traficante de drogas mientras hacía una transacción. Haga la acusación. El (ella) responderá.

Debate político

Antes de escuchar

Recuerde y use la técnica de tomar apuntes escritos o mentales cuando escuche el siguiente debate.

El debate que Ud. va a escuchar es entre dos políticos acerca de la situación económica del país. Antes de escuchar el debate, haga el siguiente ejercicio.

1. Diga Ud. qué tipo de gobierno tiene España. ______________________________

   ____

2. ¿Piensa Ud. que los debates políticos son comunes en el mundo hispano? ______________________________

   ____

   ____

3. ¿Cuál es la actitud de la población en el mundo hispano hacia la política? ____
____
____

4. ¿Cuándo se realizan los debates políticos? ____
____
____

5. ¿Qué tipos de problemas económicos piensa Ud. que tienen los países hispanos en general? ____
____
____

Ahora, escuche y responda

A. **La idea general.** Escuche el debate y diga cuál es la idea general.

B. **Los apuntes.** Escuche nuevamente el debate entre los dos senadores, José Acosta Vega y María Barros Uriarte. Tome los apuntes que considere necesarios en una hoja de papel y llene el siguiente esquema con la información correcta.

Tema del debate: ______________________________

Tiempo del que dispone cada participante: ______________________________

Relación que existe entre los participantes: ______________________________

Actitud del senador del partido de gobierno: ______________________________

Palabras o frases que usa que reflejan esta actitud: ______________________________

____

____

____

Problemas adicionales: ______________________________

____

____

____

Actitud de la senadora del partido de oposición: ______________________________

____

Palabras o frases que usa que reflejan esta actitud: ______________________________

____

Problemas que el gobierno no ha resuelto: ______________________________

____

____

____

Consecuencias de la incapacidad del gobierno: ______________________________

____

____

____

Argumentos que usa el senador del partido gubernamental para refutar la posición de su contrincante: ______________________________

____

____

____

Para su información

La España contemporánea

De 1936 a 1939 España sufrió una guerra civil que dejó el país en ruinas. Los primeros años después de la guerra fueron muy duros; necesitaban reconstruir las ciudades y los pueblos, el sistema de comunicaciones, la agricultura, la industria y otros sectores de la economía. Otra dificultad fue el bloqueo internacional que fue una protesta contra el gobierno represivo del dictador Francisco Franco quien durante la Segunda Guerra Mundial había mantenido buenas relaciones con los gobiernos fascistas de Alemania e Italia. Como consecuencia del bloqueo, España fue excluida de la Organización de las Naciones Unidas (ONU) y del Plan Marshall y su reconstrucción tardó mucho. Durante la Guerra Fría de los años 50, los otros países vieron la ventaja de incluir a España en el sistema defensivo contra los países comunistas a causa de su estratégica situación geográfica. Así en 1955 España llegó a ser miembro de la ONU y comenzó a recibir ayuda económica principalmente de los EE.UU. El gobierno inició un plan económico para el desarrollo del turismo y la inversión privada extranjera.

La familia real española en un concierto

El 20 de noviembre de 1975 Francisco Franco murió y proclamaron rey a Juan Carlos I. España entró en una época de transición del régimen autoritario hacia una democracia. En diciembre de 1976 el pueblo español aprobó la Reforma Política que explicó en términos generales el nuevo gobierno basado en un parlamento llamado las Cortes. Las Cortes consistirían en dos cámaras: el Senado con 208 senadores y el Congreso con 350 diputados. En junio de 1977 eligieron a los miembros de las Cortes en las primeras elecciones democráticas en cuarenta y un años. En 1978 aprobaron la nueva Constitución que define al estado español como una monarquía parlamentaria que reconoce y salvaguarda las libertades y derechos de los individuos. El proceso de modernización culminó con el ingreso de España en la Comunidad Económica Europea (CEE) el primero de enero de 1986.

A pesar de la transformación política y social, quedan algunos problemas. De vez en cuando hay actos de terrorismo y violencia por ciertos grupos de la extrema izquierda como ETA, un grupo que quisiera la independencia vascongada, y grupos de la ultraderecha que prefieren una dictadura militar. Otro problema es la falta de trabajo y oportunidades en regiones como Andalucía, Galicia, Extremadura y las islas Canarias; durante los años 60 y 70 este problema causó una emigración hacia otros países europeos e hispanoamericanos y una migración dentro del país hacia las ciudades grandes. Todavía hay mucho desempleo especialmente entre los jóvenes y en los centros urbanos.

Práctica

Escuche de nuevo el diálogo de esta situación y decida qué problemas mencionan los dos senadores. Explique el origen de los problemas.

Práctica y conversación

A. **Una economía en problemas.** Trabajo en grupos de cinco.
Situación: Dos estudiantes hacen el papel de representantes del partido de gobierno y defienden la política económica del gobierno de los EE.UU. Otros dos estudiantes hacen el papel de representantes de la oposición y acusan al gobierno de falta de seriedad en su política. Los temas en discusión son los subsidios agrícolas, los programas de ayuda social y el seguro de salud. Un(a) estudiante hace el papel de moderador(a).

B. **La política internacional.** Trabajo en grupos de cinco.
Situación: Dos estudiantes hacen el papel de representantes del partido de gobierno y defienden la política internacional del gobierno de los EE.UU. Otros dos estudiantes hacen el papel de representantes de la oposición y acusan al gobierno de falta

de seriedad en su política e implementación. Los temas en discusión son la intervención militar en el extranjero y el apoyo económico y militar a ciertos países. Un(a) estudiante hace el papel de moderador(a).

C. **La política educativa.** Trabajo en grupos de siete.
Situación: Tres estudiantes hacen el papel de miembros de la Junta de Profesores y defienden la política educativa del distrito. Otros tres estudiantes hacen el papel de representantes de los padres de familia y acusan a la Junta de Profesores de ineficiencia. Los temas en discusión entre los dos grupos son la variedad y calidad de los cursos ofrecidos, la calidad de los profesores, los recursos económicos y los locales escolares. Un(a) estudiante hace el papel de moderador(a).

D. **La política ecológica.** Trabajo en grupos de siete.
Situación: Tres estudiantes hacen el papel de Investigadores de la Medicina dedicados a la búsqueda de remedios contra el cáncer y otras enfermedades. Otros tres estudiantes hacen el papel de Ciudadanos en Defensa del Medio Ambiente y acusan a la comunidad médica de destruir los bosques tropicales para usarlos en su investigación. Un(a) estudiante hace el papel de moderador(a).

Estructuras

Cómo se presenta una hipótesis

El condicional

El condicional de los verbos regulares		
-AR **trabajar**	**-ER** **comprender**	**-IR** **escribir**
trabajaría	comprendería	escribiría
trabajarías	comprenderías	escribirías
trabajaría	comprendería	escribiría
trabajaríamos	comprenderíamos	escribiríamos
trabajaríais	comprenderíais	escribiríais
trabajarían	comprenderían	escribirían

A. Para formar el condicional de los verbos regulares, se añaden las siguientes terminaciones al infinitivo: **-ía, -ías, -ía, -íamos, -íais, -ían.**

B. Los verbos con una raíz irregular en el futuro forman el condicional usando la misma raíz irregular.

caber	cabr-	**cabría**	querer	querr-	**querría**
decir	dir-	**diría**	saber	sabr-	**sabría**
haber	habr-	**habría**	salir	saldr-	**saldría**
hacer	har-	**haría**	tener	tendr-	**tendría**
poder	podr-	**podría**	valer	valdr-	**valdría**
poner	pondr-	**pondría**	venir	vendr-	**vendría**

C. Se usa el condicional para expresar acciones posibles que dependen de una condición incierta o desconocida.

Manuel **trabajaría** para *El País* si tuviera la oportunidad. — *Manuel would work for* El País *if he had the opportunity.*

Manuel **encontraría** un puesto bajo mejores condiciones económicas. — *Manuel would find a job under better economic conditions.*

D. También se emplea el condicional para:

1. expresar una acción anticipada o probable en relación con un tiempo pasado.

   Rafael dijo que **hablaría** con su tío para conseguir un trabajo para Manuel. — *Rafael said he would talk with his uncle about getting a job for Manuel.*

2. expresar algo o pedir algo en una manera cortés.

   Me gustaría un vaso de agua, por favor. — *I would like a glass of water, please.*

3. expresar una probabilidad en el pasado.

   —¿Por qué no vino José a la fiesta? — *Why didn't José come to the party?*

   —**Estaría** enfermo. — *He must have been (probably was) sick.*

E. La palabra inglesa *would* no indica siempre el uso del condicional en español.

1. *would* = el condicional

   Con más experiencia Manuel **conseguiría** un puesto fácilmente. — *With more experience, Manuel would get a job easily.*

2. *would* = el imperfecto
   Cuando *would* indica una acción habitual que se puede expresar en inglés con *used to,* se emplea el imperfecto.

   Cuando era joven **jugaba** en el parque todos los días. — *When I was young, I would (used to) play in the park every day.*

3. *would* = un pedido o una expresión de cortesía
   Para pedir o expresar algo con cortesía se puede emplear el condicional o el imperfecto del subjuntivo especialmente con los verbos **querer, poder** y **deber.**

   Me gustaría / Quisiera ir al museo. ¿**Podría / Pudiera** Ud. decirme dónde se encuentra? — *I would like to go to the museum. Could you tell me where it is located?*

El condicional perfecto

Haber + Participio pasado		
habría habrías habría habríamos habríais habrían	trabajado aprendido recibido	(Verbo en **-ar**) (Verbo en **-er**) (Verbo en **-ir**)

A. El condicional perfecto es un tiempo compuesto formado con el tiempo condicional del verbo auxiliar **haber** + el participio pasado del verbo principal.

B. Se usa el condicional perfecto para expresar acciones posibles en el pasado que dependen de una condición incierta.

   Manuel **habría conseguido** un puesto si se hubiera graduado antes. — *Manuel would have gotten a job if he had graduated earlier.*

C. También se emplea el condicional perfecto para:

   1. expresar una acción anticipada en relación con un tiempo pasado que es anterior a otra acción en el pasado.

      Rafael nos dijo que **habría hablado** con su tío para el fin de semana. — *Rafael told us that he would have talked with his uncle by that weekend.*

   2. expresar la probabilidad de una acción en el pasado anterior a otra acción en el pasado.

      —¿Por qué no vino José a la fiesta con Uds.? — *Why didn't José come to the party with you?*
      —**Habría salido** a visitar a sus padres antes de recibir la invitación. — *He must have left to visit his parents before he received the invitation.*

Las cláusulas con si

Para expresar las hipótesis a menudo se usan las cláusulas con **si.** Estas oraciones hipotéticas consisten de la cláusula subordinada introducida por **si** que expresa la condición y la cláusula principal que expresa el resultado. El tiempo del verbo en la cláusula con **si** depende del tiempo en la cláusula principal.

A. Cuando es evidente que la situación tendrá lugar se emplea el presente del indicativo en la cláusula con **si** y el presente o el futuro en la cláusula principal.

Si **se gradúa, conseguirá** un puesto.	*If he graduates, he will get a job.*

B. Si la situación no existe o si hay una duda que tenga lugar se emplea el imperfecto del subjuntivo en la cláusula con **si** y el condicional en la cláusula principal.

Si Manuel **conociera** al director de *El País,* **conseguiría** un puesto.	*If Manuel knew the editor of* El País, *he would get a job.*

C. Si la oración se refiere a una situación pasada contraria a la realidad, se usa el pluscuamperfecto del subjuntivo en la cláusula con **si** y el condicional perfecto en la cláusula prinicipal.

Si Manuel **hubiera trabajado** como periodista antes de graduarse, **habría conseguido** un puesto fácilmente.	*If Manuel had worked as a journalist before graduating, he would have gotten a job easily.*

La concordancia de tiempos

Cláusula con *si* que expresa la condición	**Cláusula principal que expresa el resultado**
El presente Si tengo tiempo,	**El futuro o el presente** iré / voy a la fiesta.
El imperfecto del subjuntivo Si tuviera tiempo,	**El condicional** iría a la fiesta.
El pluscuamperfecto del subjuntivo Si hubiera tenido tiempo,	**El condicional perfecto** habría ido a la fiesta.

Práctica de estructuras

A. **Con más tiempo y dinero.** Como estudiante Ud. tiene muchos problemas que se pueden resolver con más tiempo y/o dinero. Prepare una lista mental de siete u ocho cosas que Ud. haría si tuviera más tiempo y dinero. Después trate de adivinar cinco de las cosas en la lista de un(a) compañero(a) de clase. ¿Qué actividades tienen Uds. en común?

B. **Si yo fuera a España...** Ud. y cinco compañeros de clase piensan viajar a España y cada persona va a explicar lo que haría si fuera allá. La primera persona explicará una actividad. La segunda persona repetirá la respuesta de la primera persona y añadirá otra actividad. La tercera persona repetirá lo que ha dicho la segunda persona y añadirá una actividad más.

MODELO Estudiante 1: Si fuera a España, visitaría la capital.
Estudiante 2: Si fuera a España, visitaría la capital y asistiría a una corrida de toros.
Estudiante 3: Si fuera a España, visitaría la capital, asistiría a una corrida de toros y comería paella.

C. **El programa de concursos.** Ud. y un(a) compañero(a) de clase son contendientes en un programa de concursos cuyo premio es $1.000.000. Para recibir el dinero hay que explicar lo que Uds. harían con el dinero si ganaran el gran premio.
Reglas: (1) Sólo tienen dos minutos para su explicación; (2) tienen que incluir actividades que ayudarán a resolver problemas mundiales; (3) la clase entera forma el jurado que va a decidir quiénes ganarán el premio.

A escribir

A. **Si visitaran España...** Ud. es un(a) agente de viajes y necesita escribir un breve folleto turístico sobre España. Describa lo que los turistas harían si visitaran España con su agencia. Utilice la información acerca de España presentada en este capítulo.

B. **Si estuviera en tu lugar...** Su amigo(a) en otra universidad va a graduarse este semestre y necesita buscar trabajo. El problema es que él (ella) no sabe cómo empezar a buscarlo. Escríbale una carta explicándole lo que Ud. haría si estuviera en su lugar.

Capítulo 12

El punto de vista y la expresión de pesimismo y conformidad

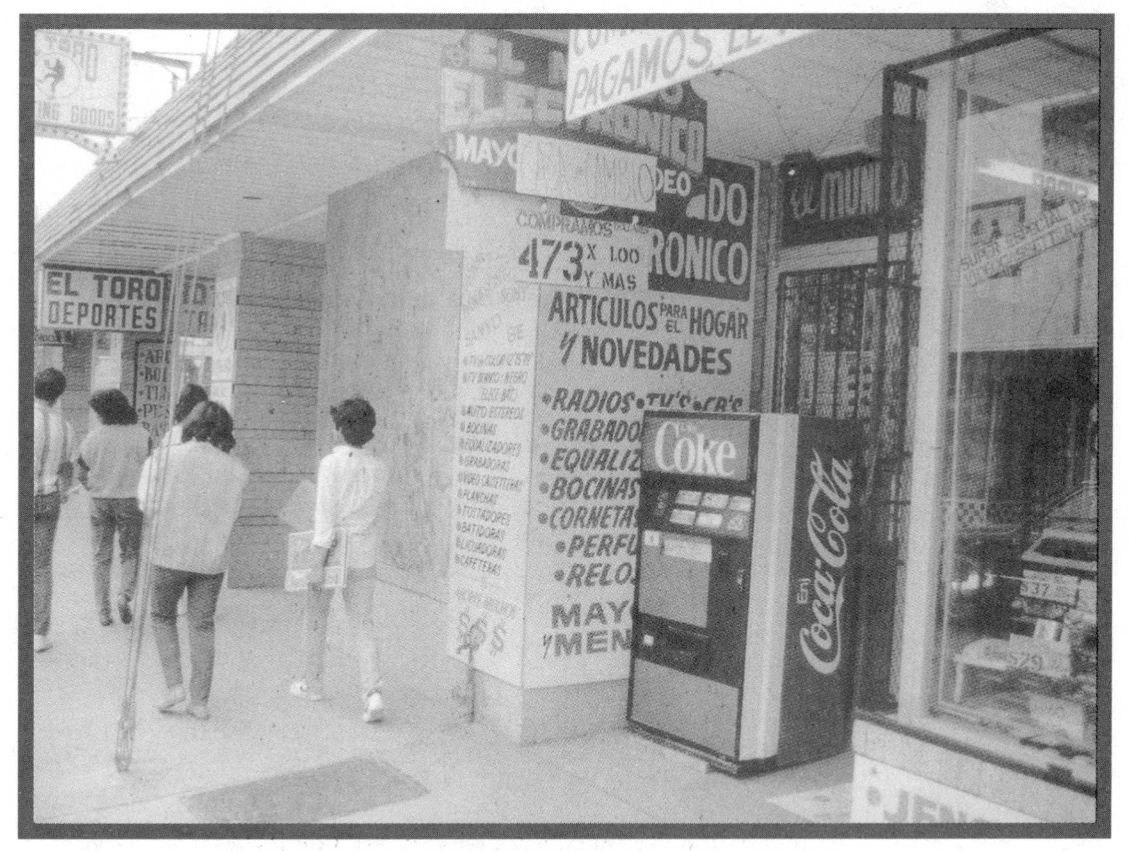

Un barrio hispano en los Estados Unidos

Asimilación cultural — *Los Estados Unidos*

Situación geográfica	En los Estados Unidos hay cerca de 22 millones de hispanos, procedentes principalmente de México, Cuba y Puerto Rico. También hay grupos originarios de Centro y Suramérica. Los cubanos se concentran en la Florida; los puertorriqueños en el noreste. Mexicanos y chicanos—americanos de origen mexicano—habitan en el suroeste del país. En este capítulo nos concentraremos en la población chicana puesto que ya se habló de los demás grupos de hispanos en los capítulos anteriores.
Ciudades importantes	Entre las ciudades importantes cabe mencionar las siguientes. • Miami, Washington D.C., Nueva York, Boston, San Antonio de Tejas, Sante Fe en Nuevo México y Los Angeles.
Moneda	El dólar
Comidas típicas	Algunas comidas típicas chicanas son burritos, tacos, enchiladas, tortillas.
Bebidas típicas	Algunas bebidas típicas chicanas son cerveza y tequila.
Personalidades famosas	Enrique Cisneros, Secretario de HUD; Xavier Suárez, alcalde de Miami; Emilio Estévez, famoso artista cinematográfico; Aurelio Espinosa, autor del drama folklórico *Los Comanches;* Juan Rael y Américo Paredes, famosos autores de cuentos, leyendas y canciones folklóricas.

Práctica y conversación

Usando la información presentada, haga el siguiente ejercicio.

1. ¿En qué lugares de los Estados Unidos viven los hispanos?
2. ¿En qué ciudades hay mayor concentración de población hispana?
3. ¿Quiénes son los chicanos? ¿En qué zona de los Estados Unidos viven?

4. Si Ud. fuera a un restaurante chicano en California, ¿qué pediría para comer y beber?
5. Nombre algunas personalidades chicanas famosas.
6. Nombre un famoso escritor chicano.

Información lingüística

El español en los Estados Unidos y el dialecto chicano

Cada grupo de población hispana en los EE.UU. habla un dialecto similar al de su país de origen. No obstante, el español de todos los hispanohablantes de los EE.UU. coincide en la incorporación de términos y giros procedentes del inglés en su lenguaje.

Por ejemplo, en el español chicano podemos encontrar las siguientes palabras y expresiones: **taipear** (de *to type,* en lugar de **escribir a máquina**); **lonche** (de *lunch,* en vez de **almuerzo**); **aplicación** (de *application,* en vez de **solicitud**), **tener buen tiempo** (de *to have a good time,* en lugar de **divertirse**), **cambiar la mente** (de *to change one's mind* en vez de **cambiar de opinión**).

Entre algunas características del dialecto chicano podemos señalar las siguientes: la pérdida del sonido /**d**/ en posición final o intervocálica (**comia** por *comida,* **verda** por *verdad*); la pronunciación de **ch** como *sh* de inglés.

También podemos mencionar la presencia de /**s**/ en la segunda persona del pretérito (hablaste**s**, comiste**s**, viviste**s**); y, la pérdida de la **r** en la forma del infinitivo si éste va seguido de un pronombre que empieza con **l** (**comela** vs. *comerla,* **dale** vs. *darle*).

Regionalismos

Anda brujo(a).	*He / She is penniless.*
Con el gordo.	*Hitchhiking.*
Da patadas de ahogado.	*He / She is in a very difficult situation.*
El (Ella) es bien jaramillas.	*He / She is very stubborn.*
El (Ella) es un(a) dejón(ona).	*He / She lets people manipulate him / her.*
El (Ella) se cree la divina garza envuelta en tortilla.	*He / She thinks he's / she's God's gift to the world.*
El (Ella) se da baños de pureza.	*He / she glorifies him / herself.*
Estoy jalando.	*I am working.*
Lo(a) cogieron en las moras.	*They caught him / her red-handed.*
Tirar chancla.	*To dance.*

Práctica y conversación

Usando la información presentada, haga el siguiente ejercicio.

1. ¿Hablan los hispanohablantes de los EE.UU. el mismo dialecto?
2. Mencione tres palabras o frases usadas por los hispanohablantes de los EE.UU.
3. ¿Quiénes hablan el dialecto chicano?
4. Mencione una característica fonética del dialecto chicano.
5. Mencione dos características de los verbos en el dialecto chicano.
6. Mencione una frase que se puede usar en referencia a alguien que es muy arrogante.
7. ¿Qué se le puede decir a una persona que es muy terca?
8. ¿Qué se le puede decir a una persona que no se sabe hacer respetar?
9. ¿Cómo se le puede decir a una persona que no tiene dinero?
10. ¿Cómo se dice **bailar** en el dialecto chicano?
11. ¿Cómo se dice que una persona está en una situación muy complicada?

 Primera situación

Así se dice *Cómo se apoya un punto de vista*

Cómo se apoya un punto de vista

Además, por otra parte...	*Besides, on the other hand . . .*
(A mí) me parece que...	*It seems (to me) that . . .*
A no ser que...	*Unless . . .*
A pesar de eso...	*In spite of that . . .*
A propósito de...	*With regards to . . .*
Con más razón aun.	*All the more reason.*
Dejando eso de lado,...	*Apart from that, . . .*
De una vez por todas.	*Once and for all.*
En dos palabras,...	*Briefly, . . .*
En dicho caso,...	*In that case, . . .*
En primer lugar y ante todo...	*First and foremost . . .*
Hasta el punto que...	*To such an extent that . . .*
Incluso si...	*Even if . . .*
No hay que decir...	*Needless to say . . .*
Pero, hay que tener en cuenta que...	*But, it's necessary to take into account that . . .*
Por [adjetivo] que sea...	*However [adjective] he / she / it / you might be . . .*

Dichos y refranes

¡Ahora sí baila mi hija con el doctor!	*Now you're talking!*
Antes de hablar es bueno pensar.	*Look before you leap.*
A ver si como roncan duermen.	*Talk is cheap.*
Cuando digo que la burra es parda, es porque traigo los pelos en la mano.	*When I say it's so, it's because I have the proof right here.*
Mejor que haya un tonto y no dos.	*You've already made a fool of yourself.*
No doy mi brazo a torcer.	*I'm going to stick to my guns.*
No es lo mismo decir que hacer.	*Actions speak louder than words.*
Vayamos al grano.	*Let's stick to the point.*

Práctica y conversación

¡OJO! La revisión de los puntos gramaticales y ejercicios presentados al final de este capítulo le puede ser útil para hacer los siguientes ejercicios.

A. **Busque las correspondencias.** Trabajo individual.
¿Qué frases o expresiones de la columna B corresponden a las situaciones descritas en la columna A?

A	B
1. La persona que está discutiendo con Ud. no sabe lo que dice.	a. En primer lugar y ante todo, hay que considerar los costos.
2. Su amigo no habla claro, ni dice lo que verdaderamente quiere decir.	b. Pero, hay que tener en cuenta que tenemos poco tiempo.
3. Ud. insiste en que tiene la razón.	c. Además, por otra parte, el descanso es necesario para todos los seres humanos.
4. Su amigo promete mucho pero Ud. no cree que vaya a cumplir.	d. En dos palabras, todos estamos de acuerdo en recortar el presupuesto.
5. Ud. quiere presentar otro argumento que apoya su punto de vista inicial.	e. No es lo mismo decir que hacer.
6. Ud. quiere concluir la discusión.	f. No doy mi brazo a torcer.
	g. Mejor que haya un tonto y no dos.
	h. A pesar de eso, lo lograremos.
	i. Ve al grano.

B. **¿Cómo diría Ud.?** Trabajo individual.
¿Cuál de las expresiones o refranes mencionados usaría Ud. en las siguientes situaciones?

1. Ud. quiere expresar su opinión acerca del plan de salud del gobierno.

   Ud. dice: ______________________________

2. Alguien presenta un punto de vista opuesto al suyo y Ud. responde que hay otros factores que considerar.

   Ud. dice: ______________________________

3. La persona con la que Ud. habla quiere convencerlo(a) para que Ud. cambie de opinión, pero Ud. no quiere hacerlo.

   Ud. dice: ______________________________

4. Ud. quiere añadir algo que apoya su posición inicial.

   Ud. dice: ______________________________

5. Ud. piensa que la otra persona está hablando sin haber pensado bien lo que quiere decir.

   Ud. dice: ______________________________

6. Ud. asegura que puede probar lo que dice.

   Ud. dice: ______________________________

C. **¡No hay trabajo!** Trabajo en parejas.
Situación: Ud. y su compañero(a) discuten acerca de la dificultad que tienen los adolescentes para conseguir trabajo. El (Ella) atribuye esto a la subida del salario mínimo. Ud. piensa que la mayoría de los adolescentes no tienen verdadera necesidad de trabajar. Cada uno(a) apoya su punto de vista.

D. **El control de la inmigración.** Trabajo en grupos de cuatro.
Situación: Dos estudiantes defienden la posición de que hay necesidad de controlar la inmigración en los EE.UU., especialmente la inmigración de mexicanos y centroamericanos. Otros dos estudiantes presentan la posición opuesta. Cada grupo defiende y apoya su punto de vista.

La emigración de los latinoamericanos

Técnica de comprensión

Cuando Ud. escucha una conversación, muchas veces sabe lo que el hablante va a decir a continuación. Es decir debido a su conocimiento de la situación o el tema, Ud. puede predecir qué tipo de información se va a presentar. Por ejemplo, si Ud. escucha que alguien dice «María, te presento a Manuel», Ud. puede predecir que lo que va a oír después puede ser: «Mucho gusto, Manuel» o «Encantada» o «Es un placer conocerte» debido a que la situación le resulta familiar y Ud. sabe las frases que son adecuadas en tal situación. Aplique esta técnica de predecir lo que va a seguir en una conversación para comprender mejor el siguiente diálogo.

Antes de escuchar

A. La conversación que Ud. va a escuchar es entre dos hispanos, un médico y una ingeniera. Antes de escuchar la conversación, conteste las siguientes preguntas.

1. ¿Cuál es una causa para la emigración de profesionales latinoamericanos? ____

____

____

2. ¿A qué países emigran los profesionales latinoamericanos? ____

____

____

3. ¿Cuáles son algunas consecuencias de esta emigración? ______

____

____

____

4. ¿Cuáles son algunas consecuencias para las familias de los emigrantes? ____

____

____

5. ¿Qué hacen los emigrantes al establecerse en otro país? ______

______

______

______

B. Ahora lea las oraciones que aparecen en el ejercicio B abajo, y señale cuáles constituyen la continuación lógica.

Ahora, escuche y responda

A. **La idea general.** Escuche la conversación y diga cuál es la idea general.

B. **La continuación lógica.** Escuche nuevamente la conversación entre Marco y Alicia. Tome los apuntes que considere necesarios en una hoja de papel y escoja las oraciones que ofrezcan una continuación lógica a lo que se dice. Compare sus respuestas después de escuchar con aquéllas que dio antes de escuchar el diálogo.

1. Recibí un contrato para trabajar en el extranjero y...
   a. me parece absurdo que me hayan llamado.
   b. me voy del país dentro de poco.
   c. voy a construir muchos edificios allá.

2. Pero, ¿estás segura que...
   a. no puedes hablar conmigo?
   b. quieres irte lejos de tu familia y amigos?
   c. te gustará la ciudad?
3. Me alegro por ti. Pero me da pena por...
   a. tu familia. ¿Qué dicen?
   b. tus acciones del club. Las vas a perder.
   c. tu carro. ¿Lo vas a vender?
4. Estas compañías extranjeras siempre se llevan...
   a. a los profesionales que necesitan mejorar.
   b. a hombres casados y con familias estables.
   c. lo mejor de nuestros recursos humanos.
5. El sueldo y los beneficios que me ofrece esta compañía...
   a. no me permitirán avanzar en mi carrera.
   b. son muy superiores a lo que me ofrecen aquí.
   c. me harán millonario rápidamente.
6. Bueno, ya te iré a visitar por allá.
   a. ¡Claro que sí!
   b. No, no vayas.
   c. Llevas al doctor, no te olvides.

Para su información

Los inmigrantes hispanos en los Estados Unidos

Actualmente hay unos 22.000.000 de hispanos dentro de los EE.UU.; 60 por ciento son de origen mexicano, 12 por ciento son puertorriqueños, 5 por ciento son cubanos y 23 por ciento son de los demás países del mundo hispano. Se dice que para el año 2000 habrá 30.000.000 de hispanos viviendo en los EE.UU.

Es interesante notar que la mayoría de los hispanos no son ni inmigrantes ni hijos de inmigrantes. Muchos hispanos fueron incorporados a los EE.UU. a causa de la política americana de extender el territorio. Los chicanos pasaron a ser ciudadanos de los EE.UU. después de la Guerra de 1848, cuando los EE.UU. agregaron parte del territorio de Tejas a California. Los puertorriqueños son ciudadanos desde 1917 como consecuencia tardía de la guerra con España en 1898.

En el siglo XX han habido varias oleadas de inmigración hispana. El desarrollo económico del suroeste debe muchísimo a los mexicanos que inmigraron entre 1900 y 1930 para ayudar con las industrias agrícola, ganadera y minera y con la construcción de los ferrocarriles.

La Pequeña Habana

A causa de la mecanización de la agricultura en los años 40 muchos hispanos se fueron de las regiones rurales del suroeste hacia las ciudades. La mayoría se estableció en Los Angeles, cuya población chicana actual es la más grande del mundo, con la excepción de la Ciudad de México.

A lo largo de este siglo otros hispanos inmigraron por razones políticas y económicas. Después de la Segunda Guerra Mundial empezó la migración de los puertorriqueños a las grandes ciudades del este y del centro del país: Boston, Chicago, Filadelfia y especialmente Nueva York. Muchos de ellos vienen cuando hay desempleo en Puerto Rico. Piensan ganar dinero y después de unos meses o años volver a la isla.

Después de la revolución cubana y el triunfo de Fidel Castro en 1959 muchos cubanos huyeron del país. Entre 1960 y 1980 casi un millón de cubanos salió de Cuba; la mayoría se estableció en la Florida—en Miami y sus alrededores. Tuvieron que salir sin poder sacar nada, pero como refugiados políticos recibieron ayuda financiera del gobierno estadounidense. Actualmente los cubanos como grupo tienen mucho éxito y son responsables de la prosperidad económica de Miami.

Práctica

Escuche de nuevo el diálogo de esta situación y explique por qué quiere emigrar Alicia. ¿Quiere salir para siempre? Explique. Según Marco, ¿por qué no debe hacerlo?

Práctica y conversación

A. **¿Un tercer partido político?** Debate.
Situación: La clase escoge un(a) director(a) de debates y luego se divide en tres grupos. Dos grupos debaten y el tercer grupo hace el papel del público. Entre los dos grupos debatientes un grupo defiende la posición a favor de un tercer partido político y el otro, la posición contraria. Ambos grupos presentan argumentos a favor de su posición y en contra de la posición contraria. El tercer grupo presta atención al debate y luego elige el grupo que mejor defiende su posición dando las razones que justifican su decisión.

B. **¿El seguro de salud nacional?** Debate.
Situación: La clase escoge un(a) director(a) de debates y luego se divide en tres grupos. Dos grupos debaten y el tercer grupo hace el papel del público. Entre los dos grupos debatientes un grupo está a favor de la implantación de un seguro de salud a nivel nacional y el otro está en contra. Ambos grupos presentan argumentos a favor de su posición y en contra de la posición contraria. El tercer grupo presta atención al debate y luego elige el grupo que mejor defiende su posición dando las razones que justifican su decisión.

C. **¿Mayor presupuesto militar?** Debate.
Situación: La clase escoge un(a) director(a) de debates y luego se divide en tres grupos. Dos grupos debaten y el tercer grupo hace el papel del público. Entre los dos grupos debatientes un grupo está a favor de aumentar el presupuesto para la defensa nacional y el otro está en contra. Ambos grupos presentan argumentos a favor de su posición y en contra de la posición contraria. El tercer grupo presta atención al debate y luego elige el grupo que mejor defiende su posición dando las razones que justifican su decisión.

D. **¿Educación bilingüe?** Debate.
Situación: La clase escoge un(a) director(a) de debates y luego se divide en tres grupos. Dos grupos debaten y el tercer grupo hace el papel del público. Uno de los dos grupos está a favor de la implantación de la educación bilingüe en el país y el otro está en contra. Ambos grupos presentan argumentos a favor de su posición y en contra de la posición contraria. El tercer grupo presta atención al debate y luego elige el grupo que mejor defiende su posición dando las razones que justifican su decisión.

 Segunda situación

Así se dice *Cómo se expresa conformidad*

Cómo se expresa conformidad

Bueno, ¡qué se va a hacer!	*Well, what can one do!*
Bueno, si así es.	*Well, if that's the way it is.*
Bueno, si tú lo dices.	*Well, if you say so.*
Como tú digas / quieras.	*Whatever you say / want.*
Eso es perder el tiempo.	*That is a waste of time.*
Lo que pasó, pasó.	*Whatever happened, happened.*
Lo que será, será.	*What will be, will be.*
Me lo tengo merecido.	*It serves me right.*
No hay nada más que hacer.	*There's nothing more left to do.*
No hay remedio.	*It can't be helped.*
No queda más que...	*The only thing left to do . . .*
No queda otro recurso.	*There's no other recourse.*
¿Qué remedio me queda?	*What choice do I have?*
Se hizo lo que se pudo.	*We did what we could.*

Dichos y refranes

Estoy atado(a) de pies y manos.	*My hands are tied.*
La muerte a nadie perdona.	*Death does not forgive anybody.*
Las desgracias nunca vienen solas.	*When it rains, it pours.*
Más vale poco que nada.	*Half a loaf is better than none.*
No hay tu tía.	*There's no hope.*
Paciencia y buen humor.	*Patience and good temper.*
Será lo que Dios quiere.	*Whatever God wants!*

Práctica y conversación

¡OJO! La revisión de los puntos gramaticales y ejercicios presentados al final de este capítulo le puede ser útil para hacer los siguientes ejercicios.

A. **Busque las correspondencias.** Trabajo individual.
¿Qué frases o expresiones de la columna B corresponden a las situaciones descritas en la columna A?

A	B
1. Ud. estudió mucho para un examen, pero no sabe si saldrá bien.	a. Lo que será, será. b. Eso es perder el tiempo. c. No creo que sea posible.

2. Ud. acepta el hecho de que no recibirá ningún aumento de sueldo.
3. Su amiga piensa graduarse en tres años, pero Ud. cree que es imposible.
4. Su esposo(a) se divorció de Ud., luego, Ud. se arruinó, y además tuvo un accidente de tráfico.
5. Ud. no cree que trabajar en la campaña presidencial es importante.
6. Ud. piensa que es mejor tener un sueldo bajo que estar desempleado.

d. Se hizo lo que se pudo.
e. Me lo tengo merecido.
f. Paciencia y buen humor.
g. Más vale poco que nada.
h. No hay tu tía.
i. Las desgracias nunca vienen solas.

B. **¿Cómo diría Ud.?** Trabajo individual.
¿Cuál de las expresiones o refranes mencionados usaría Ud. en las siguientes situaciones?

1. Su amigo le dice algo que a Ud. le es muy difícil de creer, pero él insiste en que es verdad. Ud. acaba aceptándolo.

   Ud. dice: ______________________________

2. Ud. ha trabajado mucho, y ahora piensa que el resultado de sus esfuerzos está decidido por el destino.

   Ud. dice: ______________________________

3. Ud. ha tratado por todos los medios de solucionar un problema pero va a tener que tomar medidas drásticas.

   Ud. dice: ______________________________

4. Ud. trató de solucionar un problema gravísimo pero no tuvo éxito.

   Ud. dice: ______________________________

5. Ud. siente que no puede hacer nada por un amigo que se está muriendo de cáncer.

   Ud. dice: ______________________________

6. Ud. piensa que el destino está decidido.

   Ud. dice: ______________________________

C. **Pero, ¿qué hago?** Trabajo en parejas.
Situación: Ud. se encuentra con un(a) amigo(a) que tiene muchos problemas y está muy pesimista. Escuche lo que él (ella) le dice y cuéntele una situación suya muy similar a la de él (ella).

D. **Paciencia y buen humor.** Trabajo en parejas.
Situación: Su suegro(a) está muy preocupado(a) y se siente muy pesimista porque ha perdido su trabajo. Escuche lo que él (ella) le dice (qué ocurrió, quién tomó su puesto, cuáles son sus planes, cómo se siente, etc.). Ud. aprovecha para contarle una situación muy parecida que le ocurrió a Ud. y cómo solucionó su problema.

Informe radial

Antes de escuchar

Recuerde y use la técnica de predecir cuál será la continuación lógica en un diálogo para comprender mejor el siguiente noticiero.

A. El reportaje que Ud. va a escuchar es de un locutor de radio que informa desde una ciudad grande donde ha ocurrido un desastre natural. Antes de escuchar el reportaje, conteste las siguientes preguntas.

1. ¿Ha oído Ud. de algún desastre natural que haya ocurrido últimamente? ______________________________

____

____

2. ¿Cuáles son algunas de las razones para tales desastres? ______

____

____

____

3. ¿Cuáles son algunas consecuencias de este tipo de desastre?

____

____

____

4. ¿Quiénes son las víctimas? ______________________________

____

____

5. ¿Cómo cubre la prensa acontecimientos de esta naturaleza?

____

____

B. Ahora lea las oraciones que aparecen en el ejercicio B abajo y en la página 292, y señale cuáles constituyen la continuación lógica.

Ahora, escuche y responda

A. **La idea general.** Escuche el reportaje y diga cuál es la idea general.

B. **La continuación lógica.** Escuche nuevamente el reportaje radial. Tome los apuntes que considere necesarios en una hoja de papel y escoja las oraciones que ofrezcan una continuación lógica a lo que se dice. Compare sus respuestas después de escuchar con aquéllas que dio antes de escuchar el reportaje.

1. Hace apenas unas horas se produjo un terrible incendio forestal que trajo como consecuencia...
   a. la presencia de varios cuerpos de bomberos.
   b. la cancelación de las actividades sociales de la comunidad.
   c. la compra de un moderno equipo de bomberos.

2. Aquí tengo una de las personas que perdió su hogar en esta terrible desgracia. Dígame, señora, ¿cuándo se enteró de que su casa había sido destruida?
   a. Esta tarde al regresar del trabajo cuando vi muchos carros de bomberos en la zona.
   b. Hace unos minutos cuando fui al aeropuerto.
   c. Cuando estaba en el abasto y unos niños gritaban muy asustados.
3. ¿Qué le han dicho las autoridades con respecto a su casa?
   a. Que los bosques seguirán ardiendo por muchos días.
   b. Que la Cruz Roja nos dará comida y un lugar para dormir.
   c. Que está totalmente destruida.
4. ¿Cómo se siente Ud., señora, después de esta desgracia?
   a. No hay nada más que hacer. Lo que pasó, pasó.
   b. ¡Imagínese! He perdido todo, ¡pero hay que tener fe!
   c. Francamente, estoy muy orgullosa del trabajo que están haciendo los bomberos.

Para su información

La influencia hispana en los Estados Unidos

Los hispanos representan la minoría con el crecimiento más rapido dentro de los EE.UU. Como consecuencia se puede notar la influencia hispana por casi todo el país. Se puede mirar la televisión en español, escuchar programas de radio en español, asistir a conciertos, producciones teatrales y partidos de béisbol o fútbol e ir de compras en español. Hoy en día es posible pasar la vida entera dentro de los EE.UU. sin utilizar más que el español.

Hay cuatro ciudades estadounidenses con una población hispana muy grande: Nueva York, Los Angeles, Miami y San Antonio. Nueva York tiene más hispanohablantes que San Juan (Puerto Rico), Sevilla (España) o varias capitales sudamericanas. Los Angeles tiene más de un millón de habitantes de origen hispano y los de origen mexicano predominan. San Antonio es la ciudad más grande de los EE.UU. en la cual los hispanos forman la mayoría de la población. Miami, la llamada capital de Latinoamérica, es un centro de negocios internacionales y de la cultura popular hispana.

La prensa hispana ha llegado a ser muy importante en los EE.UU., sobre todo en Miami. Allá publican dos periódicos con una circulación grande —*El Diario las Américas* y *El Herald*— y las revistas *Mecánica Popular, Cosmopolitan en español, Buenhogar, Vanidades* y *Fascinación,* entre otras.

Un mural en una calle de Los Angeles

La televisión y el cine hispano también tienen influencia. Mientras Hollywood ha filmado películas con temas hispanos, Miami atrae el mayor número de directores de todo el mundo que quieren filmar allá producciones de televisión y de cine.

En el pasado los hispanos eran dueños de pequeñas tiendas, restaurantes y agencias. Actualmente, los hispanos han establecido empresas en mayor escala que emplean a miles de personas.

Es solamente en la política nacional donde no se nota mucha influencia hispana. Aunque entre el Consejo de Ministros del Presidente Clinton está Enrique Cisneros, Secretario de HUD y Federico Peña, Secretario de Transporte, no hay legisladores o administradores nacionales o locales de acuerdo con el porcentaje hispano de la población. Pero se cree que en el futuro inmediato van a tener cada vez más participación hispana en todos los sectores de la vida en los EE.UU.

Práctica

Escuche de nuevo el diálogo de esta situación y mencione ejemplos de la influencia o el triunfo hispano dentro de la comunidad.

Práctica y conversación

A. **¿Van a cancelar los exámenes?** Trabajo en grupos de cuatro.
Situación: Ud. está haciendo un reportaje en su universidad acerca de las posibilidades de cancelar todos los tipos de exámenes. Algunos estudiantes se muestran muy optimistas; otros son más pesimistas y recuerdan movimientos similares en el pasado que no han tenido mucho éxito.

B. **¡El huracán David!** Trabajo en grupos de cuatro.
Situación: Ud. es un(a) reportero(a) que está informando desde una zona donde ha habido un fuerte huracán. Entreviste a tres ciudadanos(as) y pregúnteles cómo han sido afectados(as). Algunos(as) de ellos(as) se quieren mudar a una zona menos peligrosa. Otros expresan conformismo, explican que tomaron las medidas que pudieron y se preparan para afrontar el futuro.

C. **La huelga.** Trabajo en grupos de cuatro.
Situación: Ud. es un(a) reportero(a) a cargo de informar acerca de un problema laboral que está afectando a miles de trabajadores. Los(as) obreros(as) han tenido negociaciones con los patronos durante meses, sin resultados. Ahora discuten si van a ir a la huelga o no. Muchos piensan que ya hicieron cuanto pudieron y ahora deben ir a la huelga; algunos pocos creen que hay que soportar lo que sea y no creen en la eficacia de la huelga.

D. **El embargo.** Trabajo en grupos de tres.
Situación: Ud. es un(a) nuevo(a) reportero(a) que entrevista a unos(as) representantes de las Naciones Unidas. Este organismo está discutiendo si se deberá realizar un embargo contra un país que a causa de una guerra civil está matando a un grupo de ciudadanos de hambre. Un(a) representante piensa que ya negociaron cuanto pudieron, sin obtener resultados y que la única solución es el embargo. El (La) otro(a) representante está en contra y no cree en la eficacia del embargo.

Estructuras

Cómo se da información

La voz pasiva con ser

Para indicar que una acción es más importante que el agente de la acción se usa la voz pasiva. En español la voz pasiva es semejante a la construcción inglesa.

SUJETO	+ ***SER*** +	**PARTICIPIO PASADO**	+ ***POR*** +	**AGENTE**
El carro	fue	destruido	por	el incendio forestal.
The car	*was*	*destroyed*	*by*	*the forest fire.*

A. El participio pasado concuerda con el sujeto en género y en número.

La tienda **fue destruida** por el incendio. — *The store was destroyed by the fire.*

Los negocios **fueron destruidos** por el incendio. — *The businesses were destroyed by the fire.*

B. En la voz pasiva se puede usar el verbo **ser** en cualquier tiempo.

Las noticias { son / fueron / serán / serían / han sido } reportadas por Joaquín.

C. Aunque se usa la voz pasiva en inglés se trata de evitarla en español. Es más común emplear una construcción con **se** para mantener los verbos en voz activa.

Estar + *el participio pasado*

A. Para dar más énfasis al resultado de una acción que a la acción misma, se usa el verbo **estar** y el participio pasado. En estos casos se elimina el agente.

El carro **está destruido.** — *The car is destroyed.*

B. El participio pasado concuerda en número y en género con el sujeto de la oración.

La tienda **está destruida.** — *The store is destroyed.*

Los negocios **están destruidos.** — *The businesses are destroyed.*

Construcciones que se emplean en lugar de la voz pasiva

A. **Se** + la tercera persona del verbo

1. Se emplea **se** + la tercera persona singular del verbo como el equivalente del sujeto impersonal *one, they, you* o *people* en inglés. Se usa esta construcción para dar información.

Se dice que Los Angeles es una ciudad muy interesante. — *People say that Los Angeles is a very interesting city.*

2. También se puede emplear **se** + la tercera persona singular o plural para una acción pasiva cuando no se expresa el agente.

   SE + UN VERBO DE LA TERCERA PERSONA SINGULAR + SUJETO SINGULAR

   Se vende ropa en aquel tienda.

   SE + UN VERBO DE LA TERCERA PERSONA PLURAL + SUJETO PLURAL

   Se venden zapatos aquí en la zapatería.

3. Cuando una persona recibe la acción pero no se expresa el agente, se usa **se** + la tercera persona singular del verbo. La persona que recibe la acción es el complemento directo del verbo.

   Se hizo daño a muchas personas inocentes. — *Many innocent people were hurt.*

B. La tercera persona plural del verbo
Se puede emplear la tercera persona plural del verbo en una construcción activa cuando no se expresa el agente.

Venden ropa en aquella tienda. — *Clothing is sold in that store.*
Incendiaron muchos establecimientos comerciales. — *Many commercial establishments were burned.*

Práctica de estructuras

A. **La historia de los EE.UU.** Ud. y dos compañeros(as) de clase van a jugar a «La historia de los EE.UU.» Una persona del grupo les da el nombre de una ciudad, un estado u otro lugar seguido de **es** o **fue** a los otros miembros del grupo. Los dos otros miembros tienen que llenar la oración con información sobre el lugar. Utilice la voz pasiva con **ser** y trate de incluir información sobre lugares hispanos.

MODELO La Florida fue...
La Florida fue descubierta por Ponce de León.
Los Angeles es...
Los Angeles es poblada por muchos hispanos.

B. **Las condiciones.** Utilizando **estar** + el participio pasado describa la condición de su universidad incluyendo su clase de español y su cuarto de la residencia/apartamento.

MODELO En la clase de español la puerta está cerrada y las luces están encendidas. Los estudiantes están sentados en los pupitres mientras el profesor está sentado sobre el escritorio.

C. **Las noticias.** Ud. es un(a) reportero(a) de la estación de radio estudiantil y tiene que entrevistar a otro(a) alumno(a) sobre algún acontecimiento reciente. Utilice las construcciones que se emplean en lugar de la voz pasiva.

A escribir

A. **Información estudiantil.** Como miembro del Comité del Gobierno Estudiantil en su universidad, Ud. tiene que preparar un folleto de información para los(as) nuevos(as) alumnos(as) hispanos(as). Primero haga una lista de los edificios importantes en su universidad y de las tiendas y los restaurantes cercanos. Describa lo que se puede hacer o comprar en los lugares de la lista.

MODELO Zapatería Fénix
Se venden zapatos, botas, calcetines y medias. Se arreglan zapatos y botas.

B. **Opiniones.** Ud. es el director del periódico estudiantil. Escriba un artículo resumiendo algo que ha pasado recientemente en su universidad o en las noticias locales, nacionales o internacionales. Dé su opinión sobre estas noticias.

Apéndice A

Pesos y medidas

Medidas de longitud

la pulgada = inch
el pie = foot
la yarda = yard
la milla = mile

1 centímetro (cm) = .3937 pulgadas (less than ½ inch)
1 metro (m) = 39.37 pulgadas (1 yard, 3 inches)
1 kilómetro (km) (1.000 metros) = .6214 millas (⅝ mile)

Medidas de peso

la onza = ounce
la libra = pound
la tonelada = ton

1 gramo (g) = .03527 onzas
100 gramos = 3.527 onzas (less than ¼ pound)
1 kilogramo (kg) (1.000 gramos) = 2.2 libras

Medidas de capacidad para líquidos

la pinta = pint
el cuarto (de galón) = quart
el galón = gallon

1 litro (l) = 1.0567 cuartos (de galón) (slightly more than a quart)

Medidas de superficie

el acre = acre

1 hectárea = 2.471 acres

Medidas de temperatura

°C = Celsius or Centigrade; °F = Fahrenheit
0° C = 32° F (freezing point of water)
37° C = 98.6° F (normal body temperature)
100° C = 212° F (boiling point of water)

Conversión de grados Fahrenheit a grados Centígrados
$°C = \frac{5}{9}(°F - 32)$
Conversión de grados Centígrados a grados Fahrenheit
$°F = \frac{9}{5}(°C) + 32$

Apéndice B

La correspondencia en español

En español hay mucha diferencia entre las frases que se usan en los saludos y las despedidas de una carta personal y las que se usan en una carta comercial. Las cartas personales son muy cordiales y amistosas, mientras las cartas comerciales suelen ser más formales y respetuosas.

La correspondencia personal

A continuación se presentan algunas frases que se utilizan para empezar y terminar una carta personal.

El saludo

Querido(a) Roberto (Marta):	*Dear Roberto (Marta),*
Queridos padres / amigos / tíos:	*Dear parents / friends / aunts and uncles,*
Mi querido(a) Julio(a):	*My dear Julio (Julia),*
Mis queridos abuelos:	*My dear grandparents,*

La despedida

Bueno, te (los / las) dejo. Prometo escribirte(les) pronto.	*Well, I must leave you. I promise to write you soon.*
Bueno, es la hora de comer así que tengo que dejarte(los / las).	*Well, it's mealtime so I have to leave you.*
¡Hasta pronto / la próxima semana!	*Until soon / next week!*
Voy a escribirte(les) de nuevo mañana / la semana próxima.	*I'm going to write you again tomorrow / next week.*

La antefirma

Abrazos,	*Hugs, (the equivalent of Love,)*
Un abrazo,	*A hug,*
Con mucho cariño,	*Much love,*
Un saludo afectuoso de	*A warm greeting from*
Hasta siempre,	*As always,*

La correspondencia comercial

Hasta hace poco las cartas comerciales en el mundo hispano solían ser muy largas y empleaban gran cantidad de expresiones y fórmulas de respeto y cortesía. Hoy día las cartas comerciales escritas en español reflejan el estilo conciso y directo del mercado internacional. Sin embargo, todavía es necesario utilizar ciertas frases y expresiones corrientes para el saludo, la despedida y la antefirma.

El saludo

Distinguido(a) señor(a) + apellido:	*Dear Mr. (Mrs.) + last name:*
Estimado(a) señor(a) + apellido	*Dear Mr. (Mrs.) + last name:*
Muy estimado(a) señor(a) + apellido:	*Dear Mr. (Mrs.) + last name:*
Muy señor(es) mío(s):	*Dear Sir(s):*
Muy señor(es) nuestro(s):	*Dear Sir(s):*

El texto: Frases iniciativas

Acabamos de recibir su solicitud de / pedido para...	*We have just received your application of / order for . . .*
Acusamos recibo de su atenta de...	*We acknowledge receipt of your letter of . . .*
En contestación a su atenta de...	*In answer to your kind letter of . . .*
Tengo el gusto de comunicarles que...	*I am pleased to inform you that . . .*

La despedida y la antefirma

(Muy) Atentamente / De usted atentamente.	*Sincerely yours,*
Cordialmente,	*Cordially (yours),*
En espera de sus gratas noticias	*Awaiting your (kind) reply*
Le reiteramos nuestro agradecimiento y quedamos de Ud.	*We thank you again and we remain*
Respetuosamente,	*Respectfully yours,*
Sin otro particular, me despido de Ud.,	*Having nothing else to add, I say good-bye,*
Su afmo. (afectísimo) amigo y S.S. (seguro servidor)	*Your devoted friend and servant (This closing is passing from use.)*

Otras expresiones

a la mayor brevedad posible	*as soon as possible*
a vuelta de correo	*by return mail*
acusar recibo de	*to acknowledge receipt of*
adjuntar	*to enclose*
con el fin de solicitarle...	*with the purpose of requesting . . .*
me es grato + infinitivo	*I am happy + infinitive*
tengo el agrado de...	*It's my pleasure to . . .*

Abreviaturas comunes en títulos y direcciones

Apdo. (apartado postal)	*P.O. Box*
Cía. (Compañía)	*Co. (Company)*
D. / Dn. (don)	*Male title of respect*
Da. / Dña. (doña)	*Female title of respect*
Dr. (doctor)	*Dr. (Doctor)*
Dra. (doctor)	*Dr. (Doctor)*
Hnos. (Hermanos)	*Brothers*
No., Núm. (Número)	*No. (Number)*
P.D. (posdata)	*P.S. (Postscript)*
S.A. (Sociedad Anónima)	*Inc. (Incorporated)*
Sr. (señor)	*Mr.*
Sra. (señora)	*Mrs.*
Srta. (señorita)	*Miss*

Frases abreviadas

el corriente	*el mes en corriente*	*this month*
p. ej.	*por ejemplo*	*for example*
el p. pdo.	*el mes próximo pasado*	*last month*
el pasado	*el mes pasado*	*last month*
la presente	*la carta presente*	*this letter*
su atenta	*su atenta carta*	*letter*
su grata	*su grata carta*	*letter*

Photograph credits

Page 1, Mark Antman/The Image Works; page 10, Ulrike Welsch; page 18, Hugh Roger/Monkmeyer Press Photo; page 26, Ulrike Welsch; page 33, Peter Menzel/Stock, Boston; page 42, Jim Harrison/Stock, Boston; page 53, Ulrike Welsch; page 58, Cary Wolinsky/Stock, Boston; page 66, Mimi Forsyth/Monkmeyer Press Photo; page 75, Hazel Hankin/Stock, Boston; page 81, Hugh Rogers/Monkmeyer Press Photo; page 89, Carl Frank/Photo Researchers, Inc.; page 97, Odyssey/Frerck/Chicago; page 103, Hugh Rogers/Monkmeyer Press Photo; page 112, Chris Sharp/DDB Stock Photo; page 120, Renate Hiller/Monkmeyer Press Photo; page 126, Mike Mazzaschi/Stock, Boston; page 137, Ulrike Welsch; page 147 (right), Odyssey/Frerck/Chicago; page 147 (left), Peter Menzel/Stock, Boston; page 154, Meyer Rangell/The Image Works; page 160, Peter Menzel/Stock, Boston; page 168, Ulrike Welsch; page 175, Will & Deni Mcintyre/Photo Researchers, Inc.; page 182, Crandall/The Image Works; page 191, Mimi Forsyth/Monkmeyer Press Photo; page 198, Peter Menzel/Stock, Boston; page 206, Hugh Rogers/Monkmeyer Press Photo; page 216, Peter Menzel/Stock, Boston; page 224, Bernard Silberstein/Monkmeyer Press Photo; page 233, Villota/Monkmeyer Press Photo; pages 242, 248, Owen Franken/Stock, Boston; page 255, Barbara Rios/Photo Researchers, Inc.; page 263, Peter Menzel/Stock, Boston; page 270, Dusko Despotovic/SYGMA; page 277, Paul Conklin/ Monkmeyer Press Photo; page 286, Max & Bea Hunn/DDB Stock Photo; page 293, Robin J. Dunitz/DDB Stock Photo.

 Indice gramatical